# Les finalités
# de l'économie islamique

**Questions contemporaines**
*Collection dirigée par Jean-Paul Chagnollaud, Bruno Péquignot et Denis Rolland*

Chômage, exclusion, globalisation… Jamais les « questions contemporaines » n'ont été aussi nombreuses et aussi complexes à appréhender. Le pari de la collection « Questions contemporaines » est d'offrir un espace de réflexion et de débat à tous ceux, chercheurs, militants ou praticiens, qui osent penser autrement, exprimer des idées neuves et ouvrir de nouvelles pistes à la réflexion collective.

**Dernières parutions**

David FOREST, *La société algorithmique : Droit, technique, imaginaire, Abécédaire indiscipliné*, 2024.
Jean-Denis DUPUY, *Apprendre à croire. Quatre études*, 2024.
Cédric TANT, *La critique publique, Une pratique de légitimation démocratique des journalistes et des politiques*, 2024.
COPAF, *La transformation des foyers de travailleurs immigrés en résidences sociales*, 2024.
Christophe SCHNITZLER et Iris TRINKLER (coord.), P*ratiques en plein air pour une éducation à la soutenabilité, Philosophies et enquêtes de terrain*, 2024.
Fred BRÛLÉ, *Prédations et coopération entre les êtres vivants. État des lieux des relations planétaires*, 2024.
Gérard BORVON, *Les Tartuffes et le climat*, 2024.
Chantal BOURRY, *Militer avec force et raison*, 2024.
Daniel DUCHER, *Quand le train cherche sa voie. Plongée au cœur du système ferroviaire français*, 2024.
Amine ISSA, *Les deux Imams, Le Coran contre l'obscurantisme*, 2024.
Pierre MORLANNE, *L'État, la nation et le peuple, La république au service des citoyens*, 2024.
Sous la direction de Mohamed EL MOUBARAKI et Émile-Henri RIARD, *Regards sur les violences envers les femmes d'ici et d'ailleurs*, 2024.
Zehira HOUFANI BERFAS, *Françafrique, la matrice du chaos africain. Stratégie coloniale d'échec des indépendances*, 2024.

Mohamed Nouri

# Les finalités de l'économie islamique

L'Harmattan

5-7, rue de l'École-Polytechnique ; 75005 Paris

http://www.editions-harmattan.fr/

ISBN : 978-2-336-46870-9
EAN : 9782336468709

# Sommaire

## Titre Page


Sommaire.............................................................. 7
Résumé................................................................ 9
Introduction : Importance des finalités (Maqasid) dans le domaine de l'économie.............................................. 11
Chapitre I : Finalités de la science des Maqasid (Maqasid Al-Maqasid)............................................................. 19
Section 1 : Concept des finalités (Maqasid) et son objet :............ 23
Section 2 : Les principales idées de la science des finalités (Maqasid) :.......................................................... 29
Section 3 : les modes d'activation des finalités dans le champ économique :........................................................ 43
Chapitre II : Finalités de la science économique :..................... 49
Section 1 : Histoire de la science économique.......................... 51
Section 2 : Buts de la science économique ............................. 67
Section 3 : Finalités de la science économique ........................ 77
Section 4 : La crise de la science économique 109
Section 5 : L'économie islamique : une piste alternative au système capitaliste ?.......................................................... 125
Synthèse.............................................................. 149
Chapitre III : Les finalités suprêmes de l'économie islamique :...... 147
Section 1 : La finalité d'al « Imar » : Développement durable 155
Synthèse.............................................................. 175
Section 2 : La finalité de « Amn » : Sécurité.......................... 177
Section 3 : La finalité de « Tamkeen »:pouvoirisation................. 183
Section 4 : La finalité de « Tawazun » : Équilibre..................... 197
Section 5 : La finalité de « Adl » : Justice /Équité................... 211
Section 6 : La finalité d'al « Istidama » : Pérennité/Durabilité...... 227
Conclusion générale.................................................... 259
Bibliographie.......................................................... 263

## Résumé

Cet ouvrage a pour but d'explorer un ensemble de finalités islamiques globales dans le domaine économique qui confirment les finalités de l'économie contemporaine, et constituent une sorte de valeur ajoutée aux deux champs : le champ de la science des finalités (Maqasid) qui nécessite d'être illustrées et activées dans la réalité économique, et le champ de l'économie qui a besoin aujourd'hui plus qu'à tout autre moment d'une boussole éthique et morale. Le travail a conduit à mettre en relief six finalités d'ordre global de l'économie islamique issue des sciences de la charia qui sont : Al « Imar » qui signifie peuplement de la terre ou développement durable, Al « Amn » : qui veut dire « sécurité » en général, y compris la sécurité alimentaire et sanitaire des individus et des sociétés, le « Tamkeen » qui signifie autonomisation ou pouvoirisation ou encore capabilité, le « Tawazun » qui veut dire équilibre et juste milieu, le « Adl » qui désigne la justice et l'Istidama qui signifie la durabilité. Bien que ces finalités aient toutes des sens et des implications plus exhaustives que le sens purement économique, elles restent toutefois étroitement liées à la dimension économique, et elles ne peuvent être atteintes qu'à travers cette dimension.

En effet, Al - I'mar, autrement dit développement durable, ne peut être obtenu qu'à partir du travail, de la production et de la création de la richesse. La sécurité ne peut exister qu'à travers un niveau suffisant de nécessités vitales pour la subsistance humaine, l'autonomisation ou la pouvoirisation est liée à la capabilité et l'immunité économique et financière. L'équilibre nécessite une certaine corrélation entre la maximisation des utilités individuelles et collectives et la rationalisation du comportement économique. Tout cela dépendra inévitablement du degré de la justice instaurée et de la prévention de l'injustice sous toutes ses formes. Et sans doute la durabilité reste une condition préalable pour atteindre et poursuivre tout ce qui précède.

# Introduction

Le monde de l'économie connaît, aussi bien sur le plan théorique que sur le plan empirique, à partir du nouveau XXIe siècle et depuis l'éclatement de la crise financière de 2008, en particulier, un état sans précédent d'agitations, de chaos et d'incertitudes. Conjuguée avec un manque de vision et de prévision, l'avenir du monde devient de plus en plus flou et le sort de l'humanité tout entière est désormais imprévisible en raison de la fissuration du système capitaliste dominant après la disparition de son rival socialiste à la fin du siècle dernier.

Face à l'aggravation de cette crise, les cris de nombreux scientifiques, experts et décideurs se multiplient et s'accentuent, appelant à une révision radicale des fondements et des règles régissant le système, et réclamant des réformes structurelles des diverses institutions qui le gouvernent[1]. Ainsi, dès le déclenchement de la crise, un comité est formé au sein du système des Nations Unies (ONU) en vue de se pencher sur la question[2]. Tout cela a conduit à poser la question de l'alternative au système capitaliste et la nature de l'avenir du monde et de l'humanité au stade "post-capitaliste". Parallèlement, des voix se sont élevées aussi pour prêter attention aux principes de l'économie et de la finance islamiques qui peuvent contribuer à atténuer la gravité de cette crise.

La question revient à savoir dans quelle mesure l'approche en termes de finalités (Maqasid) de l'économie islamique est capable de contribuer à réformer le système économique mondial, à réparer les

---

[1] Au premier rang de ces voix occidentales louant les principes de l'économie et de la finance islamiques et la nécessité d'y prêter attention et à propos d'une issue à la crise actuelle, l'économiste Joseph Stiglitz lui-même, en sa qualité de président de la Commission de l'ONU pour la réforme du système économique mondiale. Voir sa déclaration du 26/03/2009 sur www.bloomberg.com
ainsi que : Paul Krugman, William Buiter, Philippe Kotler, Toby Birch, Volker Nienhaus et d'autres.

[2] Les Nations Unies ont formé un comité spécial pour examiner le système économique mondial sous la supervision de l'économiste américain. Prix Nobel d'économie Joseph Stiglitz, immédiatement après le déclenchement de la crise financière mondiale en 2008.

dégâts du capitalisme, et à présenter un apport viable dans l'élaboration d'un nouveau système plus juste et plus humain. Les motifs de cette approche sont nombreux, entre autres :

- Le besoin réciproque d'une synergie entre les deux sciences : la science des finalités (Maqasid) et la science économique moderne. D'une part, la nécessité pour la science des finalités (Maqasid) islamique, qui connaît une expansion depuis ces dernières décennies, de s'élargir aux différentes sphères de la vie humaine et en l'occurrence la sphère économique et sociale. D'autre part, la nécessité d'interagir avec les problèmes quotidiens des personnes, au premier rang desquels les affaires économiques et sociales. Et, enfin, de s'épanouir davantage et sortir du cercle de la théorisation qui limite encore son effet et encadre en lui le mouvement de l'ijtihad (interprétation des textes).

- Combler le fossé entre l'économie et la morale. Ce qui va de pair avec la nouvelle tendance dans la pensée économique qui vise à réconcilier les deux sphères, celui de l'éthique, des valeurs et de l'espace religieux d'une part, et celui de l'économique d'autre part. Cette tendance mettra fin au clivage historique entre l'économie positive et l'économie normative. Elle permettra donc de redéfinir l'économie en privilégiant l'aspect normatif au détriment de l'aspect positiviste, qui a prévalu tout au long des derniers siècles, avec une laïcisation à outrance de la société humaine accompagnée, souvent, d'une sorte d'hostilité vis-à-vis de la religion et de la morale.

- Combler le vide intellectuel et méthodologique dans le corpus théorique de l'économie contemporaine accentué par les séquelles des crises successives du capitalisme mondial. Un tel vide prouve que l'origine de la crise est d'abord intellectuelle et cognitive avant d'être une crise artificielle du système ou simplement liée à un défaut d'application et de mise en œuvre.

Dans ce sens de nombreuses études confirment ce constat, et réclament la refonte totale des fondements épistémologiques et des paradigmes philosophiques sur lesquels repose le système capitaliste, qui a conduit à cette impasse dangereuse dans laquelle se trouve l'humanité aujourd'hui[3].

- De même que la science des finalités (Maqasid), lorsqu'elle est apparue au début du VIIIe siècle, a contribué à sauver le projet civilisationnel islamique de l'hérésie théologique, de l'escalade de la polémique entre les écoles jurisprudentielles, de l'intensification des désaccords et des conflits entre les sectes, et émergeant ainsi du tunnel du discours et de l'interprétation aux horizons de l'ijtihad et du renouveau, Il est à nouveau capable de transférer l'humanité d'un état d'illusion systématique, d'errance intellectuelle et de « dé-éthisation » et d'immoralisation à l'étape de la construction civilisationnelle et de la mise à niveau économique, qui devrait profiter à tous.

- Il y a donc un besoin réciproque que le chercheur peut constater dans ce domaine entre la science des finalités d'une part, et la science de l'économie d'autre part, car la science des finalités a un besoin urgent de passer au domaine du concret et à l'activation, et la science économique a également un besoin urgent d'adopter de nouveaux principes et paradigmes différents qui lui permettent de se réconcilier scientifiquement et historiquement avec le monde des valeurs, de l'éthique et de la religion. Un tel besoin mutuel peut être satisfait par la science des finalités et lui fournir la structure cognitive et le cadre méthodologique qui contribuent à sortir de l'impasse et à éviter la défaillance et l'effondrement. Ce besoin mutuel est le motif principal de cette recherche dont le but est de découvrir une nouvelle boussole pour la science économique qui lui éclaire le chemin d'orientation pour les meilleurs et les plus efficaces

---

[3] Voir, par exemple : Ulrich Schäfer, The Collapse Of Capitalism : Why The Unfettered Market Economy Failed -2009, ainsi que Michael Albert, Life After Capitalism : The Sharing Economy , 2005.

chemins afin de sortir des impasses des crises, de guerres et de problèmes économiques tels que la dette, le chômage, l'inflation, la récession et les disparités économiques et sociales.

- En outre, la recherche en science des finalités (Maqasid) tend, jour après jour, à s'élargir et à se spécialiser pour inclure toutes les dimensions liées à tous les domaines de la vie humaine. C'est ainsi qu'on parle aujourd'hui des finalités politiques et juridiques, des finalités du système pénal, des finalités de la famille, des finalités des transactions financières et d'autres branches de la science et de la connaissance, ce qui signifie que la charia islamique, dans sa globalité, son ampleur et son intégration, n'a négligé aucun aspect de la vie, mais lui a plutôt donné toutes les règles et directives qu'elle mérite.

Ahmad Raissouni[4], dans l'introduction de son livre "Maqasid al-Maqasid" (les finalités des finalités), considère cette mouvance et ce grand intérêt que la science des Maqasid reçoit aujourd'hui comme une sorte de « marée des Maqasid » à travers les travaux des chercheurs et spécialistes dans cette discipline. Cette tendance à la spécialisation scientifique indépendante rend le besoin urgent de clarifier l'importance de cette science en matière de réflexion économique ainsi que la connaissance de ses objectifs et la diffusion de la culture des finalités (Maqasid), qui est derrière le titre de l'ouvrage choisi par l'auteur[5] .

Cependant, celui qui médite sur cette tendance à la spécialisation scientifique dans les champs des Maqasid peut facilement constater un manque considérable dans le domaine économique, largement considéré comme l'un des domaines les plus rigoureux et les plus

---

[4] Ahmad Raissouni est parmi les grands spécialistes en cette discipline de « science des Maqasid »

[5] Ahmad Al-Raysouni: Maqasid al-Maqasid : Les objectifs scientifiques et pratiques de Maqasid al-Sharia, première édition, Dar al-Kalima, 2014.

importants au monde aujourd'hui. Les écrits dans ce domaine sont très réduits notamment en matière de vision macro-économique. Les efforts se sont plutôt consacrés dans des sujets partiels ou microéconomiques durant les dernières décennies depuis l'apparition du livre "Les Maqasid de la charia islamique " du cheikh Al-Taher Ibn Ashour, dans lequel il a consacré un chapitre aux comportements et aux activités financières. En dépit de l'importance de cet écrit, le champ économique ne peut être réduit au secteur financier, et on ne peut guère laisser de côté tous les autres secteurs et activités économiques aussi importants, tels que la production, la consommation, l'épargne, l'investissement, le commerce, la planification, le développement, l'agriculture, l'industrie, les services, l'énergie, l'économie du savoir, l'économie du travail, le marketing, l'économie internationale, et d'autres qui sollicitent un effort particulier pour cristalliser les secrets de la Charia, dans la réalisation des finalités des individus et des sociétés à travers ces multiples domaines.

Par conséquent, l'importance de l'approfondissement de la recherche dans cette perspective semble primordiale, en vue d'explorer ce que l'on peut appeler « les finalités économiques de la charia islamique », à l'instar des autres types de finalités de la charia. Ce travail est destiné à répondre à un besoin impérieux dans un monde qui est devenu aujourd'hui déboussolé « Comme celui qui est déconcerté par le contact du diable » (Coran : 2/275) comme le décrit le Coran. Cela est dû à une double défaillance théorique et pratique qui a généré des crises économiques successives de telle sorte qu'on émerge de l'une pour entrer dans une autre. Ainsi, comme l'a souligné un des pionniers de l'économie contemporaine, Maurice Allais, le monde entier est devenu sous l'emprise de deux volcans dangereux : le chômage et la dette[6].

De là vient l'importance de se laisser guider par la science des finalités pour explorer les fondements profonds et les finalités globales de nature

---

[6] Maurice Allais : Les conditions monétaires d'une économie de marché : des enseignements du passé aux réformes de demain- Centre d'analyse économique, mai 1987. Une version condensée a été publiée sous le même titre dans la Revue d'économie politique, vol. 103 n° 3, mai-juin 1993.

économique, qui sont liés aux finalités objectives et normatives de l'économie contemporaine d'une part, et aux éléments du circuit économique, en l'occurrence, la propriété, la production, la consommation, l'échange, l'épargne, l'investissement, la distribution et la redistribution de la richesse. Tout cela dans le cadre d'une vision macro-économique globale qui vise à utiliser les finalités de ces différents domaines et thèmes pour comprendre la rupture, analyser les crises, et prévoir des solutions et des voies de réforme économique afin d'accomplir la fonction de « Al-I'mar » (peuplement de la terre) que Dieu a confié à l'être humain et donc mettre en œuvre la mission de « Istikhlaf » (lieutenance sur terre) de la manière requise par la charia.

Dans cette perspective, la problématique est de savoir si la science des finalités peut rendre service à la science économique et l'aider à trouver la bonne approche pour sortir de l'impasse des crises, des guerres et des problèmes économiques tels que l'endettement, le chômage, l'inflation, la récession et les disparités économiques. Telle est la question soulevée dans cette contribution, dont l'objectif est de découvrir les finalités globales de nature économique qui sont incluses dans la charia et abordées par la science économique en termes d'objectifs majeurs et de règles nécessaires à la réforme économique, pour éviter les crises, et réaliser ainsi la renaissance civilisationnelle de l'humanité.

**L'ouvrage comprend 3 chapitres :**

**Le premier chapitre** traite des finalités de la science des Maqasid, c'est-à-dire des grands objectifs à la fois scientifiques et pratiques de cette science qui peuvent orienter le domaine économique.

**Le deuxième chapitre** sera consacré aux finalités de la science économique moderne telles qu'elles ont été développées par les grands économistes contemporains, autrement dit les grands objectifs de cette science.

**Le troisième chapitre** traite des « finalités (Maqasid) de l'économie islamique, qui peuvent être observées, telles que : (1) Al - I'mar, autrement dit développement économique, (2) La sécurité (Amn) qui signifie la procuration d' un niveau suffisant de nécessités vitales pour la subsistance humaine, (3) le « Tamkeen » qui veut dire l'autonomisation, la capabilité ou la pouvoirisation économique et financière, (4) le « Tawazun » c'est-à-dire l'équilibre et la nécessité d'une certaine corrélation entre la maximisation des utilités individuelles et collectives et la rationalisation du comportement économique, (5) le « Adl » ou la justice qui reste un impératif économique et social majeur du point de vue islamique, et enfin (6) al « Istidama » qui signifie la pérennité et la durabilité qui demeure sans doute une condition préalable pour atteindre et poursuivre tout ce qui précède.

La conclusion traite de la nécessité d'ancrer les objectifs de la microéconomie pour compléter le système de finalités (science des Maqasid) dans le champ économique et créer une nouvelle dynamique qui conduira à formuler un système économique alternatif.

# Chapitre I :
# Finalités de la science des Maqasid
# (Maqasid Al - Maqasid)

Ce chapitre comporte trois sections : la première traite du concept des finalités (Maqasid) et son objet, la deuxième traite des principales idées de cette science, tandis que la troisième passera en revue les modes d'activation des finalités dans le domaine économique.

## Section 1 : Concept des finalités (Maqasid) et son objet.

Le concept « Maqasid » qui signifie « finalités » est utilisé par les jurisconsultes musulmans pour désigner la volonté du Législateur, le but de la révélation et les intérêts de la création, en repoussant les contraintes et en préservant les intérêts, ce qui représente le caractère raisonnable de la charia et ses secrets spécifiques. Ainsi, le repoussement des méfaits (Mafsada) et la protection des intérêts (Maslaha) constituent la finalité suprême sur laquelle sont fondées les cinq finalités majeures adoptées par les savants de la science des Maqasid qui sont : la préservation de la religion (ad dîn), de la personne (Al Nafs), de la raison (al'Aql), de la filiation (Al nasl), et des biens (al amwal). Ces cinq globalités ont été conçues par l'Imam Shatibi, considéré comme le premier fondateur de la science des Maqasid[7]. Nous allons passer en revue les différentes conceptions et définitions de cette science à travers son histoire :

- L'Imam Al-Juwayni (décédé en 478 AH) était le précurseur du concept de Maqasid. Il donna la plus belle définition en un mot concis et expressif : « Le mot Maqasid signifie les objectifs propulseurs et utilitaires », ce qui confirme la finalité suprême de la charia, à savoir : repousser la « Mafsada » (le méfait) et préserver la « Maslaha » (l'intérêt)[8].

- L'Imam Al-Ghazali (505 A·H.): Par intérêt (Maslaha), nous entendons préserver la raison centrale de la charia, à savoir la Maslaha de la création qui consiste à préserver leur religion, leurs âmes, leur intellect, leur progéniture et leurs biens, donc tout ce qui implique de préserver ces cinq principes est considéré comme Maslaha (intérêt), et tout ce qui manque à ces

---

[7] Abou Ishâq As-Shâtibî, "Al-Mouwafaqât fî Usûl As-Shari'a", Beyrouth, Dâr al Ma'rifa, 1996 (en arabe), Vol. II Kitâb al-Maqâsid.

[8] Imam Al-Juwayni, Al-Burhan fi Usul Al-Fiqh, Dar Al-Kutub Al-Ilmiya, Beyrouth, Liban, 1997, 2/604

principes est considéré comme Mafsada (méfait). Le fait de le repousser est en soi un intérêt[9].

- L'Imam Al-Amidi (631 A.H) alla dans le même sens. Pour lui « l'objectif primordial de la charia est soit repousser un méfait, soit préserver un intérêt, soit les deux »[10].

- L'Imam al-Ezz bin Abdessalam (décédé en 660 AH) considère que « Quiconque suit les objectifs de la charia en apportant des avantages et en conjurant les maux, il aura, à partir de cela, la croyance ou la reconnaissance que cet avantage ne peut être négligé et que ce mal ne peut être sacrifié même s'il n'y a pas de texte, de consensus ou d'analogie »[11].

- Ibn Taymiyyah (mort en 728 AH), déclare que les buts de la charia sont « les fins louables des effets et commandes du créateur (Allah), comme elles sont la fin de ses effets et commandes des conséquences louables qui indiquent son extrême sagesse »[12], c'est-à-dire qu'ils sont le jugement que Dieu a voulu de ses commandements et interdictions pour réaliser son adoration et réformer les serviteurs dans la vie et dans l'au-delà. Ibn Taymiyyah considère donc que la charia est venue pour atteindre l'intérêt (Maslaha) et réduire le méfait (Mafsada).

---

[9] Al-Ghazali : Al-Mustafa, p. 174.

[10] Al-Amedi, Saif Al-Din (L'Imam) : Al-Ahkam fi Usul Al-Ahkam / Abd Al-Razzaq Afifi, 3/339, Dar Al-Sami'i, Riyad, 1ère édition, 2003.

[11] L'Imam al-Ezz bin Abd al-Salam : Qawid Al-Ahkam Fi Masalih Al-Anam : Nazih Kamal Hammad, 2/ 314, Dar al-Qalam, Damas, 2000

[12] Shaykh al-Islam Ahmad Ibn Taymiyyah: Majmoo' al-Fatawa/ Abd al-Rahman al-Najdi et son fils Muhammad, 1ère édition, Partie 3/19, 1977.
Minhaj Al-Sunna, Ibn Taymiyyah, enquête de Muhammad Rashad Salem, Cordoba Foundation, 1'édition 1/375.

- L'Imam Al-Shatibi (mort en 790 AH) : « Les prescriptions de la charia sont dues à la préservation de ses objectifs dans la création, et ces objectifs ne dépassent pas trois catégories : les besoins de première nécessité (Dharouryat), les besoins de nécessité secondaire (Hajjyat), et les besoins non nécessaires (de luxe), mais qui ont pour but de rendre la vie agréable (Tahsinyat).

- Et pour finir avec la définition des Maqasid par les érudits les plus célèbres et anciens, le savant indien Wali Allah Al-Dahlawi (décédé en 1176 AH) considère que les Maqasid « sont la science des secrets de la religion, qui ont pour but la recherche des finalités des prescriptions de la charia »[13].

Toutefois, après une sorte de rupture pendant plus de 6 siècles, le concept de Maqasid a été reconstruit et développé par des érudits contemporains tels que :

- L'Imam al-Tahar Ibn Ashour (mort en 1393 AH) : il distingue entre les Maqasid globaux et les Maqasid spécifiques. Il définit les finalités globales comme étant : « les significations et les sagesses observées dans tout ou la plupart des cas de la législation afin que leur observation ne soit pas spécifique à un type particulier des prescriptions de la charia. Quant aux objectifs spécifiques comme étant : « les méthodes prévues du législateur pour atteindre les intérêts bénéfiques des personnes, ou pour préserver leurs intérêts publics dans leurs actions privées »[14].

---

[13] Wali Allah Al-Dahlawi : Hujjat Allah Al-Balaghah, 9/1, Dar Al-Maarifa, Beyrouth, 2e édition, 2004.
[14] Al-Taher Ibn Ashour: Maqasid achari'a al islamya- page 306.

- Allal Al-Fassi (mort en 1394 AH) : « Ce que l'on entend par les finalités de la charia : les buts et les secrets que le législateur a mis en place à chacune de ses prescriptions »[15].
- Ahmed Al-Raissouni : Les finalités de la charia sont « les buts que la charia s'est fixés afin de les atteindre au profit des gens »[16]
- Yusuf Al-Qaradawi : Les Maqasid sont « les objectifs que les textes visent en termes de commandements, d'interdictions et de permissibilité, et que les prescriptions partielles cherchent à atteindre dans la vie des individus, des familles, des groupes et de la nation »[17].
- Abdul-Majeed Al-Najar : « L'objectif global et général de la charia islamique est de réaliser l'intérêt et le bien-être humains »[18].
- Taha Abdel-Rahman : « La science des Maqasid est la science de la bonté (As-Salah) humaine »[19]

En somme, ces définitions, dans leur intégralité, tournent autour du fait que les Maqasid (les finalités de la charia) représentent la volonté de Dieu dans ses dispositions et sa législation, ce qui est dans l'intérêt des individus et des groupes dans cette vie et dans l'au-delà. Les savants de cette science (anciens et contemporains) ont exprimé cette idée avec des termes et des expressions qui sont parfois similaires ou synonymes, tels que : significations, buts, secrets, intérêts, sagesses, bonté, bien-être humain, etc.

---

[15] Allal Al-Fassi : Les buts et les vertus de la charia islamique, Dar Al-Gharb Al-Islami, vol. 5, 1993, p. 28.

[16] Ahmed Al-Raysouni :La théorie des Maqasid selon l'Imam Al-Shatibi, pp. 6-7. Voir aussi du même auteur : la pensée des maqasid : ses principes et ses avantages, page 13.

[17] Yusuf al-Qaradawi : Une étude dans la jurisprudence des finalités de la Charia entre les finalités universelles et les textes partiels, p. 20, Dar Al-Shorouk, 2e édition, 2007.

[18] Abd al-Majid al-Najjar, le mode d'application de la charia islamique, page 51.

[19] Taha Abdel-Rahman : Revue des questions islamiques contemporaines, n ° 8

Et s'il est permis de donner un avis sur ces multiples définitions ou d'en compléter, on peut avancer que les Maqasid consistent en gros dans « les directives générales et les finalités à partir desquelles les prescriptions de la charia sont destinées » et ce concept de « directives » trouve son sens dans la signification de Maqasid dans la langue arabe (Maqsad) qui veut dire l'orientation ou la destination, vers laquelle la totalité des règles de la charia islamique est dirigée.

## Section 2 :
## Les principales idées de la science des finalités (Maqasid) :

Nous pouvons retracer l'évolution de ces idées liées aux finalités de la charia à travers les différentes époques de l'histoire islamique, tout en faisant la distinction entre le souci des finalités d'une part, et la science des finalités en termes d'histoire, d'évolution et de développement d'autre part. L'intérêt accordé aux finalités dans le sens de buts suprêmes de la charia est dû à l'existence de l'Islam lui-même et à la descente de la révélation au Messager (Saws), où l'apparition des prescriptions était liée à la compréhension des buts et des objectifs du texte coranique. Partant de là, il est possible de considérer six étapes que les Maqasid ont traversées en tant que sujet et science, à savoir : l'étape prophétique, l'étape des compagnons, l'étape des suiveurs, l'étape des jurisconsultes, et l'étape des savants et des penseurs contemporains.

### 1. L'époque prophétique :

L'époque du Prophète se distinguait par un lien étroit entre les prescriptions (Ahkam) et les finalités de la charia, qui visent à clarifier le texte coranique et le hadith du Prophète dans de nombreux cas pour les diverses causes, objectifs et intérêts que ces prescriptions visent, parfois clairement et directement et ne nécessitent pas d'interprétation ou de diligence dans la compréhension, et d'autres fois indirectement dans le sens où cela a des connotations et des compréhensions proches ou différentes, et elles nécessitent une interprétation et une pondération. L'une des caractéristiques les plus importantes du texte coranique est qu'il s'agit d'un texte aux sens multiples. En effet, la signification des textes coraniques dépend de leur nature. Il y a des versets coraniques "sans équivoque » (Mohkamat) et d'autres qui "peuvent prêter à d'interprétations diverses » (Moutachabihat) ; des versets authentiques irrécusables, tranchés (Quat'i Dalala Quat'i Thoubout) et d'autres versets discutables ou supposés (Dhannyat Dalala) qui peuvent porter des interprétations diverses.

Dans le Coran, il y a des finalités qui peuvent être observées directement à travers l'explication de Dieu Tout-Puissant des prescriptions et de leurs raisons, d'autres qui nécessitent l'intervention prophétique pour donner une explication.

Ainsi, de nombreux imams et érudits, y compris l'Imam des Deux Saintes Mosquées al-Juwayni et al-Shatibi, al-Ezz ibn Abd al-Salam, et les érudits du hadith, dont les plus importants étaient Rashid Rida et Ibn Ashour, qui ont expliqué que la finalité suprême du Coran est "la bonté humaine, individuelle et collective, et ce dans huit domaines : réformer la foi, affiner la morale, promulguer les prescriptions, la gestion et la gouvernance de la nation, l'éducation, les prédications et les aspects miraculeux qu'incarne le Coran[20].

Dans la Sunna, nous trouvons également de nombreuses prescriptions motivées dans lesquelles un lien est établi entre les prescriptions juridiques et leurs objectifs réels, comme par exemple le hadith disant « Ni tort ni dommage » (Lâ darar wa lâ dirâr)[21], qui signifie qu'un individu ne saurait causer un tort à autrui sans raison sérieuse, ni riposter à un dommage causé par autrui, par un autre dommage (mieux valant s'en remettre à l'arbitrage du juge (qâdî)).

## 2. L'époque des compagnons du prophète :

Les Compagnons ont accordé une grande attention aux finalités (Maqasid), et cela s'est traduit dans leur compréhension des prescriptions et dans la recherche de la législation appropriée pour résoudre les nouveaux problèmes émergents à leur époque.

Al-Shatibi, dit à leur propos : « Ils étaient les personnes les plus savantes dans le Coran et les érudits les plus au courant de ses objectifs et de ses circonstances. Les Compagnons sont l'exemple de la nation

---

[20] http://qspace.qu.edu.qa/bitstream/handle/10576/4048/1

[21] hadith rapporté par Al-Nawawi, trad. Sadok Mazigh, Matnu -l-arba'îna-l-nawawiyya – Quarante hadiths, An-Nawawi (éd. bilingue), Tunis, Sud Éditions, 1980 ; cf. aussi le commentaire de ce hadith in Études arabes 28/1971, 54 et s.

musulmane en matière de diligence, et les finalités sont un pilier authentique de leur diligence, qu'il s'agisse de diligence dans la compréhension des textes ou de diligence dans l'établissement de prescriptions sur des questions émergentes en leur temps. A cet effet, les exemples sont nombreux et significatifs :

- Le combat d'Abou Bakr, ceux qui refusent de payer la zakat avait pour finalité de sauvegarder l'Etat et préserver la religion.

- La compilation du Coran sous les califes Abu Bakr et Othman, basé sur le but de préserver la religion en préservant sa source.

- La suspension du châtiment du vol par le calife Omar en raison de l'état de famine qu'a connue la société à son époque (préservation de la personne).

- L'application par Omar du principe de revitalisation des terres (I'mar) lorsqu'il a remarqué que certaines personnes ont érigé des murs autour de certaines terres pendant de nombreuses années sous prétexte de les reconstruire et de les travailler, puis ils ne l'ont pas fait. Il s'est adressé à la communauté en disant : "Quiconque fait revivre une terre morte, c'est pour lui, et aucun « Muhtajir »(celui qui accapare une terre) n'a le droit après trois ans"[22] (préservation des biens).

### 3. L'époque des suiveurs (ceux qui sont venus juste après les compagnons) :

L'ère des suiveurs, qui sont la deuxième génération après celle des Compagnons, a été marquée par l'émergence de deux écoles de jurisprudence et d'ijtihad en Islam : l'école d'adhésion au texte, qui est l'école du Hijaz, et l'école d'opinion ou ijtihad, qui est l'école de l'Irak. La première est considérée comme une extension de la jurisprudence

---

[22] Boukhari, 2238.

initiée par de grands compagnons comme Omar, Abdullah ibn Omar (son fils), Aisha (la femme du prophète), Ibn Abbas, Abu Hurairah, et d'autres. Et bien qu'ils accordent une attention particulière au texte, ils s'appuient aussi sur les Maqasid, en particulier la jurisprudence d'Omar (Fiqh d'Omar). Tandis que le second courant considère que les dispositions de la charia sont raisonnables, y compris l'intérêt général, et ils se sont appuyés sur les fatwas et décisions du compagnon Ali ibn Abi Taleb (le gendre du prophète), et le compagnon Ibn Massoud.

Ibrahim Al-Nakhai est considéré comme la première source de l'école d'opinion. Il croyait que "les prescriptions de la charia ont un sens raisonnable et incluent les intérêts des individus, et que les ordres de Dieu (Swt) ont certaines finalités. Parmi la jurisprudence des suiveurs relative aux Maqasid : L'intervention de l'Etat pour fixer les prix sur le marché en cas de besoin et si l'intérêt du groupe l'exige, garantir les fabricants, l'abolition des ruses (Hial) tant que ces ruses sont contraires aux Maqasid[23].

## 4. L'époque des jurisconsultes (Fouqahas) :

Les juristes en général et les imams (chefs) des écoles jurisprudentielles en particulier, ont contribué au développement de la science des Maqasid, et la considération de ceci est restée une composante importante de l'ijtihad dans le raisonnement jurisprudentiel. Elle s'est également manifestée dans l'usage de l'analogie et de Al-Istislah ( le jugement sans précédent motivé par l'intérêt général auquel ni le Coran ni la Sunna ne font explicitement référence), l'interdiction des prétextes, et d'autres sources législatives consécutives, qui ne sont que des attributions pour considérer des finalités ou des règles ramifiées dans la forme requise par les origines de chaque doctrine. Et si l'imam Malik s'appuyait sur « les intérêts envoyés » autrement dit « Al-Istislah », Abu Hanifa utilisait l'approbation ou Al-Istihsân s'appuyant sur le jugement préférentiel du Faqih, tandis qu'Al-Shafi'i et Ahmad

---

[23] Al-Muwafaqat, par Al-Shatibi 3/3

prenaient l'analogie (Qyas) comme source principale de leurs interprétations.

Les origines de la doctrine de l'Imam Malik sont fortement liées à la dimension Maqasid, surtout lorsqu'il s'appuie sur la notion de « Al-Istislah » (les intérêts envoyés), tels qu'il l'évoque lors de la compréhension du texte et lors de la conduite de l'analogie. Exemples : sa réfutation du hadith concernant la vente avec option : (l'acheteur et le vendeur gardent le choix de leur vente, tant qu'ils ne se séparent pas). Il considère que cela contredit la finalité de la charia dans la conclusion de contrats. Aussi lorsqu'il considère « Al-Istihsan » (le jugement préférentiel du Faqih) représentant 9/10 du savoir, ce qui, selon lui, doit susciter l'intérêt et éloigner le mal. Également son invalidation de la vente « Ina » (vente fictive), car elle conduit au "riba" et à l'injustice.

Quant à l'Imam al-Shafi'i, il est considéré comme le fondateur de la science des principes fondamentaux de la jurisprudence (Usul Al-Fiqh), qui a finalement conduit à la science des Maqasid, car celle-ci est, de l'avis de certains savants, une partie avancée de la science de Usul Al-fiqh, et l'imam al-Shafi'i a joué un rôle de premier plan dans la préparation de la science des Maqasid parce qu'il était l'un des théologiens à classifier les prescriptions de la charia selon le sens de chacune, qui est le pilier de la connaissance des finalités. Il s'accroche aussi aux intérêts fondés sur un ensemble juridique, et le déclare à plus d'un endroit, comme l'ont cité ses compagnons.

Dans ce sens, Al-Shafi'i a émis une fatwa qui consiste à tuer le groupe contre un, quand le groupe est impliqué dans le crime, bien que la règle citée dans le Coran insiste à ce que la punition est similaire au crime : « Et si vous punissez, alors punissez avec ce dont vous avez été puni » ( Coran :16/126 ). Mais il a changé le principe d'une réforme totale raisonnable, qui est : Si la similitude était prise en compte ici, l'affaire conduirait à un bain de sang, comme la participation de plus d'une personne au meurtre, donc si nous stipulions la similitude, les auteurs ne seraient pas punis, alors l'injustice devient juste. Al-Shafi'i tient à ce que le meurtre doive être payé à la plus grande des deux injustices, la plus facile d'entre elles.

Quant à l'Imam Ahmad, il est du même avis que al-Shafi'i. Il inclut l'intérêt général (Maslaha) qui est le but suprême du législateur dans le chapitre de l'analogie (Qyas), et il ne le considère pas comme un principe indépendant et spécifique, et il prend le principe de « la prévention prohibitive »( Sad “Dhari’a” (brèche pouvant mener vers l’interdit) et tous les prétextes et les ruses de prévention. Ainsi il prononça sa fatwa qui consiste à bannir la personne bisexuelle (l'efféminé) dans un pays où il est à l'abri de la corruption de son peuple, et s'il craint qu'on l'emprisonne, alors c'est préserver l'honneur du peuple et payer pour la corruption en leur nom[24].

Les exemples de la doctrine hanafite (se référant à Abou Hanifa) qui prennent l'istihsan sont presque identiques aux exemples des malikites qui prennent « Al-Istislah »(les intérêts envoyés), comme la garantie de l'employé commun (Ajir Mouchtarak) et l’autorisation du contrat de fabrication (Al- Istisn’a). Abou Hanifa a contribué à la construction de l'édifice des Maqasid, à travers son usage de l'approbation (l'istihsan), qui était la porte la plus large pour ses discussions et ses inférences.

### 5. L’époque des savants contemporains :

Après que les fondements de la science des Maqasid aient été complétés par l'imam al-Shatibi, le véritable fondateur de cette science au VIIIe siècle AH, cet effort a cessé de donner ses fruits et s'est gelé pendant plus de six siècles jusqu'au siècle dernier jusqu'à ce qu'Ibn Ashour vienne reprendre sa construction, et il fut ainsi considéré comme le deuxième fondateur de cette science. Il en fit une science indépendante, et s'occupa d'un grand nombre d'enquêtes et de chapitres dans son livre (Maqasid al-charia Al - Islamiyya), qui devint une référence indispensable pour tous les chercheurs et ceux qui s'intéressent à ce

[24] Ibn Qudamah : Al-Mughni, Dar Alam Al-Kutub, Riyad, 2010, 7/462.

domaine. Puis les écrits se sont poursuivis après Ibn Ashour avec Allal Al-Fassi, Ahmed Al-Raissouni, Jamal Al-Din Attia, Al-Najjar, Al-Khademi et d'autres savants.

La pensée en matière de Maqasid s'est manifestée à l'époque moderne avec Ibn Ashour et Allal Al-Fassi. L'esprit de cette pensée a émergé, en particulier chez Ibn Ashour, qui a complété le sujet qu'Al-Shatibi a commencé à la fin du livre Maqasid, à savoir la démarche scientifique ou les méthodes pour prouver les finalités. Il est le premier à mettre en avant l'idée des finalités globales de la charia islamique qui, selon lui, est l'établissement de la préservation de l'ordre, de l'égalité, de la liberté et de la tolérance de la nation. La jurisprudence d'Ibn Ashour, comme mentionné par Taha Jaber al-Alwani, s'est concentrée sur la sortie des finalités du cadre théorique pour réaliser des applications réussies des finalités dans les cercles de transactions et de comportements. Il s'est concentré sur la famille et les objectifs de ses prescriptions, et a jeté les bases de la jurisprudence des relations à travers son organisation du système des Maqasid de la famille dans les relations de parenté et de mariage. Et il en est sorti du cadre de focalisation sur la finalité de la reproduction pour présenter la famille comme une institution sociale importante dans laquelle se crée le système des relations humaines avec ses différents liens, et dans laquelle droits et devoirs sont définis à travers des systèmes précis qui protègent ces relations, que ce soit dans leur construction ou leur dissolution. La famille est apparue dans son projet comme l'image d'une nation miniature.

Al-Raisouni (2005) a résumé les ajouts faits par Ibn Ashour en matière de Maqasid dans les points suivants :

- Ibn Ashour a été le premier à appeler explicitement à l'établissement d'une nouvelle science, "la science des finalités", et il semble qu'il ait écrit son livre sur cette base. Le travail d'Ibn Ashour dans le domaine des études Maqasid est similaire au travail d'Al-Shatibi, en termes de sa nature fondatrice, car il trace son impact, s'appuie sur ce qu'il a fondé, puis ajoute ce qu'il a à ajouter. Ibn Ashour a continué à parler de l'importance des Maqasid et de la mesure dans laquelle la jurisprudence et l'Ijtihad jurisprudentiel en ont besoin. Il a également continué à parler des moyens de prouver les Maqasid, en plus d'approfondir des questions familières, telles que les intérêts (Maslaha) et leurs composantes...

- L'une des choses les plus importantes qu'Ibn Ashour a ajoutées est ce type de finalités spécifiques, auxquelles il a consacré la troisième section de son livre intitulé "les finalités de la charia spécifique aux transactions financières", en plus des finalités des prescriptions familiales, des finalités des transactions tenues sur les « Abdan » (à entendre sur le travail), des finalités judiciaires et des témoignages… etc. Ainsi Ibn Ashour a dévoilé un autre niveau de finalités, intermédiaire entre le général et le partiel, qui est lié à un domaine législatif spécifique, comme les domaines qu'il a mentionnés.

- Il faut reconnaître que la percée qu'Ibn Ashour a faite dans le domaine des finalités de la charia, représentées dans les trois éléments précédents, et aussi dans le fait qu'il a introduit l'étude des finalités dans le programme académique de l'Université de Zitouna à Tunis, et dans sa pensée des finalités répandues dans sa production jurisprudentielle fondamentale, exégétique et intellectuelle. Ce « boom » en matière de Maqasid n'est pas né de nulle part, et n'est pas venu soudainement, il a plutôt été précédé et renforcé par le mouvement réformiste global qui travaillait à l'époque parmi les savants d'Égypte, de Tunisie, d'Algérie, du Maroc et d'autres. Elle fut également renforcée par la publication du livre (Al-Mouawafaqat), qui fut imprimé plusieurs fois de son vivant en Tunisie et en Égypte, et qu'il enseigna lui-même aux étudiants de Zitouna. Ibn Ashour est redevable à tous ces facteurs dont il a récolté les fruits.

- Il faut reconnaître qu'Ibn Ashour a accordé aux finalités d'ordre social une attention particulière qui est apparue dans le format qu'il a proposé. Il a donc fait de la finalité suprême de la charia « la préservation de l'ordre de la nation », et il a considéré parmi les objectifs fondamentaux de la charia le respect de l'instinct (Al-Fitra), la tolérance, la liberté et d'autres objectifs généraux, et il a divisé chacun de ces objectifs en un aspect spécifique à l'individu et un autre spécifique à la nation[25].

Des années après la publication du fameux ouvrage d'Ibn Ashour, un autre érudit contemporain de la pensée des Maqasid a émergé, l'érudit marocain Allal al-Fassi (décédé en 1974), pour porter la bannière de cette science à grande échelle à travers son ouvrage « les Maqasid de la charia et ses vertus »[26], dans lequel il s'est distingué par la séparation entre les Maqasid de l'individu et les Maqasid de la nation (Umma), le développement des "finalités sociales", un sujet peu évoqué avant lui et avant Ibn Ashour, puisque les jurisconsultes n'ont pas remarqué que le Coran et la Sunna sont pleins de messages adressés aussi bien à la nation (Umma), qu'aux individus. A cet effet, Al-Fassi note qu'« Une nation ne peut se relever du gouffre dans lequel elle est tombée, à moins qu'elle ne soit entraînée à penser socialement, et qu'elle ne s'habitue à ne pas voir les problèmes des individus, ou des autres classes, comme des affaires éloignées d'elle ou sans rapport avec elle »[27]. Ainsi il a soulevé tant de questions sociales telles que la liberté du travail, de la sécurité, de l'environnement, de la préservation des richesses, etc.

Puis après Ibn Ashour et Al-Fassi, les écrits sur les Maqasid sont multipliés avec l'émergence d'une nouvelle génération de savants qui ont contribué au renouveau de cette science, tels que Muhammad al-Ghazali, Yusuf al-Qaradawi, Ahmad al - Raissouni, Ismail al-Hasani, Jamal al-Din Attia, Taha Jaber al-Alwani, Hassan al-Turabi, Abd al-Majid al-Najjar, Nour al-Din al-Khadami, Jasser Odeh et Saif al-Din Abdel -Fattah, Wasfi Ashour, Abdel-Rahman Al-Kilani, Farid Shukri et d'autres. Parmi les ajouts les plus importants de ceux-ci :

---

[25] A. Al-Raysuni : Recherche sur les finalités de la charia : son origine, son développement et son avenir : une recherche présentée au symposium sur les finalités de la charia, organisé par la Fondation Al-Furqan pour le patrimoine islamique à Londres, du 1er au 5 mars 2005

[26] Al-Fassi, Allal, Les finalités et les vertus de la charia islamique, Dar Al-Salam, Le Caire, 2011

[27] Idem

- Muhammad al-Ghazali (décédé en 1996) a ajouté deux finalités importantes qui sont « justice et liberté », critiquant les tendances littérales que de nombreux chercheurs ont tendance à adopter à l'heure actuelle, et insistant largement sur l'égalité et la justice sociale, qui sont les deux principes sur lesquels il a bâti toutes ses fameuses idées modernes en matière de jurisprudence dans le domaine de la famille ainsi que d'autres domaines. Il a également proposé d'ajouter la Justice et la choura (une forme plus large que la démocratie) aux six finalités globales de la charia.

- Al-Qaradawi s'est concentré sur les objectifs généraux de la charia, qui consistent principalement à corriger les croyances des gens dans la perception de la divinité, de la mission et de la récompense, d'établir la dignité et les droits humains, d'appeler à adorer Dieu, de purifier l'âme humaine et de corriger la morale, de former une bonne famille, de respecter l'équité envers les femmes, la construction d'une nation témoin pour l'humanité et l'appel à un monde humain coopératif.

- Taha Jaber Al-Alwani a formulé ce qu'il appelle « les finalités supérieures de la charia », qui selon lui sont "le monothéisme (Tawhid), la purification (Tazkya) et le développement (Umran)" dans le cadre de son extrapolation des finalités du Coran. Il est à l'origine de ce qu'il a appelé la jurisprudence des Maqasid (Fiqh Al - Maqasid)[28].

- Al-Raysuni a, lui, contribué, par ses écrits et ses recherches à rationaliser ce qu'il a appelé « la marée des Maqasid », qui se traduit par une croissance importante particulièrement ces dernières décennies et est utilisée par de nombreuses personnes, spécialistes et non-spécialistes en la matière. Dans son livre « Maqasid al-Maqasid » (les finalités des finalités), il a analysé

[28] https://www.maghress.com/alalam/44824

les « objectifs scientifiques et pratiques de Maqasid al-Sharia », dont il a fait le sous-titre du livre, est de trois types : Maqasid al-Maqasid dans le domaine de la compréhension du Coran et de la Sunna, Maqasid al-Maqasid dans le Fiqh et la jurisprudence, et les finalités pratiques des Maqasid. Il est clair que les deux premiers types font partie des finalités scientifiques, et le troisième type des finalités pratiques, puisqu'il affirmait que les sciences issues de la religion, y compris la science des finalités, ne sont pas requises à des fins purement épistémologiques, mais doivent « avoir des finalités pratiques » et un impact concret, en particulier, « la rationalisation de la politique charaïque » (Syasa Char'iya) qui englobe tous les domaines y compris le domaine économique.

Al-Raissouni ajoute une nouvelle finalité, qu'il a nommée "la finalité de réformer la pensée et d'orienter la vision". Ainsi, les Maqasid incluent la façon de faire une opération d'achat-vente pour le vendeur et l'acheteur, de prendre une décision pour le politicien et de l'intellectuel, du maître et du forgeron, etc.

- Hassan al-Tourabi a suggéré, parmi ses réflexions en la matière, ce qu'il a appelé « le Qyas (l'analogie) large », qui consiste à « élargir l'analogie sur les particuliers, considérer l'éventail des textes, et déduire de leur somme un but précis des finalités de la religion ou un intérêt précis de ses intérêts, et puis on cherche que la destination est là où se trouvent les circonstances et les événements nouveaux, et c'est un horizon qui nous rapproche, selon lui, de la jurisprudence d'Omar[29].

- Dans son livre : « Maqasid al-Sharia dans de nouvelles dimensions »[30], Abdelmadjid Al-Najar ne voit aucune objection

[29] Al-Turabi, Hassan, Enjeux du renouveau : vers une approche fondamentaliste, Tunisie, Institut de recherche et d'études sociales, 1990, p.166/167.

[30] Al-Najjar, Abd al-Majid, Les objectifs de la charia dans de nouvelles dimensions, Dar Al-Gharb Al-Islami, 2006

à ajouter de nouvelles finalités aux cinq Maqasid que la charia est venue préserver et avoir la même force. Il propose d'ajouter trois nouvelles finalités, qui sont : « Humaniser l'être humain », « l'entité sociétale » et « la préservation de l'équilibre environnemental ». Et il a déclaré « que le but le plus élevé de la charia demeure « de permettre à l'homme de réaliser ce qui est dans son bien et son intérêt en réalisant le but de son existence, et c'est dans l'intérêt de l'individu et de l'environnement social d'une manière qui conduit à son bonheur dans ce monde et dans l'au-delà »[31]. Toutefois l'apport d'Al-Najar s'étend également au niveau de la démarche appropriée pour l'identification des Maqasid, conformément à celle définie par les jurisconsultes des Maqasid. Il admet que le problème de l'identification et de la révélation des finalités de la charia est l'un des problèmes les plus importants auxquels sont confrontés les chercheurs dans cette science, citant les paroles de l'Imam Ibn Ashour dans ce chapitre lorsqu'il a dit : (le chercheur dans les Maqasid de la Shari'a doit prolonger la méditation et être compétent pour vérifier la preuve d'une finalité charaique)[32].

- Quant à Nour al-Din al-Khadimi, il s'est concentré dans son livre « Al-Ijtihad al-Maqasidi : ses preuves, ses limites et ses champs », sur la nécessité de renouveler la construction de la conception systématique de l'esprit Maqasid, ce qui est une étape importante qui ouvre la voie pour une nouvelle culture des Maqasid, qui est une source et un phare pour l'esprit islamique contemporain, et contribue à le construire et à activer son mouvement social, politique et économique, et son travail scientifique sobre est enraciné pour qu'il puisse mener à bien la tâche difficile qui lui a été confiée. Al-Khadimi s'est également efforcé de classifier les Maqasid d'une manière différente de la méthode courante. Selon lui, les Maqasid sont divisés en deux

---

[31] idem

[32] Al-Najjar, Abd al-Majid : Dans l'approche appliquée de la charia islamique, page 51

parties : les Maqasid universels et les Maqasid partiels ou aussi Maqasid originels et les Maqasid dépendants, etc.

- Enfin, Jamal El-Din Attia a proposé dans son livre : "Vers l'activation des finalités de la charia" [33]une nouvelle conception des Maqasid, abordant la question de la limitation des objectifs nécessaires à cinq, et il a parlé des types d'objectifs et de leurs rangs , et il propose d'élargir les Maqasid à quatre domaines : l'individu, la famille, la nation et l'humanité, de sorte que les objectifs de la charia, à son avis, comprennent cinq niveaux : le niveau de la nécessité, celui du besoin, de l'utilité, du décor et de la curiosité[34]. Dans ce contexte, Attia a mis en avant, pour passer à une phase appliquée et pratique du Maqasid, trois revendications : Le dialogue religieux avec une vision Maqasid, comme exigence coranique et approche prophétique dans un monde où le pluralisme culturel s'élargit, avec la priorité donnée au dialogue islamo-islamique, et l'action politique selon l'approche Maqasid, à travers laquelle elle aborde les idées et les dictons nouveaux qui lient les questions de démocratie et de pluralisme partisan ou politique, et la troisième et dernière exigence, la finalité de découvrir les lois universelles dans le but d'établir une lecture de la révélation avec une vision large qui combine connaissance juridique et connaissance de l'univers.

Sur la façon d'activer les Maqasid, Attia, a expliqué l'image actuelle des utilisations des finalités, et il a parlé de la relation des théories des Maqasid avec les sciences juridiques, puis de la mentalité conduite par les Maqasid pour l'individu et le groupe, puis de la mentalité intentionnelle " le champ intellectuel", puis la mentalité dans le domaine de la politique charaïque, et il a conclu sa présentation par un exposé sur l'avenir de la science des finalités : deviendra-t-elle une

[33] Attia, Jamal Al-Din, Vers l'activation des objectifs de la charia, Institut international de la pensée islamique, 2008
[34] Idem

science indépendante ou restera-t-elle dépendante de la science de la jurisprudence?

## Section 3 : les modes d'activation des finalités dans le champ économique :

L'une des finalités pratiques de la charia mentionnées par Al Raissouni est la rationalisation de la politique charaïque (Syasa Char'iya) autrement dit une gouvernance conforme aux principes de la charia. Selon les anciens jurisconsultes, on entend par « politique charaïque, tout acte par lequel les gens seraient plus proches de la justice et plus éloignés de la corruption, même si le prophète ne l'établissait pas et qu'aucune révélation ne l'affirme »[35]. Ainsi, la politique est jugée conforme dans sa structure et son sens si deux choses sont prises en compte dans son assise et sa mise en œuvre : la première : la concordance avec les finalités de la charia, sur le principe, la démarche et l'aboutissement. La seconde : ne violer aucune preuve de la charia, même si elle est secondaire, confirmée par des preuves générales pour tous les temps et toutes les conditions, ou l'une des preuves détaillées de la charia.

Quant au sens contemporain de « la politique charaïque » (Syasa Char'iya), c'est « la gestion des affaires publiques de manière à garantir la réalisation des intérêts communs et à éliminer les dommages de ce qui ne dépasse pas les limites de la charia et de ses principes globaux, même s'il contredit les paroles des jurisconsultes[36].

On entend par « affaires publiques » : tout ce qui est nécessaire à la vie des gens en termes de systèmes, qu'ils soient constitutionnels, financiers, législatifs, judiciaires ou exécutifs, qu'il s'agisse d'affaires intérieures ou extérieures. Par conséquent, il ne s'écarte guère des domaines de « la politique charaïque » (Syasa Char'iya), en termes d'objet, une branche de la vie contemporaine et aucun aspect de celle-ci, et au premier plan de tout cela se trouve le système de gouvernance

---

[35] Une définition de l'Imam Ibn Aqil al-Hanbali (mort en 513 AH), citée par le savant Ibn al-Qayyim dans son livre Al-Qawaid al-Hukamiyyah fi al-Siyasa al-Shariah, étudié par Muhammad Jamil Ghazi, édition de Al-Madani Press, Le Caire, DT, 17.

[36] Abdul Wahhab Khallaf : La politique charaïque ou le système de gouvernement dans l'islam, 4e édition, Fondation Al-Risala, Beyrouth, 1409 AH - 1989 AD, p. 17

et les instances administratives, constitutionnelles, juridiques, systèmes judiciaire, pénal, financier, économique, commercial et autres. Sont également incluses dans « la politique charaïque » (Syasa Char'iya), les politiques économiques, financières, commerciales et monétaires, les politiques d'investissement et de développement, et toutes les transactions qui se produisent dans la société.
Compte tenu des défauts de perception et des défaillances dans la mise en œuvre de ces politiques, et de leur incompatibilité avec les besoins, les circonstances et les contingences de la réalité, le recours aux finalités de la charia dans le domaine économique peut procurer un certain nombre d'avantages dont les plus importants sont :

- Adopter le système économique le plus approprié et le mode de développement le plus rationnel : toutes les sociétés en voie de développement ont expérimenté de nombreux systèmes économiques pendant plus d'un demi-siècle, oscillant entre capitalisme et socialisme, et combinant libéralisme et dirigisme, entre libéralisme classique et néolibéralisme, et dans tous les cas, le résultat a été décevant. Les aspirations incluses dans les objectifs économiques et sociaux de ces sociétés, et le développement sont restés un espoir perdu et une ambition reportée, ce qui impose une révision radicale du modèle économique le plus approprié et de l'approche de développement la plus rationnelle. Ces échecs ne se limitent plus aux pays en développement dont les conditions de développement sont défaillantes, mais ils touchent également les pays développés et les menacent de l'intérieur en raison de l'aggravation de la crise économique et financière dont souffrent la plupart de ces pays, qui sont devenus au bord du gouffre de l'effondrement économique, comme l'a exprimé l'économiste français Maurice Allais[37].

Par conséquent, interpeller les finalités (Maqasid) de la charia et recourir à leurs principes peut contribuer à sauver l'humanité de la crise

[37] Maurice Allais, Le système économique mondial repose sur deux volcans : l'endettement et le chômage. In :
Maurice Allais : L'Europe en crise : que faire ? Éditions : Clément Juglar 2005

accablante et du dilemme du capitalisme affaibli, ce qui a fait entendre des voix importantes d'économistes et d'experts financiers dans les pays avancés qui se sont levés il y a quelques années pour exiger une refonte totale du système capitaliste et de ses règles de base. Certains d'entre eux ont appelé à prêter attention aux principes de l'économie et de la finance islamique, qui peuvent constituer une solution pour sortir de cette crise. Dans ce contexte, il est jugé nécessaire de rechercher les dimensions économiques et les implications de la mise en œuvre des finalités charaiques afin de découvrir le rôle humanitaire qu'elles peuvent jouer pour sauver l'économie mondiale.

- Fixer les priorités et rationaliser les choix et les politiques économiques : l'un des principaux dilemmes dont souffrent les projets de développement dans le monde en général et dans les pays en développement en particulier est l'oscillation dans les choix et les orientations, l'instabilité des politiques économiques et le déséquilibre dans les priorités : vacillation entre le modèle d'« Import- Substitution» à celui axé sur l'exportation et l'investissement étranger, entre la politique de nationalisation et de l'emprise du secteur public à la politique de privatisation et de la domination du secteur privé dans la gestion économique, du clivage entre secteurs public et privé à l'appel à un partenariat public-privé et au recours au secteur de l'économie sociale et solidaire en tant que tiers secteur qui peut alléger les charges de l'Etat. Cette perturbation nécessite que les orientations économiques doivent encore être restaurées sur les plans théorique et pratique. Les priorités restent éparpillées et ne sont régies par aucun fil conducteur, de même que les politiques économiques, financières et monétaires doivent encore être rationalisées et corrigées. Devant tous ces enjeux, le recours aux finalités (Maqasid) peut être utile dans le sens où il peut rétablir l'ordre dans les politiques adoptées grâce à la jurisprudence des priorités (Fiqh Al - Awlawyat) et la jurisprudence des intérêts communs (Fiqh Al-Masalih) et leur classification des besoins en besoins de première nécessité (Dharouryat), besoins de nécessité secondaire (Hajjyat), et besoins non nécessaires, mais qui ont pour but de rendre la vie agréable (Tahsinyat).

-Moraliser l'économie: Après un divorce marquant une séparation historique entre l'économie et la morale qui a duré plusieurs siècles, et en dépit des premières tentations éthiques parues au début de la pensée économique, restée lettre morte, le débat a repris récemment entre les deux sphères en vue de relancer la morale au cœur de l'économie et introduire une culture éthique dans les entreprises et les institutions. Des mouvements sociaux ont émergé en Occident qui appelaient et appellent encore à la moralisation de l'économie et à la libérer de l'injustice du capitalisme et de ses politiques inhumaines. Des courants et des initiatives ont également émergé en ce sens sous l'étiquette éthique tels que « économie éthique », « finance éthique », « commerce éthique », « investissement socialement responsable », « responsabilité sociale des entreprises », « consommation responsable », etc. L'approche de l'économie éthique a connu un essor remarquable au cours des dernières décennies, notamment après la publication du livre « Economics and Ethics » de l'économiste américain (d'origine bangladaise) Amartya Sen en 1998[38], grâce auquel il a pu restaurer la confiance entre l'économie et la morale. Le Japon, en ce sens, était un exemple réel qui prouve qu'un comportement organisé motivé par le devoir, la loyauté et les bonnes morales jouait un rôle majeur dans le succès industriel. C'est ce que Michio Morshima appelait "l'éthique japonaise"[39] puisque ce type de comportement est certainement difficile à adapter avec le comportement d'intérêt personnel du système utilitariste libéral.

- Humaniser l'économie : Les philosophes, les théoriciens partisans du capitalisme ne sont plus en mesure aujourd'hui de cacher les signes d'échec et d'effondrement auxquels l'économie capitaliste est parvenue, et l'état de chaos qui a affligé le monde à la suite de la dernière crise financière, crise, surtout après que l'homme a été transformé sous ce système en une simple "machine" ou "marchandise" dans le système de marché et de la mondialisation. Beaucoup de ces philosophes et

[38] SEN ,Amartia : On Ethics and Economics ; University of California, Berkeley 1988
[39] Oussama Qadi, Éthique et économie : un divorce non irrévocable : D'Adam Smith à Amartya Sen : http://almultaka.org/site.ph

théoriciens ont commencé à ressentir la réalité de la tragédie et à se réveiller du sommeil qui avait dominé les esprits pendant des décennies, ce qui a conduit certains à « diviniser » le marché (selon l'expression du penseur français Roger Garaudy) et à sanctifier l'idée capitaliste et propager la théorie de « la fin de l'histoire et du dernier homme ». Ces voix cherchent maintenant une solution pratique pour sortir de l'impasse actuelle, et ils ont déclaré clairement qu'ils avaient désespérément besoin d'un système économique alternatif au capitalisme sauvage et inhumain.

Les crises récentes du capitalisme mondial ont contribué à la recrudescence des problèmes environnementaux et climatiques (dus à une production et une consommation excessives qui épuisent les ressources), des problèmes socio-économiques divers (des licenciements massifs de salariés, augmentation des taux de chômage surtout parmi les jeunes éduqués, l'expansion de l'économie parallèle et de la contrebande, l'augmentation de la pauvreté et de l'exclusion, et la détérioration du niveau de vie conditions de la classe moyenne).

Cette forme de libéralisme économique excessif, qui repose sur le paradigme du « laisser faire laisser passer » selon lequel le marché est capable de s'autoréguler grâce à une « main invisible », n'est plus en mesure d'affronter les deux volcans, celui du chômage et de la dette, au bord desquels se trouve l'économie mondiale ni pour répondre à la question de la justice et de la réduction des inégalités entre les individus et les groupes dans les différentes parties du globe.

Cette crise du capitalisme a fait émerger deux courants de pensée : le premier appelle à la nécessité de réformer le capitalisme de l'intérieur et de faire plus d'efforts pour l'humaniser, de manière à lui permettre de contenir les problèmes sociaux résultant de la mondialisation, et de se renouveler par lui-même en vue de sauvegarder sa position et renforcer sa capacité à affronter les crises. Le deuxième courant est radical ; il considère que le système capitaliste néolibéral a atteint ses limites et se dirige vers sa fin, et prône un nouveau système économique alternatif, celui d'une nouvelle économie humaine. Cependant, ce courant se heurte encore à de réelles difficultés dues à l'absence d'un référent intellectuel et d'un projet culturel incarnant un système de valeurs humaines universelles.

Dans cette perspective, la recherche de la synergie entre la science des finalités et la science économique constitue une piste éventuelle vers la résolution des contraintes que rencontre ce projet de l'économie humaine alternative.

Bien que les penseurs occidentaux aient ignoré pendant des siècles le fait que la civilisation islamique, et en particulier l'économie islamique, a contribué à la formation de la civilisation mondiale, ils ont finalement commencé à reconnaître ce fait historique, en particulier après la récente crise et ses dangereuses répercussions, qui révèlent l'ampleur du fossé moral et humain dans le système économique dirigé par le capitalisme. Beaucoup d'entre eux ont prôné la nécessité d'inspirer des principes de l'économie islamique sur une piste de solution[40].

---

[40] A titre d'exemple dans l'éditorial du journal « Le Journal de Finance », dans laquelle son rédacteur en chef, Roland Laskin, demandait : Wall Street s'est-elle qualifiée pour appliquer les principes de la Charia ?
Aussi Vincent Beaufils, rédacteur en chef du magazine "Challenges", a écrit dans l'éditorial du journal, intitulé "Le Pape et le Coran", en disant : "Dans cette crise, nous avons besoin de plus qu'avant pour lire le Coran"au lieu de la Bible pour comprendre ce qui se passe avec nous et nos banques, parce que si les responsables de nos banquiers aperçoivent ce qui a été dit dans le Coran en termes d'enseignements et de recommandations, et qu'ils les appliquaient, nous aurions pu éviter ces catastrophes et ces crises.

# Chapitre II : Finalités de la science économique

Ce chapitre traite des buts et des objectifs généraux de la science économique, tel qu'ils ont été fixés par les premiers fondateurs, indépendamment de ce qui a été accompli ou non, ou est sur le point de l'être, peu ou beaucoup, afin de cerner les facteurs qui y ont conduit et d'examiner dans quelle mesure la science des finalités islamiques (Maqasid) répond aux besoins de l'économie moderne et peut expliquer les raisons qui ont conduit à cet écart entre la théorie et la pratique, entre les objectifs assignés et les résultats obtenus.

Le chapitre comprend trois sections : la première est relative à l'émergence et au développement de cette science, la seconde traite des buts essentiels de la science économique, la troisième traite de la mesure dans laquelle l'économie islamique peut contribuer à la réalisation de cette alternative.

## Section 1 : Histoire de la science économique :

Paul A. Samuelson, l'un des pionniers et fondateurs de l'économie contemporaine, estime dans son livre "Economics" [41]que « l'économie est le plus ancien des arts et la plus moderne des sciences, mais s'y intéresser en tant que science indépendante de toutes les autres sciences sociales n'a pas eu lieu jusqu'au début de la seconde moitié du XVIIIe siècle grâce aux travaux du philosophe anglais Adam Smith lorsqu'il a publié sa célèbre œuvre « Étude sur la nature et les causes de la richesse des nations » en 1776, à travers lequel il est considéré comme le véritable fondateur de la science économique »[42]. Il convient de noter ici qu'une distinction systématique doit être faite entre la pensée économique, la politique économique et l'économie ou la science économique. La pensée économique qui traitait des questions et des problèmes économiques est ancienne et datait de bien des siècles avant l'émergence de l'économie.

Le début de la pensée économique se trouve dans tous les enseignements des religions monothéistes, ainsi que dans les enseignements des chefs de la pensée grecque et romaine. Il s'agit d'un cadre théorique et d'un ensemble d'opinions et de politiques adoptées par différentes sociétés pour choisir la méthode appropriée pour résoudre leurs problèmes économiques. Cette pensée a connu des

---

[41] Paul A. Samuelson, Economics, International Student Edition (MC Graw-Hill kogakusha. Ltd. Tokyo 1976

[42] Adam Smith (1723 - 1790) philosophe et économiste écossais des Lumières. Il reste dans l'histoire comme le père des sciences économiques modernes, dont l'œuvre principale, publiée en 1776, La Richesse des nations, est un des textes fondateurs du libéralisme économique. Professeur de philosophie morale à l'université de Glasgow, il consacre dix années de sa vie à ce texte qui inspire les grands économistes suivants, ceux que Karl Marx appellera les « classiques » et qui poseront les grands principes du libéralisme économique. La plupart des économistes considèrent Smith comme « le père de l'économie politique » ; pourtant, certains, comme Joseph Schumpeter ou Murray Rothbard, l'ont défini comme un auteur mineur, considérant que son œuvre comportait peu d'idées originales et que ces dernières étaient pour beaucoup fausses. https://fr.wikipedia.org/wiki/Adam_Smith.

développements importants tout au long des différentes étapes de l'histoire et de la succession des civilisations humaines.

Le concept de « politique économique » fait référence à un ensemble de procédures et de décisions qui contribuent à atteindre les objectifs économiques et sociaux souhaités dans une société par de nombreux moyens et outils. La politique économique vise généralement à conseiller l'État sur ce que devrait être la situation économique.

Mais la science économique, telle qu'elle sera définie en détail plus loin, se préoccupe de révéler les relations existantes entre divers phénomènes économiques, de les interpréter et de les analyser, et d'indiquer les directions de leur développement.

Cependant, la distinction entre l'économie et la politique économique ne nie pas la relation et la complémentarité entre les deux concepts. L'économie, avec ses recherches et son interprétation des phénomènes et des problèmes économiques, éclaire le comportement des variables économiques, de la nature et de l'ampleur des interdépendances entre elles, permet de prévoir les événements économiques attendus dans le futur et aide à adopter une politique économique appropriée. L'économiste ne fait pas l'analyse juste pour le luxe intellectuel, mais plutôt pour qu'il puisse éventuellement parvenir à une meilleure compréhension de l'environnement économique afin qu'il puisse le contrôler et le diriger de la manière qu'il considère comme la meilleure du point de vue de vue du bien-être social ; c'est-à-dire pour qu'il puisse formuler une politique économique qui ajuste les événements attendus et indésirables et les rende plus conformes à l'intérêt général des membres de la société, même si une telle distinction n'était pas claire pour les économistes avant Adam Smith.

Dès lors, la science économique a souvent été qualifiée de politique, jusqu'à ce que l'expression « économie politique » devienne la plus courante et la plus utilisée à la place de la science économique. Il a été utilisé pour la première fois par l'écrivain français Antoine de

Montchrestien en 1615 apr. J.-C. lorsqu'il a écrit un livre portant ce titre « Economie politique », expression par laquelle, il visait à conseiller le prince dans la gestion des fonds publics, et cela était logique, car la politique économique, comme mentionnée ci-dessus, a précédé la science économique dans ses débuts.

Le développement historique de la science économique peut être réduit à trois grandes étapes distinctes :

- La première étape : 1776-1929 : cette étape s'est achevée avec le déclenchement de la crise de la Grande Dépression, et l'une de ses manifestations au cours de cette période historique a été un effondrement complet en termes de prix et du système monétaire basé sur l'or, ainsi que les marchés financiers mondiaux, qui ont conduit à l'émergence du système de Breton Woods.

- La deuxième étape : 1936-2008 : C'est l'étape du capitalisme moderne, qui a connu un essor sans précédent au cours duquel le système s'est renouvelé et a pu, dans une large mesure surmonter les diverses secousses et crises auxquelles il a été confronté et étendre sa domination absolue sur la plupart des économies du monde, surtout après l'effondrement du système socialiste qui s'y opposait pendant la courte période qui est apparue et qui n'a pas dépassé sept décennies.

- La troisième étape : 2008 a aujourd'hui : qui peut être datée du début de la crise financière mondiale actuelle en 2008, qui a commencé avec la crise des subprimes aux États Unis d'Amérique, puis s'est étendue à divers grands pays industrialisés. Cette étape est marquée par l'apparition des voix de l'intérieur du système capitaliste appelant à reconstruire le capitalisme sur de nouvelles bases et revoir les fondements et les hypothèses d'origine sur lesquels l'économie était basée comme référence théorique sur laquelle repose le système capitaliste.

Depuis l'émergence de cette science, il y a quatre siècles environ, il n'est toujours pas possible de s'accorder sur une définition unanime. La controverse sur le sens de cette science existe encore aujourd'hui, ce qui a conduit à des définitions différentes selon les diverses tendances intellectuelles des économistes, ce qui peut être attribué au rapport de l'économie au comportement humain et à l'évolution des conditions économiques et sociales. On peut se permettre de dire que l'économie a des définitions selon le nombre d'économistes qui y ont pensé et de livres qui y sont écrits.

Ainsi, des définitions ont été livrées sous plusieurs angles de vue : l'angle de la création de la richesse, celui de l'échange, celui de la rareté ou l'angle social, celui des rapports de production.
Adam Smith a défini l'économie comme étant la "science de la richesse" privilégiant l'angle de la création de la richesse. D'où le titre de son livre « Essais sur la nature et les raisons de la richesse des nations ». Alfred Marshall l'a défini comme «la science qui étudie l'activité individuelle et sociale liée à la façon d'obtenir les besoins matériels pour le bien-être et les façons de les utiliser ». John Stuart Mill l'a définie comme étant "la science qui étudie les lois de l'accroissement de la richesse" et l'économiste John Baptiste Say, considère l'économie comme "la science qui s'intéresse à connaître les lois liées à la production, la distribution et la consommation des richesses, ».
Samuelson l'a défini, sous l'angle de l'échange, comme « la science qui se rapporte à l'étude du processus de production et d'échange entre les individus ». Cet avis est d'une grande importance pour lier les secteurs marchand et non marchand (monétaire) et définir le rôle de la monnaie dans le financement de l'économie.

Quant à Lionel Robbins, il l'a défini, sous l'angle de la rareté, comme «la science qui étudie le comportement humain comme une relation entre des fins et des moyens rares à usages multiples ». C'est la science qui examine le problème de la rareté dans le cadre d'un ensemble de contraintes et de restrictions.

L'angle social est l'essence de l'analyse socialiste qui s'intéresse à l'étude des relations entre les individus lors de la production et de la postproduction, et étudie en particulier les lois de la production et de la distribution dans la société humaine. Dans ce contexte, Karl Marx propose une définition particulière de l'économie politique comme étant "la science de l'étude du développement des lois de la société" et développe ce concept en appliquant la loi du matérialisme dialectique au mouvement de l'histoire. Quant à l'économiste socialiste Oskar Lange, il a défini l'économie comme étant « la science qui étudie les lois sociales du processus économique », c'est-à-dire qu'elle s'intéresse aux lois sociales de la production et de la distribution.

Malgré l'importance de ces points de vue, elles n'échappent pas toutes aux critiques des uns et aux réserves des autres les reprochant d'être partiales ou simplistes, ou manquant d'une certaine vision intégrale et globale. A ce titre, la plupart de ces définitions se caractérisent par l'absence ou « le manque » de la dimension morale. Elles se concentrent toutes sur l'aspect purement matériel et négligent d'autres aspects qui sont aussi importants, comme l'aspect psychologique, culturel, social, religieux, moral et autres. Cela fera ultérieurement l'objet d'un large débat parmi la nouvelle génération de partisans du capitalisme, qui ont commencé à exiger des révisions radicales de ces thèses traditionnelles. Il existe de nombreuses divisions de l'économie selon les tendances intellectuelles et l'arrière-pensée philosophique des économistes. Mais les plus importantes sont celles qui distinguent la microéconomie de la macroéconomie d'une part, et l'économie descriptive de l'économie normative d'autre part.

**1. La microéconomie** : est la science qui traite du comportement des unités économiques, telles que le comportement économique de l'individu, de la famille ou de l'entreprise. La microéconomie s'intéresse également à la détermination du niveau de production qui permet à l'individu à optimiser ses choix et à l'entreprise de maximiser ses profits.

Cette branche de l'économie repose sur un certain nombre d'énoncés qui se sont rapidement transformés en principes dont l'analyse économique ne peut se détacher malgré les grands doutes et précautions qui y sont liés, et qui ont été consignés par de nombreuses littératures économiques à l'intérieur et à l'extérieur du système capitaliste. Ces principes s'articulent autour des notions suivantes :

- **L'Équilibre**: Le concept d'offre et de demande est l'un des concepts de base de l'économie et le pilier sur lequel repose l'économie de marché. Le concept de demande fait référence à la quantité de produits ou de services souhaités par les consommateurs, tandis que le concept d'offre fait référence à la quantité de produits ou de services pouvant être produits et fournis par les producteurs (le marché). L'équilibre est atteint lorsque l'offre est égale à la demande sur un marché. L'équilibre est rompu lorsque l'équation entre l'offre et la demande est rompue. Dans le cas où le déséquilibre persiste et se transforme en un état permanent et structurel, des crises surviennent, telles que le chômage qui reflète un surplus de main-d'œuvre sur le marché du travail, l'inflation ou la déflation sur le marché monétaire, etc. Cette théorie repose également sur le fait qu'un marché libre, livré à ses propres lois, atteindra la stabilité des prix et l'équilibre entre l'offre et la demande, entre les ressources disponibles et la capacité de les mobiliser et de les exploiter. Le marché est ainsi l'institution publique qui réalise le bien pour le producteur et le consommateur, et donc un travail doit être fait pour s'assurer que le marché est neutralisé de toute influence. Selon les théoriciens de la microéconomie, elle n'a pas besoin d'être organisée, car elle s'organise elle-même. L'équilibre de la production et de la distribution est atteint lorsque l'équilibre du marché est atteint.

- **Le coût d'opportunité**, qui est le montant qui doit être abandonné et sacrifié d'un bien particulier pour produire un autre bien en cas de plein emploi des facteurs de production. Autrement dit, la valeur des profits perdus pour la meilleure alternative qui vient après le type de décision qui a été choisie. Le processus de sélection se déroule entre plusieurs alternatives inégales. Ce concept est considéré comme l'un des concepts de base, car il exprime la relation entre la rareté et le choix et joue un rôle important et décisif dans l'efficacité de l'allocation des ressources rares. L'économiste Benjamin Franklin disait que "le temps c'est de l'argent".

- **L'Élasticité:** est le taux de variation de la quantité de demandes due à une variation de prix, c'est-à-dire la mesure dans laquelle la modification d'une variable économique affectera le reste des variables économiques. Une variation du prix d'une marchandise entraîne une variation de la quantité demandée (et de la quantité offerte) de la marchandise comme stipulé par la loi de l'offre et de la demande. Mais pour identifier l'ampleur du changement de quantité, qu'elle soit demandée ou offerte, résultant d'un changement du prix d'un produit, un critère est nécessaire pour déterminer le degré de réaction à la fois de la quantité demandée et de la quantité offerte au changement de prix. Ce critère est ce qu'on appelle la flexibilité ou l'élasticité. L'élasticité-prix de la demande est déterminée par une combinaison de facteurs, y compris des substituts au produit.

A travers ces notions, la microéconomie contribue à répondre à trois questions importantes : que produire ? Comment produire ? Et à qui produire ? Autrement dit, comment se fait l'allocation optimale des ressources pour la production de biens et de services ? Quel est le degré d'efficacité de la distribution des biens et services ? Comment se fait cette répartition entre les facteurs de production ?

**2. La Macro-économie** : elle étudie les variables économiques à grande échelle telles que le revenu national, l'emploi, le chômage, la monnaie, les banques, le commerce extérieur et le développement économique et social. Elle traite de l'économie nationale dans son ensemble sans se limiter aux unités économiques, et aux nombreuses contraintes auxquelles elles sont confrontées. En se focalisant sur l'économie nationale dans son ensemble, la macroéconomie s'intéresse à la production totale de l'économie et au niveau général des prix, et non à la production et au niveau des prix de chaque entreprise séparément. Elle traite de la performance de la structure et du comportement de l'économie dans son ensemble. De ce fait, les sujets traités par la macroéconomie sont d'une grande importance, car ils reflètent la nature des politiques prises pour résoudre les problèmes économiques.

Pendant la période de la Grande Dépression en 1929, la distinction systématique entre micro et macro-économie a commencé avec l'économiste britannique John Maynard Keynes[43], considéré comme le père de la macroéconomie, avec l'émergence de son célèbre ouvrage « La théorie générale de l'emploi, de l'intérêt et de la monnaie », qui est considérée comme une révolution dans la pensée économique moderne, et qui a véritablement formé la base de la macroéconomie et a provoqué un coup d'État dans l'idée qui prévalait plus haut, à savoir que le marché libre est capable de fournir le plein emploi tant qu'il y a la flexibilité de la demande qui est liée aux salaires. La théorie de Keynes réfute ce postulat et affirme que le marché libre n'a pas nécessairement de mécanismes automatiques d'équilibrage, et par conséquent, l'État doit intervenir pour élaborer des politiques appropriées (économiques, sociales, financières et monétaires) afin d'atteindre les objectifs économiques souhaités.

Parmi les sujets de base traités par l'analyse macroéconomique : le revenu national ou produit brut, le chômage, la balance des paiements et le taux d'intérêt. Celle-ci vise à identifier les facteurs de croissance économique, les causes du chômage, les outils de contrôle du taux d'inflation, des prix, la balance des paiements, les taux d'intérêt et de change. C’est ce qui caractérise l’analyse keynésienne par rapport à l’analyse classique et surtout néo-classique et constitue ainsi une alternative à condition qu'un équilibre soit atteint entre l'épargne et l'investissement. Keynes a interprété la crise comme un manque de

[43] John Maynard Keynes (1883-1946) était un économiste britannique de renommée mondiale. Il est le fondateur de la macroéconomie keynésienne. De son travail ont été tirés l'économie keynésienne, l'économie néokeynésienne et le post-keynésianisme. En raison de sa grandeur en tant que l'un des théoriciens économiques les plus influents du XXe siècle, il a occupé de nombreux postes consultatifs formels et informels pour de nombreux politiciens, et il a été l'une des principales figures de l'accord de Bretton Woods, après la Seconde Guerre mondiale.

demande, il fallait donc augmenter cette demande tant au niveau de l'investissement qu'au niveau de la consommation.

Keynes ne considérait pas les salaires comme des coûts de production, mais plutôt comme des débouchés pour écouler la production et encourager la consommation. Il est donc de la responsabilité de l'État de compenser le manque de demande d'investissement et stimuler l'investissement privé en réduisant le taux d'intérêt et en augmentant la liquidité grâce à une politique monétaire équilibrée.

L'importance de l'analyse macro-économique sur laquelle repose la théorie keynésienne générale réside dans les points suivants :
- Comprendre le fonctionnement de l'économie, étudier ses variables et analyser les problèmes économiques souvent liés au comportement du revenu national, de la production, de l'emploi et des prix généraux. Ces variables peuvent être mesurées, ce qui facilite l'analyse des effets sur le fonctionnement de l'économie.
- L'analyse macro-économique est utilisée dans les politiques économiques pour résoudre de nombreux problèmes économiques tels que les problèmes d'inflation, de déséquilibre de la balance des paiements et de faibles niveaux de production. La macroéconomie aide à élaborer des politiques économiques pour résoudre ces problèmes.
- La macroéconomie est utilisée pour résoudre les problèmes de chômage, et l'exemple le plus clair est peut-être la théorie générale de l'emploi de Keynes.
- La macroéconomie est également utilisée pour étudier le produit national brut et constitue un outil important pour évaluer la performance globale de l'économie. Les données sur le produit national brut aident également à prévoir le niveau d'activité économique et à comprendre la répartition des revenus entre les différents groupes économiques.
- La macroéconomie est utilisée dans l'étude de la croissance économique et l'étude des problèmes monétaires tels que les fluctuations de la valeur de la monnaie, l'inflation et la déflation, en plus de son utilisation dans les cycles économiques pour analyser les causes des fluctuations économiques et fournir la solution adéquate.

- La macroéconomie peut être utilisée pour comprendre le comportement des unités microéconomiques, car la demande individuelle ou unitaire dépend de la demande globale de l'économie. A moins d'analyser les causes du déficit de la demande globale, il est difficile de comprendre les raisons de la demande individuelle de produits.

Cependant, la différence entre la micro et la macroéconomie demeure en termes de méthodologie. La microéconomie suppose généralement que la production agrégée et le niveau général des prix sont déterminés, puis elle tente d'expliquer comment la production et les prix sont déterminés séparément pour les produits de base. Tandis que la macroéconomie suppose la stabilité de la distribution de la production et des prix relatifs, et traite la production globale et le niveau général des prix comme deux variables, en essayant d'expliquer comment les déterminer. En pratique, il peut être difficile de se rendre compte de cette différence, car le changement des variables partielles peut fortement affecter les variables macro, et vice versa. La hausse du prix d'une matière première comme le pétrole, par exemple, affecte sans aucun doute l'activité économique mondiale, ou du moins l'activité économique d'un pays en particulier, et donc le problème partiel affecte l'économie globale.

Les idées de Keynes ont contribué, certes, à sauver le capitalisme à une période critique de l'histoire, entre la Première et la Seconde Guerre mondiale, période qui a vu les plus grandes crises économiques contemporaines, et a réfuté en même temps les affirmations capitalistes et marxistes traditionnelles selon lesquelles étaient au sommet de leur escalade, et pourtant ils n'ont pas été épargnés par les critiques, les réserves, et même de nombreuses objections qui sont principalement liées à l'ensemble des hypothèses et des postulats que Keynes a adoptés dans son analyse des agrégats macroéconomiques d'une part, et à certaines de ses conclusions d'autre part.

L'analyse keynésienne s'appuyait sur des hypothèses totalement différentes de celles des classiques et des néo-classiques, que l'on peut résumer dans les points suivants :

- Considérant la monnaie comme une marchandise comme d'autres marchandises qui sont demandées pour elles-mêmes, et donc le taux d'intérêt est un phénomène monétaire qui est déterminé par l'offre et la demande de monnaie, et il n'est pas directement lié à l'épargne et l'investissement au niveau du plein l'emploi, comme le préconise la théorie classique.

- Ne pas séparer le côté monétaire du côté réel de l'économie.

- Considérant que l'épargne et l'investissement dépendent du revenu et non du taux d'intérêt.

- Rejetant l'argument de l'équilibre automatique classique et néo-classique des marchés et donc la nécessité d'une intervention de l'État par le biais de la politique budgétaire et de l'augmentation du niveau des dépenses publiques et de la politique monétaire en augmentant la masse monétaire, ou la politique du financement par l'inflation.

- Manque de conviction au plein emploi, car l'économie peut connaître bien d'autres situations que le plein emploi.

- La demande effective détermine les niveaux de production, d'emploi et de revenu. Par conséquent, la demande effective est l'outil le plus important pour l'analyse économique.

Toutefois, en dépit de l'apport de Keynes dans sa théorie générale, il a été l'objet de critiques aussi bien de la part de ses adversaires que de la part de certains de ses partisans. Ces critiques tournent autour des idées suivantes :

- La théorie de Keynes ne peut être considérée comme une théorie générale, car elle s'appuie principalement sur une analyse à court terme et n'accorde pas beaucoup d'attention aux tendances à long terme. En plus l'analyse keynésienne est une analyse statique et non dynamique.
- C'est une analyse qui n'est valable que dans une situation de récession, étant donné qu'elle n'a pas traité la situation d'inflation. Dans le cas de la croissance, ce n'est pas donc approprié, et ainsi parler de la grave faiblesse du capital n'a pas de sens.

- Une analyse basée sur le fait de considérer le taux d'intérêt comme étant un obstacle fondamental à l'investissement sans proposer une alternative pratique, alors qu'il est le mécanisme de base de l'économie capitaliste.

- Tout ce que Keynes a présenté dans sa théorie générale comme solutions n'est en fait que des solutions d'urgence contre la récession et non des solutions générales qui peuvent être valables à toutes les situations que l'économie capitaliste peut connaître, comme l'état de stagflation et autres.

- La théorie keynésienne n'a pas analysé les problèmes des pays en développement, mais s'est concentrée uniquement sur les pays développés, ce qui leur fait perdre leur généralité et leur universalité.

Cependant, cette division classique de l'économie entre microéconomie et macroéconomie n'a pas, à son tour, été largement acceptée dans les milieux de la pensée et de la recherche économiques. De nouvelles approches basées sur la notion de l'analyse sectorielle sont apparues et qui veulent être au milieu entre l'analyse microéconomique et macroéconomique, car le secteur dispose d'une unité d'analyse économique, régionale et internationale. Cette division a également posé un nouveau problème lié à l'identité de l'économie, dans laquelle les zones d'ambiguïté et d'équivoque se sont accrues en raison du nombre de définitions présentées par les penseurs économiques. De là, une autre division a émergé séparant ce qu'on pourrait appeler l'économie descriptive ou positiviste et l'économie normative.

**3. L'économie positiviste :**

La notion d'économie descriptive ou positiviste découle de la nécessité de distinguer entre « ce qui est » et « ce qui devrait être ». Le premier est lié au phénomène économique qu'il s'agit d'analyser, de démanteler, de comprendre ses causes et ses effets, mais aussi d'étudier le comportement économique tel qu'il est, en décrivant, en interprétant les relations qu'il incarne, pour élaborer des lois et des théories, tandis que le second est lié aux politiques économiques et aux choix poursuivis par les gouvernements et les décideurs économiques afin de résoudre les problèmes associés aux phénomènes économiques pour atteindre les objectifs souhaités.

Cette distinction entre ce qui est descriptif et ce qui est normatif, c'est-à-dire entre « ce qui est » et « ce qui devrait être » a été l'objet d'un large débat qui a duré un certain temps, et qui revient aujourd'hui occuper à nouveau un espace important des écrits concernant l'avenir de l'économie à la lumière de la crise que connaît aujourd'hui le système capitaliste. Les partisans de l'économie descriptive[44] insistent sur le fait que l'économie ne devrait pas s'intéresser aux valeurs et à la morale, en raison de sa nature positiviste qui doit traiter des questions concrètes et pratique de manière scientifique et objective. Le réalisme exige la neutralité et l'éloignement des jugements normatifs. L'économie doit

[44] On peut citer parmi ces économistes qui défendent farouchement l'argument de l'économie descriptive ou positiviste Samuelson, Friedman, Robinson et Robbins.

rester une science objective et précise d'une manière identique à toute science naturelle, car elle s'intéresse à ce qui est en réalité un comportement économique.

L'économie descriptive suppose l'existence d'une relation qui peut être recherchée et analysée. Elle émet des jugements objectifs dont la validité ou l'invalidité peut être testée en se référant à la réalité. Par conséquent, elle comprend des principes et des théories économiques qui examinent la nature des choses, puis elle répond à des questions liées à " ce qui est" effectivement.

**4. L'économie normative :**

L'argument de l'économie normative découle de la définition même de l'économie en tant qu'une branche des sciences sociales concernées par l'étude du comportement social des individus, des institutions et des sociétés. Étant donné que les sciences sociales sont nécessairement plus proches du normatif que du positif en raison de la difficulté d'appliquer l'expérience de laboratoire à ces sciences, des valeurs et des références intellectuelles et philosophiques sont donc souvent invoquées pour déterminer ce qui « devrait être ». Ce que le chercheur dans le domaine social doit faire est de s'appuyer sur ses propres interprétations des phénomènes, ce qui est associé à un jugement de valeur.
Comme l'esprit du chercheur est affecté par les émotions morales, l'évaluation est donc affectée par les décisions qui sont liées à ce contexte. L'économie normative s'intéresse à ce que devrait être le comportement économique et propose des politiques économiques fondées sur des critères, des jugements, et des valeurs normatives qui sont conformes à la nature de la vision intellectuelle et idéologique de l'économiste et de sa philosophie morale.

L'économie normative utilise des jugements de valeur basés sur des informations fournies par l'économie descriptive pour soutenir une politique particulière parmi d'autres. C'est-à-dire que le but de cette économie est d'atteindre des normes relatives à ce qui devrait être, et ces jugements ne peuvent être décidés par référence à la réalité, car ils dépendent de la même personne qui les porte ou les juge en fonction de son état psychologique, de son appartenance sociale et de son affiliation intellectuelle. Par conséquent, elle comprend un ensemble de théories et de principes économiques qui répondent à des questions liées à ce qui devrait être (comme le compromis entre la réalisation d'un taux de croissance élevé du revenu national et l'élimination du chômage et ce que devrait être le système fiscal, par exemple) ce genre de questions est abordé par les études liées à l'économie du bien-être (Welfare Economics).

Il est clair que ces questions abordent des sujets dans lesquels un élément d'estimation est inclus qui diffère selon les positions des économistes, et donc il ne peut pas être testé à l'aide d'observations pratiques, ni jugé de la préférence de l'un d'entre eux.

L'économie en ce sens est une science morale dans la plupart de ses aspects, et elle est pleine de valeurs, comme l'indique l'économiste Myrdal[45], qui disait que : « Nos idées, qu'on le veuille ou non, sont chargées de valeurs », y compris les approches et analyses théoriques. La diversité et l'hétérogénéité de nombreuses valeurs influentes dans la détermination du comportement économique ne font aucun doute.

La science économique est née depuis son début avec ses deux dimensions descriptive et normative et a connu un lien étroit avec le domaine des sciences sociales, y compris le domaine des valeurs, de l'éthique et de la religion. Adam Smith a défendu la dimension normative de l'économie et son lien avec l'éthique. Cette approche a également été soutenue par John Stuart Mill et Mme Robinson ainsi qu'un certain nombre d'autres économistes tels que Smithiers, Heilbroner et d'autres. Mais après cela, une rupture s'est produite lorsque cette science est devenue indépendante et imprégnée de modélisation mathématique et abstraite. Ainsi le côté normatif a été

[45] Gunnar Myrdal, économiste suédois (1898-1987)

écarté, ce qui équivalait à une "sécularisation de l'économie" et son éloignement de la morale. Ce phénomène l'a appauvri, comme l'a souligné l'économiste Amartya Sen, qui a conclu que la science économique « peut devenir plus productive si elle accordait plus d'attention aux considérations morales qui façonnent le comportement humain »[46].

46 http://www.irti.org/English/Research/Documents/Conferences/ICIEF/ICIEF_10.pdf

## Section 2 : Buts de la science économique :

Malgré la multiplicité et la diversité des définitions de la science économique, la plupart des économistes anciens ou contemporains- qui ont contribué au développement de cette science admettent que l'objectif principal de l'économie politique ou de la science économique s'articule autour de deux grands groupes d'objectifs :

- des objectifs économiques généraux tels que : la croissance, la stabilité et l'équilibre.
- Et des objectifs sociaux particuliers tels que : l'éradication de la pauvreté, du chômage, des disparités sociales, la répartition équitable des richesses, la réalisation du bien-être des individus et le maintien d'un environnement sain dans la société.

Les objectifs économiques et sociaux expriment le meilleur état souhaité dans la société qui doit être atteint dans un laps de temps spécifique. Ces objectifs sont liés à la réponse à trois questions fondamentales qui ont été discutées depuis la première littérature fondamentale de l'économie contemporaine, à savoir : la question de l'efficience, la question de l'efficacité et la question de la justice :

### 1. La question de l'efficience :

L'efficience, signifie l'allocation optimale des ressources, et cela se fait à trois niveaux essentiels :
- Le niveau d'efficience sur le plan méthodologique en matière de diagnostic et de traitement du problème économique.
- Le niveau d'efficience allocative au sens de la capacité d'atteindre l'allocation optimale des ressources disponibles.
- Et le niveau d'efficience productive au sens de la capacité à créer la richesse et à réaliser la plus grande production possible de biens et de services.

La réponse à cette question a pour but de déterminer dans quelle mesure l'économie contemporaine, avec ses différents outils théoriques et empiriques, a réussi à atteindre le taux d'efficacité le plus élevé sur les trois niveaux suivants :

- Performance systématique en matière de diagnostic du problème économique et les moyens de le résoudre : Le sujet du problème économique dans la pensée économique contemporaine revêt une importance particulière, car il s'agit d'un sujet au sein duquel diverses options et politiques économiques sont déterminées et sur la base desquelles le modèle du système économique qui prévaut dans la société se forme. La pensée économique capitaliste s'accorde avec la pensée économique socialiste sur le plan du diagnostic de l'origine du problème économique, qui repose sur le concept de « rareté ». En effet les ressources croissent selon une progression géométrique, tandis que les besoins croissent selon une progression arithmétique. L'écart résultant de ces deux séquences exprime l'ampleur du problème économique associé à une société donnée.

Les approches en matière de traitement du problème économique varient selon la référence philosophique et intellectuelle des économistes qui appartiennent aux deux principaux clans qui ont dominé la pensée économique pendant la seconde moitié du siècle dernier, à savoir le clan capitaliste et le clan socialiste. Alors que l'approche capitaliste s'articule autour la réduction de l'écart entre les ressources et les besoins à travers plus de génération de richesses d'une part (en préservant la notion de propriété privée et en écartant les autres formes de propriété) et de réduction de la population d'autre part, même si cela conduit à recourir aux guerres (théorie de Malthus), l'approche socialiste consiste principalement dans l'organisation de la propriété collective (écartant toute sorte de propriétés privées) et la distribution efficace (de chacun selon ses capacités à chacun selon ses besoins)[47].

---

[47] De chacun selon ses moyens, à chacun selon ses besoins) est un slogan popularisé par Karl Marx dans son livre de 1875 Critique du programme Gotha. Le principe fait référence à la liberté l'accès et la distribution des biens, du capital et des services. Du point de vue marxiste, un tel arrangement serait possible grâce à l'abondance de biens

L'expérience a montré l'inefficacité des deux approches sur les deux plans : celui du diagnostic du problème économique et celui de son traitement. Cette double défaillance a conduit à l'effondrement du système socialiste en entier d'une part, et à la recrudescence des crises du système capitaliste d'une manière qui menace son existence et sa capacité à perdurer d'autre part.

- L'efficience allocative au sens de la réalisation de l'allocation optimale des ressources : L'allocation optimale des ressources est un objectif majeur de l'économie et un sujet central de son objet. C'est un facteur déterminant pour maximiser les bénéfices et générer la richesse. La fonction de production capitaliste était basée sur quatre facteurs, dont la combinaison la plus efficace et optimale conduirait à maximiser le bénéfice et réaliser le plus grand profit possible dans l'activité économique. Ces quatre facteurs sont : le capital, le travail, les ressources naturelles et l'organisation ou la gestion. Ce sont autant de ressources nécessaires à toute activité et à la réussite de tout projet. Par conséquent, l'obtention du taux de profit le plus élevé et du taux de rentabilité le plus élevé est étroitement liée à la combinaison entre ces facteurs et ces différentes ressources, qu'elles soient financières, naturelles, humaines ou organisationnelles.

Cette combinaison n'est rien d'autre que la méthode choisie pour allouer et répartir le volume de ces ressources dans le cycle économique et entre les projets productifs. Dans ce cadre, et malgré l'accumulation massive de richesses dans la plupart des pays du bloc capitaliste au cours des sept dernières décennies, de nombreuses recherches et études[48] pointent

---

et de services qui seraient produits par un système communiste en développement. Contraintes des forces productives, il y aura de quoi satisfaire les besoins de chacun.

[48] Cette conclusion a été tirée par ENZLER, CONRAD et JOHNSON, qui ont indiqué dans leur recherche que la composante « capital » était largement mal répartie entre les secteurs et les activités de l'économie et les types d'investissements en raison du taux d'intérêt. Cela a également été indiqué par le célèbre économiste britannique "Keynes", qui a reconnu que l'épargne est généralement "inélastique" au taux d'intérêt,

à cet égard la fonction de production capitaliste qui souffre encore de réelles déficiences dans l'allocation efficace des ressources et qui conduit à la réalisation des objectifs économiques et sociaux du système capitaliste et des sociétés en développement qui sont encore dépendantes et dominées par une fonction de production, déformée et incompatible avec leurs spécificités et conditions sociales.

- L'efficience productive, qui s'entend par la capacité à accumuler des richesses et à réaliser la plus grande production possible de biens et de services : Ici, il faut reconnaître que la fonction de production capitaliste a réalisé un bond remarquable dans l'accumulation de richesses et l'accumulation de capital dans les différents pays développés, contrairement aux pays en développement, mais c'est une richesse qui n'est toujours pas liée à l'économie réelle. Elle est en grande partie liée à la sphère financière, à travers la spéculation sur les marchés financiers et la non-tangibilité des actifs, qui a entraîné de nombreuses perturbations au sein du système, et dont la dernière est la crise 2008 dont les répercussions sont toujours présentes.

### 2. La question de l'efficacité :

C'est une question liée à la manière de réaliser les objectifs économiques de la société, qui sont : la croissance, l'équilibre et la stabilité.

- La croissance économique est un concept quantitatif qui exprime une augmentation de la production à long terme. Elle est d'une grande importance pour de nombreux pays dans le monde, car elle contribue à soutenir l'économie, à augmenter le niveau de revenu, à résoudre le

---

c'est-à-dire qu'il n'y a pas de lien positif significatif entre l'intérêt et l'épargne, et que l'intérêt est un outil médiocre et trompeur dans l'allocation des ressources, car il est biaisé principalement pour les grands projets et cet outil renforce les tendances. Cela a incité l'économiste américain Krugman à inviter les économistes occidentaux qui n'avaient pas prédit la crise actuelle à revoir leurs théories et à reconstruire à nouveau la science économique.

problème du chômage et à soutenir un grand nombre de secteurs importants tels que l'éducation et la santé. Elle contribue également à soutenir la balance des paiements et à réduire le déficit du budget de l'État.

Cet objectif est atteint grâce à de nombreux facteurs et conditions, notamment : une planification rigoureuse de l'activité économique, une allocation optimale des ressources et leur répartition entre les secteurs et les projets, des efforts pour fournir un climat et un environnement propices à la production et à l'investissement, des outils techniques et technologiques efficaces pour augmenter la production et améliorer la productivité, une attention particulière au capital humain, qui est au centre du processus de production, une rationalisation de la consommation et une préservation des ressources disponibles.

Sur la base de ce concept de croissance, les pays du monde ont été classés en 4 blocs : pays du premier, du deuxième, du tiers et même du quart monde. Ils ont été également classés en pays développés, pays en développement, pays moins développés et pays très pauvres. Les statistiques sont également basées sur le calcul du revenu national de différents pays, et par là le revenu annuel moyen par habitant est déterminé[49].

Le concept de croissance économique diffère de celui du développement économique. Le premier est quantitatif et le second est qualitatif et est lié à l'étendue de la capacité de l'économie à répondre aux besoins fondamentaux de la société et à atteindre le bien-être économique. Il n'est donc pas surprenant que les systèmes capitalistes réalisent un énorme niveau de croissance qui ne s'accompagne pas du même niveau de développement, ce qui a poussé les organisations internationales intéressées par ces dimensions du développement à s'éloigner des taux de croissance traditionnels associés avec l'augmentation du PIB au concept de développement global et durable,

---

[49] Sur cette base, les organisations internationales établissent des définitions pour les pays en développement et les pays les moins avancés. Par exemple, elles considèrent des pays "moins développés" ceux qui bénéficient de privilèges spéciaux dans les accords commerciaux internationaux : ce sont les pays dans lesquels le revenu moyen par habitant ne dépasse pas 1 000 dollars par an.

qui est mesuré par l'indice de développement humain (IDH)[50]. Ce concept est une découverte importante dans la pensée développementale capitaliste moderne afin de donner une touche plus humaine au capitalisme, qui connaît une nouvelle phase menée par la version néolibérale la plus sauvage de l'histoire du capitalisme.

-Équilibre économique: Le concept d'équilibre est l'un des concepts fondateurs du système capitaliste pour lequel des théories ont longtemps été développées et des modèles mathématiques dessinés. Il signifie l'exclusion des déséquilibres structurels des marchés et le maintien d'un équilibre approprié qui préserve les taux de croissance des fluctuations et de la fragilité et prévient l'apparition de perturbations conduisant à des crises.

La survenance d'une crise sur l'un des marchés n'est que l'expression de l'absence de l'équilibre requis sur ce marché, qu'il soit lié au marché monétaire, au marché des biens et services, au marché financier, au marché des changes, au marché international des produits de base, ou autres. Par conséquent, l'un des objectifs du système économique dans la société capitaliste est d'atteindre le prix d'équilibre sur le marché des biens et services, le salaire d'équilibre sur le marché du travail, le rendement d'équilibre sur le marché monétaire, etc. Et dans la mesure où ces objectifs seront atteints, et dans la mesure où le marché de l'offre et le marché de la demande seront réunis, le niveau élevé de croissance et de stabilité économique sera maintenu.

-Stabilité économique: Dans une économie capitaliste, la réalisation de la croissance ou de l'équilibre n'est considérée comme un acquis

---

[50] L'indice de développement humain IDH est un indice créé par les Nations Unies qui indique le niveau de bien-être des peuples dans le monde. L'ONU publie un rapport annuel depuis 1990 sur ce que fait le Programme des Nations Unies pour le développement (PNUD) dans le but de développer les pays et d'améliorer les conditions des citoyens dans différents pays. L'IDH mesure l'espérance de vie moyenne des citoyens, le niveau d'éducation, l'analphabétisme et le niveau de vie dans diverses parties du monde. Cet indicateur a été conçu par l'économiste pakistanais Mahbub ul-Haq, avec l'aide de l'économiste indienne Amartya Sen, prix Nobel d'économie.

économique réel que dans la mesure de pouvoir maintenir la stabilité afin d'atteindre un état d'équilibre économique général. Une stabilité qui garantit le bien-être de tous et réalise le développement économique dans son sens global. Les politiques de développement visent à atteindre cet objectif et tiennent à lui fournir ses exigences et ses outils et à éviter les cas de stagnation et d'inflation. La réalisation de la stabilité économique est étroitement liée à la réalisation de la stabilité monétaire. Ce sont les deux faces d'une même médaille, car l'existence de périodes d'instabilité économique entraîne sans doute d'autres périodes d'instabilité monétaire. Par conséquent, toute stabilité économique visant à atteindre un taux acceptable de croissance durable doit s'accompagner d'un intérêt parallèle de la part des responsables de la politique monétaire à œuvrer pour parvenir à la stabilité monétaire.

La stabilité monétaire est mesurée par trois critères essentiels : le pouvoir d'achat, représenté par le niveau des prix, le coût d'opportunité, représenté par le prix de revient de financement, autrement dit le taux d'intérêt, et enfin la valeur de la monnaie locale par rapport aux autres monnaies, représentée par le taux de change.

La réalisation de la stabilité économique est directement liée au secteur monétaire et financier, à la nature de la relation entre les secteurs financier et économique et à la mesure dans laquelle la monnaie remplit ses fonctions de base dans le temps en tant qu'instrument de paiement des prix, d'apurement des dettes et une réserve de valeurs, et non pas une marchandise comme les autres marchandises, comme l'a exprimé le fondateur de l'économie contemporaine, Adam Smith, en disant que : « la monnaie n'est, en fait, rien d'autre qu'un véhicule pour transférer la richesse d'un côté à l'autre ». Lorsque la monnaie s'éloigne de cette fonction économique de base, le secteur économique se met au service du secteur financier, tandis que la relation naturelle qui crée la richesse et permet l'efficacité économique est l'inverse, c'est-à-dire que le secteur financier sera au service de l'économie. C'est l'une des significations essentielles qui aide à explorer les buts de l'économie et leur relation avec les finalités de la charia.

### 3- La question de la justice :

Elle vise à savoir comment parvenir à une répartition équitable des richesses et surmonter les disparités sociales entre les différents groupes, secteurs, régions et pays. Elle se compose de deux parties indissociables : la distribution primaire des moyens de production ou préproduction, spécifiquement liée au système de propriété, et la distribution secondaire ou fonctionnelle de la postproduction, c'est-à-dire le mode de rémunération des facteurs de production.

Par rapport au système de propriété, la pensée économique conventionnelle oscille entre deux positions extrêmes : la pensée libérale qui sacralise la propriété privée et la considère comme étant la règle fondamentale qui doit régir le système économique sans concurrent, et la pensée socialiste qui sacralise la propriété collective (publique) et condamne toute forme de propriété privée, qualifiée de source d'exploitation et d'injustice. Ces deux positions adverses ont perduré longtemps jusqu'à l'acceptation de part et d'autre de quelques exceptions avec l'émergence du troisième secteur à savoir l'économie sociale et solidaire un peu partout dans le monde.

Le système de répartition, dans la conception libérale, reste lié aux facteurs de production, à savoir : le capital, le travail, les ressources naturelles, et l'organisation, et à travers lequel chaque facteur recevra une rémunération spécifique au prorata de sa contribution dans l'activité économique : la rémunération du capital est l'intérêt, celle du travail est le salaire, celle des ressources naturelles ou autres, est la rente et la rémunération de l'organisation sera le profit.

Sur le plan pratique, la théorie de la répartition capitaliste a subi un échec majeur au niveau de la réduction des inégalités économiques et sociales dans la plupart des pays, qu'ils soient développés ou en développement. Elle n'a pas pu atteindre le niveau minimum de justice souhaité. Les chiffres le confirment : le nombre de pauvres dans le monde dont le pouvoir d'achat ne dépasse pas 2 dollars par jour ne cesse d'augmenter ; tandis que la classe la plus riche du monde, qui ne dépasse pas 1% de la population, détient plus de 90% des richesses[51]. Le fossé économique se creuse entre pays riches et pays pauvres, et entre les pays du Nord et les pays du Sud, ou entre les pays du premier monde développé et les pays du deuxième, tiers et même quart monde sous-développé, ce qui montre l'ampleur de l'échec du système capitaliste à atteindre des taux de justice acceptables. C'est un échec qui confirme encore plus le besoin de l'humanité d'un nouveau système économique mondial alternatif au capitalisme.

[51] « De 2009 à 2012, 91% de la hausse des revenus est destinée à la fameuse couche de 1%...», Joseph Stiglitz (Prix Nobel d'économie), à la Tribune 3/9/2015.

## Section 3 : Finalités de la science économique :

Il est tout d'abord nécessaire de cerner le sens du terme « finalités » et ses synonymes tels que buts ou objectifs avant d'aborder l'objet des finalités de la science économique. Le « but » désigne l'énoncé de ce qu'on veut atteindre en général, l'« objectif » en est le moyen, tandis que la « finalité » désigne les valeurs visées et trace les lignes directrices. Autrement dit, la finalité est un ensemble de proclamations issues d'une ou plusieurs idées qui va se décliner sous la forme d'un but à atteindre. Le but est une sorte de vision à court ou moyen terme, la finalité est une vision à long terme.

Dans ce sens les finalités de la science économique peuvent être définies par l'ensemble des grands objectifs scientifiques (théoriques) et pratiques (empiriques) qui ont été tracés pour cette science d'une part, et les résultats de l'expérience des politiques et des choix qui en émanent d'autre part. Cela permettra de saisir l'importance de l'utilisation des finalités (Maqasid) dans le champ économique, et cerner l'intérêt d'interpeller la science des finalités (Maqasid) pour résoudre la crise de l'économie.

### 1. Les finalités théoriques :

L'extrapolation des principales idées à travers l'histoire de la pensée économique peut conduire à un certain nombre de finalités théoriques qui forment le fil conducteur de cette pensée selon ses différents courants, et résument ainsi son rôle scientifique, qui s'articule autour des trois objectifs essentiels :

-Bâtir une théorie économique globale basée sur des hypothèses solides et ayant une approche scientifique pertinente

-Fournir des outils scientifiques pour une analyse économique efficace, capable d'anticiper les crises et de diagnostiquer les problèmes

-Présenter un modèle de développement capable d'atteindre des objectifs économiques et sociaux et adapté à toutes situations et conditions humaines

**A – Fonder une théorie économique globale** basée sur des postulats solides et une approche scientifique pertinente :
Tout au long de son évolution, la science économique (ou l'économie politique) a produit un bon nombre de théories dans diverses branches et domaines du champ économique, des théories macro- économiques et microéconomiques, des théories générales et spécifiques liées à une école de pensée spécifique. La science de l'économie politique n'est rien d'autre que l'ensemble des théories élaborées par la pensée économique. Elle aspire également à former à partir de ces théories une théorie globale adaptée à différentes situations et cas pratiques.

La théorie économique désigne l'ensemble d'idées ou de concepts qui fondent les politiques et les mécanismes économiques. Ces idées sont formulées à partir d'hypothèses et de définitions relatives à un phénomène économique, et à travers lesquelles une conclusion peut être tirée pour être utilisée à prévoir le développement de ce phénomène dans le futur (comme les prix, les coûts, l'offre et la demande, etc.). Le but de la théorie en général est d'essayer d'expliquer les facteurs du déclenchement du phénomène économique et donc de prévoir la façon d'y faire face. La théorie n'est considérée valable et pertinente qu'une fois testée et démontrée à quel point elle est proche de la réalité ; à défaut elle doit être réformée ou reformulée à nouveau.

Une théorie est dite globale ou générale lorsqu'elle couvre tous les domaines du champ économique et prend en considération tous les agrégats économiques. Elle devrait inclure, par exemple, la théorie de la production, la théorie de la demande, la théorie de l'offre, la théorie de l'échange, la théorie de la distribution, la théorie de la croissance, la théorie du développement, la théorie du sous-développement, etc.

La pensée économique contemporaine a produit plusieurs théories économiques globales au cours des étapes qu'elle a traversées, toutes liées à la nature de la doctrine philosophique et intellectuelle de leurs penseurs. Les plus importantes de ces théories sont :

## 1-La théorie classique :

C'est le produit de la pensée économique classique anglaise apparue à la fin du XVIIIe siècle avec son célèbre fondateur Adam Smith et a duré une centaine d'années. Cette théorie a atteint sa pleine maturité intellectuelle avec les travaux de David Ricardo et John Stuart Mill. Elle a dominé la pensée économique en Grande-Bretagne jusqu'en 1870. Elle s'est concentrée sur la politique de croissance économique, l'importance de la liberté économique sur les marchés, la règle de la concurrence parfaite et le rejet de toute intervention de l'Etat dans la sphère économique. Les hypothèses de base sur lesquelles la théorie classique est basée sont :

- Le plein emploi des ressources économiques selon la loi de « Say » : chaque offre crée sa propre demande et qui suppose l'impossibilité d'un déficit de la demande,
- La liberté économique totale pour les individus, les institutions, et les marchés sous l'égide de la loi de la concurrence et l'interdiction de toute ingérence de l'Etat dans l'économie (laissez faire, laissez passer).
- La flexibilité des prix et des salaires, puisque l'offre de travail est déterminée en fonction de la parité entre le salaire réel et la pénibilité marginale du travail, et que la flexibilité des salaires signifie que la force du marché fait baisser les salaires jusqu'à ce que tous les chômeurs soient employés.
- La flexibilité du taux d'intérêt, de manière suffisante pour rétablir l'équilibre entre l'épargne et l'investissement, ce qui permet d'atteindre les exigences de la « loi de Say », car le nombre de projets d'investissement rentables augmentera avec la baisse du taux d'intérêt
- La fonction de base de la monnaie est qu'elle est un moyen d'échange, car elle est neutre en soi, donc il ne peut y avoir de demande de monnaie en soi, car la demande de monnaie est déterminée en fonction de ce qui est acheté avec cet argent de biens et de services.

- L'impossibilité d'atteindre un état de stabilité comme fin du processus d'accumulation capitaliste, alors que la baisse des profits se poursuit jusqu'à ce que le taux de profit atteigne zéro et que le processus d'accumulation capitaliste s'arrête, et que le taux de salaire atteigne le niveau de subsistance, et puis la rareté des ressources naturelles conduit à l'arrêt de la croissance et conduit l'économie à un état de stagnation.

Sur la base de ces hypothèses, l'équilibre du système économique, qui vise à atteindre un niveau de revenu national avec lequel le chômage et l'inflation disparaissent, est atteint au point d'égalité entre l'épargne et l'investissement.

**2-La théorie marxiste :**

Elle repose sur plusieurs principes, dont les plus importants peuvent être résumés ainsi :

- La théorie de la valeur : Marx distingue entre la valeur d'usage (utilité) et la valeur d'échange (prix). La valeur d'usage d'une marchandise est déterminée par ses caractéristiques physiques, c'est-à-dire l'aptitude de la marchandise à satisfaire un besoin humain spécifique, et ce type de valeur est ce qui constitue le contenu matériel de la richesse dans la société. Mais à côté de cette valeur d'usage, il existe une valeur d'échange pour toutes les marchandises, c'est-à-dire l'aptitude de la marchandise à être échangée contre une autre marchandise, qui est finalement déterminée par le prix. Marx considère que le prix qui représente la valeur d'échange des marchandises sur les marchés n'est pas déterminé par la quantité de travail dépensée pour produire ces marchandises par chaque producteur individuel, mais plutôt par la quantité de travail socialement nécessaire pour les produire.

  Cette distinction entre les deux concepts de valeur d'usage et de valeur d'échange conduit Marx à considérer que la base de la production est l'accumulation de travail humain, qui est mesurée par la notion de temps social. Donc la valeur d'une marchandise est mesurée par le travail qui a été inclus dans cette marchandise, c'est-à-dire le nombre d'heures qu'il a fallu pour transformer sa production, ce qui signifie également que cette valeur est mesurée par le temps social, et non par le temps passé par le travailleur moyen à produire la matière. A travers cette analyse, Marx conclut par, avancer un nouveau concept qui lui était propre parmi les grands économistes de cette époque historique, qui est le concept ou la théorie de la "plus-value".

- La théorie de la plus-value : C'est l'essence de la théorie marxiste. Elle a été développée dans son livre Le Capital, et elle exprime le travail effectué en excès du travail nécessaire au besoin du travailleur, c'est-à-dire qu'elle correspond à la quantité de travail qui ne rapporte pas de salaire au travailleur et qui consiste en un profit du capital. Le travailleur fournit son travail à l'employeur qui lui accorde en contrepartie le salaire le plus bas égal au niveau de vie minimum. Le travail fourni correspond à des matériaux dont la valeur est égale à la quantité de travail accumulé nécessaire pour fabriquer le même matériau, comme le montre la théorie de la valeur. Ainsi, le propriétaire du capital obtient la différence entre la valeur de la matière, c'est-à-dire le travail, et la valeur du salaire, appelé le surplus. En conséquence, Marx arrive à la conclusion qu'une chose n'a de valeur que si l'effort humain y est consacré, mais sa valeur se mesure par la quantité de travail nécessaire à sa production, et en conséquence nous disons d'une chose qu'elle mérite deux jours de travail ou trois heures de travail, et si la chose est le travail d'un travailleur qualifié (spécialisé) nous tenons compte de l'estimation du temps passé en formation pour le travail dans lequel il excellait et se spécialisait[52].

- La loi de l'accumulation : La plus-value permet aux propriétaires du capital, grâce aux bénéfices qu'ils obtiennent, d'accumuler une

[52] Karl Marx : Salaires, prix et profits, Maison du progrès, Moscou, p. 38.

énorme quantité de fonds, et donc de les utiliser dans l'investissement et la formation de nouveau capital, avec ses deux parties, fixe (machines et matières premières) et variable (à partir de laquelle les salaires sont payés), qui représente la principale source de plus-value.

- La théorie de la concentration : à travers la loi de l'accumulation du capital, les grands capitalistes acquièrent des marchés pour étendre leurs activités aux dépens des propriétaires de petites entreprises qui sont contraints de se retirer du cycle productif et de rejoindre les rangs de la classe ouvrière (le prolétariat), dont la misère augmente de jour en jour, tandis que le capital se concentre entre les mains de la minorité.

- La théorie de l'appauvrissement : En raison de la concentration du capital entre les mains d'une minorité (la classe capitaliste), et avec le développement de l'économie capitaliste, la misère de la classe ouvrière augmente, et le niveau de vie des ouvriers diminue, tandis que les profits des propriétaires de l'argent augmentent constamment, ce qui entraîne l'appauvrissement de la majorité des membres de la société en raison de la diminution du niveau des salaires dans le revenu total.

- La théorie des crises : Suite à l'appauvrissement de la classe ouvrière au sens large, il y a un déséquilibre entre l'offre publique et la demande publique, et cela conduit à la fermeture d'usines et à l'augmentation des chômeurs, donc les stocks s'accumulent et des crises surviennent, puis successivement jusqu'à ce que le capitalisme atteigne une crise majeure qui le renverse, ce qui constitue une fatalité objective dans l'analyse marxiste.

- La loi de la lutte des classes : La théorie de l'appauvrissement conduit inévitablement à la loi de la lutte des classes, qui est considérée par Marx comme le principal moteur de l'histoire et du changement des rapports sociaux, et par laquelle les sociétés passent d'un état à un autre. Ce processus de changement n'est rien d'autre qu'un résultat inévitable de la lutte des classes entre deux classes fondamentales de la société : une classe qui possède les moyens de production et la richesse et domine le pouvoir, et une classe laborieuse qui en manque et est traitée comme étant un facteur ou un moyen de production. Cela nécessite que la classe ouvrière organise ses rangs, à travers la bataille de la lutte des classes elle mène la révolution qui mettra fin au capitalisme et sera remplacée par le communisme.

Ainsi Karl Marx fonde son analyse sur une série de théories et de lois selon lui :la théorie de la valeur et de la plus-value, la loi de l'accumulation capitaliste, la théorie de la concentration et de l'appauvrissement, la théorie des crises, l'inéluctabilité de la lutte des classes qui éliminera le système capitaliste.
Cependant, les événements historiques ont démenti la plupart des postulats de la théorie marxiste, à commencer par la théorie de la propriété collective ou publique des moyens de production, jusqu'à la théorie de l'appauvrissement de la classe ouvrière, jusqu'à l'inéluctabilité de la lutte des classes, ce qui l'a soumise à de nombreuses critiques et a finalement conduit à la fin de l'expérience marxiste avant même la disparition du capitalisme.

**3-La théorie néoclassique:**

Elle est également connue sous le nom de « théorie marginaliste ». Bien qu'elle soit une extension de l'école classique, parce qu'elle découle des mêmes sources idéologiques et se fonde sur les mêmes principes libéraux, elle s'en distingue sur trois points fondamentaux en termes d'objet, de méthode et de valeur:

- En termes d'objet, si la théorie classique s'intéressait principalement à l'accumulation et réduisait la science économique au processus de production de richesses, la théorie néoclassique considère que l'économie est la science des choix, des arbitrages et des priorités par excellence, fondée sur le fait que l'activité économique dans la société est étroitement liée à la question de la rareté, et donc le sujet de la science économique se concentre spécifiquement sur le comportement rationnel de l'individu dans son utilisation de moyens limités (l'homme économique rationnel ou l'homo economicus).

- En termes d'approche, cette théorie adopte l'analyse marginale, basée sur les données relatives aux dernières unités : le salaire marginal est le salaire du dernier travailleur, le prix marginal est le dernier prix unitaire produit à partir d'un matériel, et le capital marginal est le dernier montant de capital achevé. Contrairement à l'école classique qui traite des phénomènes économiques dans leur dimension globale (production, distribution, accumulation), l'école néoclassique a plutôt une vision microéconomique partielle des enjeux économiques, notamment du comportement de l'individu, en tant que consommateur, producteur, investisseur, ou épargnant, ainsi que l'entreprise, et leur empressement à maximiser leurs avantages dans certaines circonstances disponibles.

- En termes de valeur, la théorie classique est basée sur l'idée que la valeur est déterminée sur la base du coût de production, c'est-à-dire sur des bases objectives. Alors que la théorie néoclassique considère que la source de la valeur est le bénéfice, de sorte que la valeur des matériaux est déterminée par leur utilité et non par le travail dépensé pour leur production, et donc la théorie de la valeur est déterminée sur des bases subjectives et non objectives.

Cette théorie a été développée principalement grâce à trois penseurs : Carl Menger en Autriche, Léon Walras à Lausanne, en Suisse, et William Stanley Jevons à Cambridge, en Angleterre[53].

---

[53] Karl Manger (1840-1921), fondateur de l'école autrichienne d'économie, est surtout connu pour ses contributions au développement de la théorie de l'utilité marginale qui remettait en question les théories de la valeur des coûts de production développée par des économistes classiques comme Adam Smith et David Ricardo. Léon Valras

**4 - La théorie keynésienne :**

La théorie keynésienne a constitué une véritable révolution contre les arguments classiques et néoclassiques, notamment l'hypothèse du plein emploi des ressources selon lequel chaque offre crée sa propre demande (loi de Say), ce qui signifie que l'économie capitaliste ne peut être exposée au chômage, et si le chômage y prévaut, il sera temporaire et sera rapidement absorbé, ce que Keynes a totalement réfuté. La réalité capitaliste a été témoin de la période de la grande dépression qui conduit à la plus grande crise de l'histoire du capitalisme au XXe siècle.

Keynes a aussi vivement critiqué l'hypothèse de neutralité de la monnaie et considère que la monnaie, au contraire, joue un rôle essentiel et risqué dans l'économie. Il a négligé le rôle du taux d'intérêt dans l'allocation des ressources et l'orientation des capitaux vers l'investissement, et a estimé que malgré l'impact du taux d'intérêt sur les décisions des investisseurs, cependant il n'est pas le seul ou le plus important facteur. Il s'est concentré sur le rôle du taux de profit et de rendement en général dans l'allocation optimale et efficace des ressources. En cas de récession, les taux d'intérêt sont bas, mais cette baisse n'encourage pas les investisseurs à augmenter leur investissement.

Alors que la théorie classique et néoclassique se concentrait sur l'économie de l'offre, Keynes a construit sa théorie sur la base de l'économie de la demande, car la demande globale, selon lui, est la base qui crée sa propre offre. L'existence d'une demande pour une marchandise poussera les producteurs à produire les marchandises pour répondre à cette demande, car la demande est la clé de la production.

---

(1834-1936), économiste français considéré comme l'un des grands économistes de l'histoire de la pensée économique et fondateur de la théorie de l'équilibre général. Staley Geffen 1835 - 1882) était un économiste anglais et l'un des premiers à utiliser la méthode mathématique dans l'analyse économique.)

Keynes a également remis en question la capacité du taux d'intérêt à s'autocorréler, hypothèse sur laquelle repose la théorie précédente entre l'épargne et l'investissement, et que tout ce qui est épargné n'est pas nécessairement investi et qu'une augmentation de l'épargne n'entraîne pas une augmentation de l'investissement parce que la tendance à épargner plus, signifie moins de consommation et donc moins de demandes pour divers produits et services fournis. Comment pouvons-nous attendre des hommes d'affaires qu'ils accroissent leurs investissements alors que la demande de produits se contracte ?

Keynes s'est également opposé à l'idée de la flexibilité des salaires et des prix, et que cette flexibilité ne se produit que dans la mesure où un retour au plein emploi peut être garanti, car le système de prix dans le système économique capitaliste n'est plus un système basé sur la concurrence pure, au contraire, il existe un contrôle monopolistique sur les marchés des produits de base les plus importants, et les monopoleurs ne permettront pas que les prix de leurs produits baissent lorsque la demande diminue. Il en va de même sur les marchés du travail, où des syndicats puissants jouent le même rôle et s'opposent à la baisse tendancielle des salaires.

Keynes a expliqué à cet égard que la baisse des salaires entraîne une diminution de la demande réelle, puis les producteurs réduisent leur production, et le chômage augmente, contrairement à ce que croyait l'école classique selon laquelle la baisse des salaires entraîne une augmentation des profits. Keynes a donc conclu que le niveau des salaires n'est pas le déterminant du niveau d'emploi, mais il est déterminé par la demande globale.

Ainsi, la théorie keynésienne tient l'État pour responsable de la sortie de la stagnation économique, en augmentant les dépenses ou en réduisant les impôts, faute de quoi l'économie sera incapable de se corriger par elle-même, contrairement à la théorie classique qui se fonde sur le principe de non-ingérence de l'Etat et le concept de la main invisible.

La théorie keynésienne a contribué efficacement à sortir de la crise de la Grande Dépression entre les Première et Seconde Guerres mondiales en Europe, et elle a également été adoptée par les États-Unis d'Amérique, pour résoudre les problèmes économiques.

**5 - La théorie néolibérale :**

C'est une théorie qui s'est répandue au cours des années soixante-dix du siècle dernier à la suite de la crise de stagflation que l'économie mondiale a connue dans les dernières décennies du vingtième siècle, lorsque l'inflation a été associée pour la première fois au chômage, ce qui a poussé les économistes capitalistes à reconsidérer la thèse keynésienne pour s'inscrire dans un cadre théorique purement libéral tout en rejetant le modèle d'État-providence établi par la théorie keynésienne.

L'économiste américain Milton Friedman, lauréat du prix Nobel d'économie en 1976, est considéré comme l'un des théoriciens les plus éminents du néolibéralisme, en plus d'être le fondateur de l'École monétariste connue sous le nom d'École de Chicago.

La théorie néolibérale repose sur les principes essentiels suivants :

- Domination du marché : lever toutes les restrictions imposées par l'État au secteur privé, qui est le moteur de la production, quelles que soient les conséquences sociales avec une plus grande ouverture au commerce et aux investissements étrangers, des salaires plus bas, une totale liberté de circulation des capitaux, des biens et des services.
- Réduire les dépenses des services sociaux : tels que l'éducation, la santé, les caisses de sécurité sociale, et réduire au maximum le rôle de l'État.
- Privatisation : à travers le transfert de tous projets, biens et services appartenant à l'État au secteur privé. Cela comprend la

cession des banques, des industries vitales, de chemins de fer, d'électricité, d'écoles, d'hôpitaux, etc.

- Individualisme : La meilleure façon d'améliorer la condition humaine réside dans la libération des initiatives et des compétences commerciales créatives de l'individu, dans un cadre institutionnel général caractérisé par sa forte protection des droits de propriété privée, la liberté du commerce et des marchés.

Un ensemble de politiques a émergé de cette théorie dans le cadre de ce qui est appelé " traité de Washington". Ce traité a permis de traduire les concepts du néo-libéralisme économique dans des programmes spécifiques de réformes structurelles sous la supervision du Fonds monétaire international. Il comprend les dix recommandations suivantes :

- Réduire le déficit budgétaire par la suppression des subventions sous toutes formes, y compris les produits de base, et par l'augmentation des prix des services publics tels que l'eau, l'électricité, le carburant, etc.
- Redéfinir les priorités des dépenses publiques en faveur des secteurs de l'éducation, de la santé et des infrastructures.
- La réforme fiscale, qui comprend l'élargissement de l'assiette fiscale et la réduction des taux d'imposition importants pour renforcer les incitations à la production et à l'investissement et réduire l'évasion fiscale.
- Réformer le système de change, afin d'atteindre des taux de change compétitifs, ce qui conduit généralement à dévaluer la monnaie locale et éliminer les taux de change flottant en laissant le prix se déterminer en fonction de l'offre et de la demande.
- La préservation des droits de propriété, par le biais de la facilitation des procédures d'enregistrement et de transfert de propriété des actifs, en vue de permettre leur utilisation comme garantie pour les prêts bancaires. En plus œuvrer à démanteler les restrictions administratives, libérer la fixation des prix et l'octroi

des crédits ; ce qui signifie céder la place aux forces du marché pour prendre en charge ces questions à la place de l'Etat.

- Libéraliser le commerce extérieur en supprimant les restrictions à l'importation et à l'exportation, en abaissant les taux de droits de douane à l'importation et en supprimant les autres moyens de restriction des importations tels que les restrictions non tarifaires, techniques, sanitaires, etc. En plus annuler les procédures imposant aux investisseurs à s'approvisionner des intrants de production auprès de sources locales, ou obligeant les entreprises étrangères à exporter un certain pourcentage de leur production, etc.
- La privatisation, c'est-à-dire la cession de sociétés et entreprises publiques, qui fournissent des services d'utilité publique tels que l'eau, l'électricité, les communications et la poste, ainsi que les banques et les compagnies d'assurance publiques. Cela peut également inclure des contrats avec le secteur privé pour établir des projets d'infrastructure tels que des routes, des ports et des aéroports dans un système de BOT (Build, Operating, Transfert : construction-propriété-exploitation, puis transfert de la propriété à l'État après l'expiration d'une certaine période).
- Libéraliser les investissements étrangers, et supprimer toutes les restrictions, telles que le plafonnement pouvant être imposé à la détention d'actions de sociétés nationales, en cas de privatisation ou non, telle que les restrictions au transfert de bénéfices ou de capitaux, et des restrictions sur le contenu local du produit ou de l'exportation, etc., ainsi que des restrictions sur les transactions étrangères en bourse.
- La libéralisation financière, ce qui signifie libéraliser les taux d'intérêt, c'est-à-dire les laisser dépendants de l'offre et de la demande du marché, supprimer les plafonds de crédit et autres contrôles sur l'allocation des crédits, et garantir l'indépendance de la Banque centrale. La libéralisation financière comprend également la libéralisation du compte de capital dans la balance des paiements, c'est-à-dire l'abolition des restrictions sur les mouvements de fonds à travers les frontières nationales de l'État.

En bref, ces réformes fondamentales exigées par le Fonds monétaire international en tant que représentant du Consensus de Washington (qui comprend la Banque mondiale et les États-Unis d'Amérique), peuvent se résumer en trois points essentiels : remettre le volant de l'économie au secteur privé, réduire au maximum le rôle de l'État et ouvrir l'économie aux investissements étrangers et aux sociétés multinationales.

**6 - La théorie de l'économie sociale de marché (Ordolibéralisme) :**

Le concept d'économie sociale de marché est apparu au lendemain de la crise des années trente lorsque l'économie de marché n'a pas été en mesure, en vertu du mécanisme de marché fondé sur le principe d'autorégulation du marché, d'assurer un équilibre économique entre l'offre et la demande. Ces postulats classiques ont été à l'origine des idées de Keynes basées sur un rôle considérable de l'État dans le rétablissement de l'équilibre économique, idées devenues par la suite la base des propositions de ce qu'on appelait (l'économie sociale de marché) au milieu des années 1940.

Ce concept a été formulé par les économistes allemands Alfred Müller-Armack et Ludwig Erhard de l'École de Fribourg. Le premier a construit la base théorique tandis que le second a repris la base empirique. La première expérience de cette théorie a eu lieu en Allemagne pendant la Seconde Guerre mondiale et a réalisé ce qu'a été considéré comme « miracle allemand » qui a permis à l'Allemagne de passer de la destruction au progrès.

La théorie de l'économie sociale de marché repose sur la combinaison de trois mécanismes : le marché, l'État et la société. Elle définit pour chacun d'eux un rôle économique, social développemental afin d'établir un équilibre entre les préoccupations économiques, les revendications sociales et les droits politiques des individus et des groupes.

L'économie sociale de marché, signifie donc la considération d'un caractère plus social au dynamisme du marché, mais aussi l'intervention de l'État pour maintenir l'équilibre social et éteindre les incendies générés par les crises périodiques du capitalisme. Alfred Armack estime que l'approche de l'économie sociale de marché est capable de combiner les principes de justice, de liberté et de croissance économique dans des systèmes équilibrés raisonnables. C'est une nouvelle version du libéralisme, mais un libéralisme de compassion et de solidarité sociale.
L'objectif de l'économie sociale de marché est d'atteindre le plus haut niveau de prospérité tout en sécurisant la société et les travailleurs. Dans ce système, le gouvernement n'agit pas passivement comme c'est le cas dans une économie de marché libre, mais intervient plutôt en marge de l'économie, qui relève principalement du secteur privé, comme la stimulation de l'activité économique, la mise en place de politiques garantissant une concurrence loyale et saine et des politiques sociales pour les travailleurs et les citoyens.

Cette théorie repose sur deux grands principes, comme l'a souligné l'économiste et critique français Michel Albert dans son livre (Capitalisme contre capitalisme), à savoir :

- Premier principe : la nécessité de fonder le dynamisme de l'économie sur le marché, car il garantit le plus grand degré de liberté dans l'exécution fonctionnelle, ce qui conduit avant tout à la libéralisation des prix et des salaires.
- Le deuxième principe est que le fonctionnement du marché ne peut à lui seul régir l'ensemble de la vie sociale, mais doit être équilibré et assorti d'exigences sociales préalables et dont l'État se fait le garant.

Cependant, Valter AKON, qui est le premier à fonder l'idée de l' « Ordo-libéralisme » sur laquelle est basé le système d'économie sociale de marché en Allemagne, considère que ce système repose sur six principes essentiels à savoir :

- Le principe de la dignité humaine qui doit être au centre de l'activité économique : C'est le premier principe sur lequel l'Ordolibéralisme est construit, étant donné que l'être humain est l'outil et le but du développement et le centre de l'activité économique.

- La liberté économique y compris la liberté d'accès aux marchés, la liberté de consommation, la liberté contractuelle, la liberté d'action, la liberté de choisir le lieu et le type de travail, la liberté d'initiative, d'innovation et de créativité selon la règle (propriété pour chacun et bien-être pour tous),

- Le principe d'Etat de droit et le respect de l'ordre: Toute société dans laquelle la loi ne prévaut pas et l'ordre public n'est pas respecté est vouée au chaos, à l'injustice et à l'instabilité. C'est comme un jeu qui se déroule sans loi ni règle. La loi du jeu en économie est l'État de droit et son application, qu'il s'agisse d'un droit public ou privé, comme le droit fiscal, le droit du travail et le droit des contrats. Quant à la forme appropriée pour cela, elle est liée aux spécificités de chaque société, sa culture et son identité. Par conséquent, l'État de droit doit s'inscrire dans le cadre de la bonne gouvernance, de la transparence et de l'harmonie des décisions de l'État avec l'opinion publique.

- La justice sociale: Elle vise à fournir un environnement approprié pour l'égalité des chances, l'équilibre des relations réciproques et distributives, la réalisation de la justice entre les générations et l'égalité des droits et des devoirs dans le but d'une coexistence sociale. Alfred Miller Almark estime que l'approche de l'économie sociale de marché, si elle est appliquée correctement, permet de parvenir à la réconciliation entre le travail et le capital et permet d'éviter les conflits sociaux, et constitue un terrain d'entente sur les objectifs économiques et sociaux.

- La responsabilité individuelle et collective: Une valeur sociale fondamentale pour toute société vivante. Elle est étroitement liée à la liberté, et sans responsabilité, la liberté n'a ni sens ni limite. La responsabilité individuelle signifie la responsabilité de l'individu, de ses actions et ses comportements. L'individu responsable est celui qui compte sur lui-même pour subvenir à ses besoins et devient ainsi capable d'aider les autres.

- La solidarité sociale : Chaque individu est tenu de compter sur lui-même pour assurer ses besoins et ses revendications de base au lieu de compter sur la société. Mais lorsque l'individu n'y parvient pas, les composantes de la société tout entière sont tenues à se solidariser avec lui, à commencer par la famille, puis le village dans lequel il vit, puis la société. Cette séquence conduit à assumer les charges de manière juste et équilibrée.

- Le bien commun : L'homme est un être social par nature qui mérite des droits sociaux et économiques en échange de l'accomplissement de ses devoirs envers la société, comme le paiement de l'impôt qui est dépensé dans l'intérêt public pour assurer le bien-être de tous. En ce sens, la propriété dans l'économie sociale de marché est à la fois un droit et un devoir.

À la lumière de ces principes, la théorie de l'économie sociale de marché fixe un certain nombre d'objectifs économiques et sociaux majeurs dans lesquels elle s'inscrit et cherche à les atteindre, à savoir :

- La liberté économique organisée par la protection de la propriété privée et la liberté d'action
- La stabilité économique à travers la politique monétaire
- Le plein emploi et l'éradication du chômage
- L'équilibre économique grâce au développement de l'exportation
- La justice sociale par une répartition équitable des revenus et des richesses
- Participation au processus de développement (partenariat entre les secteurs public et privé)

- Protéger l'environnement par une politique environnementale avisée

Sur le plan opérationnel, l'économie sociale de marché a été appliquée aussi bien en Allemagne que dans les institutions européennes. Elle est traduite par une sorte de « constitution économique » qui fait partie de la constitution politique basée sur la réalisation de la concurrence comme critère de base pour toute politique économique. Cette constitution est détaillée selon un certain nombre de "principes fondateurs" qui incluent : la stabilité de la monnaie, la liberté d'accès aux marchés et la stabilité des politiques économiques pour faciliter la prévoyance et l'investissement... etc.

Malgré les percées réalisées par cette nouvelle théorie dans le système libéral et les résultats impressionnants qu'elle a obtenus sur le plan pratique au cours des dernières décennies, elle a, toutefois, fait l'objet de deux sortes de réserves quant à la mesure dans laquelle cette approche continuait d'atteindre les mêmes résultats :

- Des réserves endogènes: qui portent sur le fonctionnement du mécanisme de marché dans ce système d’économie sociale, notamment à la lumière des défis de la mondialisation qui pousse à privilégier les règles du marché sur la société, donnant la priorité au profit sur les salaires, et la priorité aux biens bon marché de faible coût et de qualité.
- Des réserves exogènes : qui concernent principalement la viabilité du taux d'intérêt et du système de prix sur lequel repose ce système, qui a été à l'origine de toutes les catastrophes économiques, dont la dernière en date a été la crise de 2008.

Ainsi, il ressort de la présentation précédente des théories les plus marquantes produites par la science de l'économie politique moderne que, comme l’a souligné Omar Chabra : « malgré les grands progrès réalisés par cette science et le développement qu'elle a atteint, lorsque nous mettons devant elle deux sortes d’objectifs, dont le premier est de nature positive, liée à la réalisation de l'efficacité et de la justice dans la distribution des ressources rares, et le second de nature normative, qui s'exprime par des objectifs sociaux et économiques universellement reconnus pour répondre aux besoins humains, nous estimons qu'il est difficile de dire que cette science est capable d'atteindre ses objectifs en raison de la difficulté de déterminer des normes d'efficacité et d'équité dans une économie dynamique, mais il est convenu que dans les plus grands pays industriels riches, elle n'a pas pu atteindre ses objectifs normatifs simultanément, malgré les ressources importantes qui étaient à sa disposition. Chaque fois que certains de ces objectifs sont atteints, ils en détournent d'autres »[54].

**B. Fournir des outils scientifiques pour une analyse économique efficace, capable d'anticiper les crises et de diagnostiquer les problèmes :**

Si la théorie économique s'attache à étudier le fonctionnement des activités économiques d'une part, et la relation qui lie ces phénomènes et variables économiques d'autre part, en plus de prévoir les phénomènes et évolutions économiques, le but de l'analyse économique consiste à fournir des outils et des méthodes qui sont utilisés pour étudier les phénomènes et les conditions économiques, tel que les statistiques, la comptabilité, les mathématiques et les méthodes standards. Elle consiste également à discerner les lois économiques, ainsi qu'à extrapoler la situation et prévoir ce que seront les phénomènes et changements économiques dans le futur.

La question qui se pose est la suivante : les théories précédentes ont-elles pu fournir ces outils d'analyse ? sont-elles réussies à anticiper les événements et prévoir les crises qui se sont produites dans le monde ? ou sont-elles contentées d'une post- analyse qui n'a pas beaucoup d'influence sur le déroulement des événements et le cours de l'histoire ?

---

[54] Voir : Chabra, Muhammad Omar : L'avenir de l'économie d'un point de vue islamique, Maison de la pensée contemporaine, 2004

Historiquement, il est important de constater que l'analyse économique a connu des développements importants au cours des siècles passés dont ont été témoins la science de l'économie politique et la pensée économique en général, selon les écoles et doctrines économiques affectant son cours et sa nature. Ainsi, l'analyse économique est passée du stade de l'analyse descriptive au stade de l'analyse scientifique, de l'analyse partielle à l'analyse macro, de l'analyse locale à l'analyse globale, de l'analyse statique à l'analyse dynamique et de l'analyse classique à l'analyse néoclassique et néolibérale.

À cet égard, il existe de multiples outils que l'analyse économique utilise pour obtenir des résultats lui permettant de prévoir l'avenir du phénomène étudié, y compris des outils descriptifs qui dépendent des données disponibles pour analyser le phénomène économique sans qu'il y ait de lien entre les composantes du phénomène. Le chercheur est souvent sujet à des erreurs, y compris des outils mathématiques qui sont fréquemment utilisés avec l'utilisation croissante des mathématiques dans les études économiques et ont conduit à l'émergence d'une nouvelle branche de la science économique, qui est "l'économie mathématique", qui a conduit à l'émergence d'une autre branche de la science économique à savoir « l'économétrie ».

Ainsi, malgré le fait que le phénomène économique est parfois le même, les approches analytiques sont différentes, ce qui révèle que le fait de s'appuyer sur une approche unique ou unidimensionnelle dans l'analyse ne fournira pas des résultats signifiants sur la complexité du phénomène. En effet, l'étude des phénomènes économiques exige la capacité d'analyse et de synthèse et la connaissance des conditions psychologiques, sociales, juridiques et intellectuelles des événements historiques. C'est-à-dire qu'il faut connaître tous les éléments de la vie humaine. Du fait de la multiplicité de ces éléments, aucune théorie économique ne pourrait présumer les englober tous. Et l'analyse économique, pour être réaliste, ne doit pas se cantonner à une approche spécifique et étroite qui ne voit les acteurs économiques que sous un seul angle. Au contraire, elle doit étudier l'être humain dans toutes ses manifestations et avec toutes les méthodes de recherche possibles, et pour cela, elle doit combiner à la fois les approches déductives et inductives.

Au cours des deux derniers siècles, l'expérience a pu montrer, dans de nombreux cas, une déficience théorique dans l'explication de nombreux phénomènes et événements économiques, ainsi que la capacité de prévoir les développements futurs et d'anticiper les crises qui se sont produites dans la réalité.

L'économiste Römer a présenté à la fin des années 80 du siècle dernier une prévision de l'état des économies de différents pays sur la base des données disponibles dans les années 80. Cette étude confirme que le modèle Solow, largement utilisé par de nombreux pays, et qui explique la croissance par des facteurs plutôt exogènes, a été défaillant.

L'expérience a également montré une déficience au niveau des hypothèses de base sur lesquelles l'analyse économique a été fondée depuis l'avènement de la science de l'économie politique, notamment : l'hypothèse du comportement économique rationnel (l'homo economicus)[55], l'hypothèse de la rareté, l'hypothèse de maximisation de l'utilité ainsi que la solidité de l'hypothèse de la loi de l'offre et de la demande.

En effet, la réalité a pu démontrer les limites de ces hypothèses, car la consommation de biens et services par les individus n'est pas souvent

---

[55] Richard Thaler a montré que l'hypothèse selon laquelle les individus se comportent économiquement rationnellement n'est pas toujours correcte. Si tel était le cas, les marchandises seraient similaires et les prix de marchandises et de services similaires seraient égaux. Richard Thaler est un économiste américain considéré comme l'un des pères fondateurs de l'économie comportementale, et il a remporté le prix Nobel d'économie pour l'année 2017. Richard Thaler a souligné que les économistes à travers les âges ont parlé de personnes imaginaires, qui n'ont rien à faire avec la réalité, tandis que l'économie suppose chez l'homme une sagesse absolue. Et il cherche toujours à maximiser son profit.

soumise au principe de mesure, mais dépend plutôt des goûts, des habitudes et des modes de consommation, autrement dit de la nature des comportements des individus et des groupes.

Dans sa théorie de l'économie comportementale, Richard Thall a prouvé que l'homme déteste la perte plus qu'il n'aime le gain. Les résultats les plus importants de ses recherches contredisent le concept de maximisation de l'utilité, comme ils remettent également en question la pertinence de la loi de l'offre et de la demande : en effet, si le prix d'une matière première baisse fortement, certains peuvent avoir tendance à ne pas l'acheter, car ils pensent que ce prix bas indique une baisse significative de la qualité : dans ce cas, la loi de la demande est perturbée, ce qui met l'analyse traditionnelle dans un véritable dilemme. La diffusion de l'économie du savoir grâce à la révolution de l'information a rendu de nombreux produits disponibles gratuitement ou presque, notamment en ce qui concerne les informations et les données, pour lesquelles de l'argent a été dépensé pendant une courte période pour les obtenir.

**C. fournir un modèle de développement capable d'atteindre des objectifs socio-économiques et adapté à toutes les situations humaines :**

La question du développement économique a attiré une grande attention de la part de tous les économistes - toutes tendances intellectuelles et doctrinales confondues -, et cet intérêt a conduit à la production d'un certain nombre de théories du développement et de modèles de croissance centrés autour de deux groupes. Le premier groupe s'est focalisé sur la croissance économique dans les pays développés, ce qui reflète les conditions économiques et sociales de ces pays. Et ceci concerne la pensée d'économistes tels qu'Adam Smith, Ricardo, Hansen et d'autres. Tandis que le second groupe est constitué des théories du développement présentées par des économistes du développement ou des économistes directement impliqués dans les questions de développement dans les pays sous-développés.

Alors que les premiers remportaient des succès remarquables et portaient les sociétés de ces pays à un haut niveau de bien-être économique malgré les soubresauts et les crises dont ils ont été témoins et qui leur sont encore inhérents, le second groupe, qui s'est concentré sur les conditions économiques des pays sous-développés, n'a pas réussi à déclencher le décollage. Ce développement raté demeure un rêve pour la plupart de ces pays, qui sont toujours en état de sous-développement après plus de ¾ de siècle.

La question qui se pose toujours est de savoir comment les premiers ont réussi et pourquoi les seconds ont échoué ? Autrement dit, quels sont les facteurs de la réussite dans les pays développés, et quels sont les facteurs de l'échec dans les pays sous-développés dits, par politesse - « en développement », alors qu'ils n'ont pas atteint les conditions du décollage économique, clé du dit développement ?

Le premier groupe de théories du développement s'est concentré sur la cristallisation des modèles de croissance pour les pays développés en partant du modèle classique, en passant par le modèle marxiste, puis les modèles néoclassiques, puis le modèle « Schumpeter » et le modèle Harrod - Domar. Ces modèles reposent sur un ensemble d'hypothèses de base dérivées de l'environnement des pays occidentaux, où les idées de leurs économistes étaient principalement centrées sur les problèmes d'une économie industrielle mature ou relativement avancée. Ils se sont d'abord préoccupés de la question de la croissance selon une structure productive existante, puis leur attention s'est focalisée sur l'aspect de la demande globale effective et ses facteurs de changement, sans se soucier autant de l'économie de l'offre.

Le deuxième groupe s'est attaqué aux conditions des pays sous-développés et a analysé les raisons de leur sous-développement. Il s'est polarisé autour de deux directions : une qui analyse les raisons de l'échec de ces pays à atteindre le développement et le progrès dans le sens d'identifier les problèmes et les obstacles, et une autre qui recherche les facteurs de base de la croissance et du développement. Parmi les plus importantes de ces théories figurent : la théorie des étapes de la croissance de Rostow, la théorie du Big Push, la théorie de la croissance équilibrée, la théorie de la croissance déséquilibrée, la théorie des pôles de développement, la théorie du cercle vicieux, la théorie du développement endogène, la théorie du développement durable, la théorie du développement alternatif, etc.

Malgré ce nombre important de théories, le développement n'est toujours pas créé dans les pays concernés nonobstant de quelques résultats obtenus dans certains pays.
Sur la base de ces constats, la pensée développementale a adressé un certain nombre de critiques et de réserves à la plupart des théories avancées.

La critique essentielle qui touche à l'ensemble des théories en question porte sur le fait d'accuser ces théories d'avoir comme priorité de transformer les marchés des pays sous-développés en débouchés pour écouler les excédents de biens des pays développés, de sorte que ce but est devenu leur souci principal et même de prêcher qu'ils sont capables d'atteindre le développement à condition de suivre le même chemin par le biais des programmes dits d'ajustement structurel menés par le Fonds monétaire international dans ces pays.

La deuxième critique porte sur le fait que ces théories ne reconnaissent pas les différences qui existent entre les situations socio-économiques des pays en développement et par conséquent elles ne tiennent pas compte des circonstances particulières de chaque pays en développement et de ses spécificités culturelles et sociales et du mode de vie de ses habitants et de leurs valeurs et traditions.

D'autres critiques se sont adressées à la théorie du cercle vicieux, car des expériences réelles ont montré qu'elle était incorrecte. Il y a des pays qui ont rompu ce cycle et sont passés de pays en difficultés à des pays développés avec de grands projets, des transports modernes et des investissements réussis. Ainsi, le sous-développement n'est pas automatiquement lié aux pays sous-développés, mais il est plutôt le résultat d'un manque de financement adéquat, résultant de l'exploitation des monopoles étrangers et leur pillage de la richesse de la plupart des pays concernés, auquel il faut ajouter l'accroissement de la corruption de la classe politique au pouvoir et leur mauvaise gouvernance.

Parallèlement, certaines critiques s'adressent à la nature de la fonction de production capitaliste qui n'est pas adaptée aux pays en développement en accordant une grande importance au facteur capital financier au détriment du facteur travail (capital humain), qui se trouve en état d'abondance dans les pays en développement, en plus de la négligence du rôle des facteurs sociaux et politiques dans le processus de développement (théorie du développement équilibré). Ces économistes critiquent également la plupart des théories qui dépendent dans leurs thèses des forces du marché et de la motivation individuelle, alors que le système de marché et de prix dans les pays sous-développés ne fonctionne pas aussi efficacement que dans l'économie capitaliste.

A travers ces critiques il est possible de cerner le rôle de la théorie économique dans l'échec des expériences du développement. Cependant, d'un point de vue méthodique, il faut séparer les facteurs d'échec des expériences de développement d'une part et le rôle de la théorie économique dans cet échec, car les premiers facteurs peuvent être une conséquence des seconds, et l'intégrité des théories contribue efficacement à l'intégrité et au déroulement de l'expérience.
Ainsi, le rôle de la théorie économique et développementale dans l'échec des modèles de développement dans les pays en développement et la production de crises et de reculs dans les expériences des pays développés peut être lié à trois facteurs principaux :

- Le premier facteur touche à l'approche de généralisation et le manque de relativisation adoptée par les théories du développement et l'absence de prise en compte des différences entre les diverses situations culturelles et sociales, ce qui peut être qualifié de manque de réalisme. Certes toute théorie comporte des lois qui encadrent l'activité économique et réglementent les transactions sur le marché. Cependant cela ne permet guère de considérer que ces lois sont valables pour toutes les situations et pour tous les temps, ce qui laisse que les facteurs temps et espace n'étaient pas une composante endogène de la théorie. Par conséquent, la généralisation est une faille importante, et c'est une raison d'erreur et du manque de scientificité et d'objectivité. L'expérience a montré que les théories économiques en général, et les théories du développement en particulier, ne sont pas valables pour tous les temps et tous les lieux parce qu'elles sont la production d'êtres humains. Elles reflètent leur diligence et leur vision de la réalité dans laquelle ils vivaient. Par conséquent il leur est impossible d'être pleinement conscients des différences et des spécificités sociales des peuples et des nations dans le présent et encore moins dans le futur d'une manière certaine et scientifique.

- Le deuxième facteur concerne l'attitude de la théorie économique vis-à-vis des valeurs et de la morale et envers la religion en particulier, une attitude qui trouve ses racines dans l'approche positiviste, qui considère l'économie comme une science immorale, en raison de sa focalisation excessive sur l'analyse et de sa négligence des pondérations de jugement. Depuis le début, les économistes divergent sur la nature de cette science : est-ce une véritable science régie par des lois scientifiques indiscutables, ou est-ce une branche des sciences sociales qui accorde une place importante pour les valeurs, la dimension comportementale, culturelle et même religieuse ? Cette controverse a duré longtemps et s'est terminée par la prépondérance de l'approche positiviste au détriment de l'approche normative, et cette approche a duré environ deux siècles jusqu'à ce que la question revienne de nouveau en raison de l'impasse dans laquelle la science économique s'était trouvée.

Ainsi de nombreux économistes[56] avouaient qu'il n'y a pas de rupture ou de contradiction déterministe entre l'économie et l'éthique. Gunnar Myrdal n'était pas seul sur ce front contre l'approche positiviste de l'économie, car il était soutenu par d'autres économistes tels qu'Arthur Smithiers, Robert Hilbroner, Mme Robinson et d'autres.

- Le troisième facteur, est lié à l'inadéquation de la théorie économique du développement aux conditions et caractéristiques des pays en développement : Cela a été mis en évidence par les résultats des expériences de développement dans ces pays au cours du dernier demi-siècle ou plus. Aucune des théories et approches du développement ainsi que les modèles de croissance importés des pays développés n'ont pas réussi à éradiquer la pauvreté et à stimuler la croissance, et encore de réaliser le progrès et mettre ces pays dans la voie d'un développement global et durable. Sans doute, les facteurs d'échec sont nombreux et varient selon les pays, leurs conditions et leurs capacités à affronter les problèmes économiques, mais la part de la théorie qui encadre le système en place auquel se réfère ces expériences et qui constitue une source importante pour les choix et les politiques de développement, n'est sans doute non négligeable, et incontestablement irréfutable par une analyse économique réfléchie.

## 2. Les finalités pratiques :

Il s'agit des buts socio- économiques annoncés par l'ensemble des théories économiques et développementales tout au long de l'histoire de la pensée économique pendant les trois derniers siècles. A partir de ces buts et objectifs assignés à la science économique, il est possible de mettre en relief trois finalités pratiques majeures qui doivent être

[56] Voir, par exemple, ce que l'économiste Myrdal a écrit dans son livre « The Political Element in Economic Theory » où il dit : « Nos idées sont, par essence, porteuses de valeurs ».

atteintes dans la pratique, à savoir : la création de la richesse, la répartition équitable et la réalisation d'un équilibre économique.

### A. La création de la richesse :

C'est l'objet même de la science économique et l'un des sujets les plus importants de l'économie politique depuis ses débuts. En effet, parmi les définitions initiales de cette science, c'est qu'elle est la science de produire la richesse ou la science qui étudie les moyens qui augmentent la richesse des nations, tel que défini par le premier fondateur, Adam Smith, dans son livre « Essais sur la nature et les causes de la richesse des nations »[57].

La richesse, selon la théorie classique, est la production de biens et de services. Les facteurs de production sont le travail, le capital, les ressources naturelles et l'organisation, mais le travail, selon eux, est l'élément principal. Les classiques s'intéressaient à la production sous deux aspects :

- Le premier aspect : la division du travail et son impact sur l'augmentation du volume de la production, l'amélioration de sa qualité et l'augmentation de la productivité du facteur travail.
- Quant au deuxième aspect, c'est la loi des rendements décroissants, selon laquelle l'économiste Ricardo a étudié la relation technico-économique entre les différents éléments dans la production de marchandises. La division du travail et l'accumulation du capital sont les deux facteurs qui conduisent à une augmentation de la richesse, car ils conduisent à une augmentation de la rentabilité des moyens de production, qui à son tour conduit à une augmentation de la productivité.

---

[57] Adam Smith : Recherches sur la nature et les causes de la richesse des nations (1776).

Cependant, dans la pratique, cette politique économique n'a pas conduit en réalité à atteindre les objectifs assignés, mais a plutôt conduit à l'émergence des grands monopoles, ce qui frappe la concurrence sur le marché. Cela s'est produit en France et en Grande-Bretagne après la Seconde Guerre mondiale. D'autre part, cela a conduit à une succession de crises économiques dans la plupart des pays. Ces faits ont été utilisés par la théorie marxiste pour discréditer les thèses de la théorie classique.

La fonction de production capitaliste, dans ses diverses formulations, a fait l'objet de plusieurs critiques et réserves, non seulement quant à son inadéquation aux pays en développement, mais aussi quant à sa performance et son efficacité dans les économies avancées. Indépendamment des critiques de cette fonction par l'école marxiste, il convient de prêter attention aux diverses réserves émanant de l'intérieur même de la pensée libérale, c'est-à-dire du système capitaliste lui-même. La plupart de ces critiques portent sur l'efficacité de la fonction de production capitaliste dans la réalisation de l'allocation optimale et efficace des ressources grâce à sa dépendance totale au mécanisme du taux d'intérêt. En effet, la pratique des dernières décennies a prouvé que ce mécanisme était inefficient pour atteindre de tels objectifs.

### B. La répartition équitable de la richesse :

La création de la richesse, bien qu'elle soit l'un des principaux objets de la science économique, mais elle ne peut être une finalité en soi, car elle reste tributaire du facteur travail pour pouvoir répartir cette richesse de la manière la plus efficace et la plus équitable, possible, et c'est donc l'une des préoccupations les plus importantes de la science économique, les plus sensibles, en raison de son lien étroit avec les conditions politiques et sociales. Elle a reçu une grande attention de tous les économistes, quelles que soient leurs différentes orientations et opinions.

David Ricardo, l'un des plus grands représentants de l'école classique après Adam Smith, est considéré comme l'un des premiers à porter attention sur cette question. Dans son fameux ouvrage « Principes de l'économie politique et des impôts » paru en 1817, il a considéré que la détermination des lois qui réglementent la distribution est le principal objet de l'économie politique.

Par théorie de la distribution, il faut entendre la théorie qui s'intéresse à la manière de déterminer les prix des services des facteurs de production qui contribuent aux différents processus de création de la richesse. Elle s'intéresse également à la manière dont les conditions spécifiques de l'offre et de la demande de ces facteurs interagissent lors de la détermination de leurs prix. Ces facteurs sont : la terre, le travail, le capital, et l'organisation.

La terre est récompensée à travers la rente. Le travail reçoit le salaire, tandis que le capital perçoit l'intérêt. En ce qui concerne l'organisation ou la gestion, elle aura le profit.

Les économistes distinguent généralement entre deux phases de distribution : la distribution primaire des revenus, qui est le produit des rendements des différents facteurs de production si elle se fait sans intervention de l'État, et la distribution secondaire des revenus résultant de l'intervention directe de l'État dans l'économie en réglementant les prix, les impôts, les dépenses publiques, les prestations sociales et autres. L'économiste Baqer Al-Sadr souligne que « Malgré les modifications formelles, la théorie fondamentale de la répartition capitaliste est restée constante dans toutes les étapes et n'a pas changé du point de vue doctrinal. Cette vision consiste à observer tous les facteurs de la production sur un seul plan, et à donner à chacun de ces facteurs sa part de la richesse productive, en tant que contributeur au processus, et dans les limites de sa participation avec le reste des facteurs de production de cette richesse... »[58].

---

[58] Muhammad Baqir al-Sadr, Notre économie, p. 555.

Sur le plan pratique, l'expérience a démontré l'incapacité de la théorie économique à trouver un équilibre entre la recherche d'une accumulation conduisant à une croissance considérable, d'une répartition équitable des revenus et des richesses et d'une redistribution conduisant au bien-être économique et social. Elle a également prouvé qu'il n'y a pas de compatibilité entre la distribution en tant que fonction socio-économique et la justice en tant que concept comportemental de valeur, et que les mécanismes de distribution qui excluaient le concept de justice se concentraient sur la croissance économique, dont le rythme ne peut que s'accélérer à la lumière de la disparité des revenus et de la richesse, et que l'efficacité des ressources est déterminée par le marché en fonction de ce contexte.

Par conséquent, il n'est pas surprenant que certains penseurs de la théorie capitaliste reprochent aux pauvres leur pauvreté, et considèrent qu'ils sont responsables de leur propre misère sociale. Ainsi l'inégalité sociale entre les individus est justifiée par l'équation suivante : celui qui gagne dans la course à la création de la richesse l'emporte d'un point de vue économique, et que le perdant est puni par la privation de gain financier et déchu de son statut social et de sa valeur morale, parce qu'il n'est pas qualifié pour jouir de la richesse sociale[59].

La plupart des pays occidentaux n'ont pas réussi à faire face à la pauvreté et à la marginalisation sociale ni à réduire les disparités sociales en redistribuant les richesses. L'industrialisation et la production dans l'État-providence ont contribué à réformer les conditions de la vie publique, mais elles n'ont pas réussi à lutter contre la pauvreté et les inégalités sociales[60].

### C. La réalisation de l'équilibre économique :

---

[59] John Dalvey, La persistance des inégalités sociales en Amérique, Cambridge, Schenkman Press, 1981

[60] Voir : Powell, Mark Henry, Poverty, Progress and Development, p. 166, traduit par Saud Muhammad, Téhéran, 1995

La réalisation de l'équilibre général de l'économie est l'une des finalités pratiques les plus importantes et un objectif majeur de l'analyse économique en raison du rôle qu'il peut jouer dans la résolution du problème économique d'une part et dans la fixation des grandes orientations du système économique d'autre part.

La notion d'équilibre a évolué entre la pensée classique, néo-classique, keynésienne et la pensée moderne. Il ne s'agit pas seulement d'un équilibre arithmétique entre dépenses et recettes publiques, mais surtout d'un équilibre économique général. La politique budgétaire oblige donc à adapter ses outils en fonction des finalités d'équilibre économique.

En dépit de tous ces apports, la finalité d'équilibre est toujours d'un grand intérêt pour les études économiques récentes en passant en revue les contributions les plus importantes aux théories et modèles d'équilibre général ou en ajoutant de nouvelles perspectives à l'idée d'équilibre économique. En fait, dans la pratique l'état d'équilibre, constitue l'exception dans la plupart des économies capitalistes qui souffrent plutôt d'un état inverse, à savoir le déséquilibre, que la théorie de l'équilibre général néoclassique ou autre n'a pas été en mesure d'expliquer.

L'échec à atteindre l'équilibre dans l'économie capitaliste est dû à l'absence de concurrence parfaite considérée comme étant une hypothèse évidente, qui nécessite nécessairement une intervention de l'État pour faire fonctionner les marchés de manière réaliste pour atteindre le bien-être des individus, ce qui sape complètement l'idée de la main invisible et son rôle dans la réalisation de l'harmonie sur les marchés lorsque des déséquilibres se produisent.

## Section 4 : La crise de la science économique :

Face à l'impasse que traverse le système capitaliste mondial, et l'aggravation de la crise qui l'afflige jour après jour, ainsi qu'aux cris de nombreux universitaires, experts et décideurs politiques et économiques, réclamant une révision profonde des paradigmes théoriques et des règles du système en vue d'une réforme structurelle de ses institutions, la question de réfléchir sur l' « après capitalisme » et de l'alternative à rechercher pour l'avenir de l'humanité devient pertinente[61].

En l'absence de cette alternative surtout après la chute de l'ex-système socialiste, l'humanité se trouve dans un état d'incertitude accompagnée d'un manque de vision de l'avenir du monde. La question de la recherche d'un système économique alternatif, voire d'une nouvelle science de l'économie politique, devient profondément impérieuse.

### 1. Le dilemme du capitalisme : une crise de la théorie et du système :

La simple réflexion sur les titres des publications et des écrits récents dans le monde, en particulier le monde occidental alertant sur la fin du capitalisme et proclamant une alternative économique mondiale plus équitable et plus humaine, conduit à observer la convergence entre les caractéristiques du système alternatif recherché et celles de l'économie islamique et les principes généraux qu'il incarne.

---

[61] Nous pouvons citer, à titre d'exemple: Maurice Allay, l'économiste français qui a mis en garde contre les conséquences du déclin atteint par le système économique mondial sous la houlette du libéralisme sauvage, ainsi que l'économiste américain Joseph Stiglitz , chef du Comité des Nations Unies pour la réforme du système économique mondial, et d'autres grands économistes occidentaux comme Amartya Sen comme ses prédécesseurs, les lauréats du prix Nobel d'économie, Krugman, Edmund Phelps, William Bueter, Philip Kotler, Toby Birch, Volker Nienhaus et d'autres.

Ces revendications se rejoignent dans la nécessité absolue que l'alternative recherchée doit être un système économique, humain, moral, social, solidaire et juste, en vue de se débarrasser du néolibéralisme farouche. Ces revendications vont de pair également avec les difficultés de réformer de nouveau le capitalisme dans sa version néolibérale actuelle ou de l'humaniser d'une manière qu'il devient compassionnant et plus juste envers les couches sociales les plus démunies dans toutes les sociétés qui le gouvernent[62].

- **Une crise de la théorie :**

Nonobstant de grands progrès réalisés, lorsque nous les mettons devant les objectifs et les finalités assignés, nous découvrons qu'il est difficile de dire que le bilan est positif, en raison de la difficulté de déterminer les normes d'efficacité et de justice dans une économie dynamique, mais on s'accorde en conséquence sur l'incapacité des pays industrialisés les plus riches à atteindre simultanément leurs objectifs standards, malgré les ressources importantes dont ils disposaient, et chaque fois que certains de ces objectifs ont été atteints, ils ont nui à d'autres objectifs.[63]

Cet échec est confirmé par de nombreuses études et recherches, dont la plupart indiquent :

- Un échec au niveau du diagnostic du problème économique et des mécanismes de l'allocation la plus efficace et la plus performante des

---

[62] Parmi ces écrits on peut citer : Anne Salmon: La Tentation éthique du capitalisme (La Découverte, 2007) et :
MORALISER LE CAPITALISME, CNRS Editions,
André Comte-spongille: Le Capitalisme est-il moral ?» Ed : Livre de Poche 2006
Pierre Fortin : Le capitalisme est-il immoral ? L'actualité 69, 15/05/2000
Gabriel Abend: The moral background: an inquiry into the history of business ethics, Princeton, Princeton University Press, 2014, 399 p
Jeremy Rifkin: The Zero Marginal Cost Society: The Internet of Things, the Collaborative Commons, and the Eclipse of Capitalism; St. Martin's Press (2014) 368 pages
Peter Frase: Four Futures: Life After Capitalism (Jacobin 2016) 160 p
Peter F. Drucker: Post-Capitalist Society April 13, 1994

[63] Muhammad Omar Chabra, L'avenir de l'économie d'un point de vue islamique, Institut international de la pensée islamique, Dar Al-Fikr, Damas, 2004.

ressources en vue d’atteindre les trois objectifs : croissance, équilibre et stabilité ;
- Un échec sur le plan de la justice et de la réduction des disparités économiques et sociales partout dans le monde ;
- Un échec au niveau de la prévision des secousses et des crises majeures qui ont presque affligé l'économie capitaliste dans son ensemble, la dernière en date étant la crise financière de 2008, qui constitue la plus grande crise après celle de 1929.

Des études entamées par des économistes tels que « Enzler », « Conrad » et « Johnson » ont indiqué les faibles niveaux atteints par l'économie capitaliste, où le capital était gravement mal réparti entre les secteurs et les activités de l'économie et les types d'investissements en raison du taux de l'intérêt[64]. JM. Keynes lui-même a également prouvé dans sa « théorie générale » que le mécanisme du taux d'intérêt ne facilite pas l'épargne, c'est-à-dire que l'épargne est "inélastique" par rapport au taux d'intérêt, et qu'il n'y a pas de lien positif significatif entre intérêt et épargne, et donc il considère que l'intérêt est un outil inefficace, voire même trompeur, dans l'allocation des ressources, car il favorise principalement les grands projets et renforce les tendances monopolistiques. Ce sont ces raisons qui ont conduit au déclenchement de la dernière crise en 2008, et qui ont produit de diverses alertes de la part de plusieurs grands économistes tels que l’américain P. Krugman, qui a invité les économistes occidentaux qui n'avaient pas pu prévoir cette crise, à revoir leurs théories et à reconstruire à nouveau la science économique.

- **Une crise du système :**

Le débat aujourd’hui n’est pas sur la réalité de la crise du système capitaliste, mais plutôt sur sa nature. Autrement dit : S'agit-il d'une crise passagère qui peut être surmontée par des mesures différentes, ou plutôt d’une crise structurelle plus profonde du système ?

---

64 http://www.kantakji.com/media/165274/معيار-قياس-الأداء.pdf

Bien que le capitalisme mondial ait connu de nombreuses crises au cours du siècle dernier et ait pu à chaque fois les dépasser et éviter ainsi la chute, comme cela est arrivé au système socialiste, il semble que la crise actuelle à commencer par la crise financière de 2008, puis celle de la dette souveraine et plus récemment la crise bancaire aux États Unis, n'est pas du tout similaire aux crises précédentes. De nombreux observateurs et experts estiment que le compte à rebours du capitalisme a commencé, et que ce qui se passe aujourd'hui va sans aucun doute changer la face du monde, et les États-Unis perdront leur rôle et leur position avec l'accentuation du phénomène de la dé-dollarisation, qui marque la "fin d'une époque" dans laquelle le système financier sera dans les années à venir, complètement différent de ce à quoi nous assistons aujourd'hui.

Le choc financier de 2008 dont les répercussions sont toujours présentes, suivi de la crise de la dette de 2010 puis le phénomène de la faillite des banques américaines 2023, a révélé de nombreuses failles du système capitaliste qui peuvent être appréhendé d'un point de vue économique islamique à travers les principaux facteurs suivants : le monothéisme du marché (selon l'expression du philosophe français Roger Garaudy) qui s'est montré incapable d'organiser et gérer l'économie de manière efficace et équitable , le système du taux d'intérêt et la prévalence du Riba ont conduit de manière exponentielle aux germes de crises financières, y compris la crise des subprimes, la prépondérance du système de vente des dettes et la financiarisation à outrance de l'économie au détriment de l'économie réelle.

Face à cette situation, deux approches divergent : la première porte sur une réforme endogène du système basé sur la capacité du capitalisme à s'autorenouveler comme ce fut précédemment tout au long de son histoire contemporaine ; la seconde une réforme exogène qui consiste à refonder le système et le rebâtir sur de nouveaux paradigmes dans une perspective de recherche d'un nouveau système économique mondial plus équilibré et plus humain comme alternative au néo-libéralisme sauvage.

## 2. La réforme endogène :

Le capitalisme apparaît aujourd'hui, aux yeux des partisans de cette approche, plus capable à perdurer et à surmonter les crises qu'il confronte qu'auparavant, grâce à sa capacité d'autorenouvèlement ininterrompue, contrairement à ce qu'imaginaient ses opposants et détracteurs. En effet, il a pu surmonter au bon moment les contradictions les plus dangereuses de son histoire et répondues avec vitalité aux exigences de chaque époque. Il a pu renouveler ses forces d'actions et réorganiser ses rapports productifs en vue de préserver sa mainmise sur l'économie mondiale.

Cette approche considère que la récente crise financière n'est pas nouvelle pour le système capitaliste, bien qu'elle soit la plus difficile et la plus forte des crises que ce système ait connues depuis la fin de la Seconde Guerre mondiale : la crise du système monétaire international, la crise de l'énergie et des matières premières, la crise de stagflation ou de récession, la crise de la dette, la crise alimentaire et la crise climatique, autant de crises structurelles qui révèlent des réalités profondément contradictoires voire paradoxales de l'évolution complexe de ce système qui se dresse aujourd'hui au bord de deux volcans, selon les termes de l'économiste français Maurice Allais, qui les menacent : la crise du chômage et celle de la dette.

Dans ce sens, on peut dire que le capitalisme entre aujourd'hui dans une nouvelle phase de son histoire, dans laquelle le développement scientifique et technologique a confronté les anciennes structures de production et les relations industrielles imbriquées qui ont maintenu la division internationale du travail dans un état de déséquilibre et crises continues de sorte qu'il n'avait pas encore atteint un état d'équilibre.

Cette approche réformiste se fonde aussi sur le fait que la nature du système capitaliste n'est pas idéologique, et repose sur le principe de la transformation et de l'instabilité. C'est aussi un système qui a la capacité de gérer les crises grâce à une triple force qu'il possède : le savoir, la richesse et le pouvoir politique. Par conséquent la crise actuelle n'a qu'à être dépassée et le système finira par se renouveler et les inquiétudes qui circulent dans les esprits de ses adversaires vont disparaître.

L'histoire du capitalisme confirme cette thèse puisqu'il a réussi à surmonter toutes les crises qu'il a traversées au cours des trois derniers siècles, en faisant de nombreuses concessions, certes sous la pression des mouvements sociaux et syndicaux ou vis-à-vis des pays en développement qui n'étaient que des anciennes colonies qu'il a pu conserver comme sphères d'influence.

Dès lors, selon la même logique, il ne lui est pas impossible - et afin de calmer certaines situations, de faire de nouvelles concessions pour sortir de la nouvelle impasse.

Dans son parcours de réforme interne et d'adaptation aux différentes évolutions, le capitalisme mondial a utilisé de nombreux outils et mécanismes tels que le mécanisme des prix, de l'inflation, de la planification, de l'intervention de l'Etat, du commerce extérieur, ainsi que le mécanisme de la dette. Parallèlement il a pu affronter atrocement le système socialiste, son principal concurrent durant le siècle dernier.

Toutefois, malgré cette capacité d'adaptation notamment avec les nouvelles conditions qui ont émergé à la suite des développements scientifiques et techniques liés à la nouvelle révolution technologique depuis le milieu des années 70 du siècle dernier, le trait saillant qui caractérise toujours le système est la persistance des déséquilibres et de l'instabilité. Son dilemme majeur consiste dans le fait que la croissance de ses capacités productives met de grands obstacles à la pleine utilisation des ressources dont il dispose (tant matérielles qu'humaines). En effet, l'état régulier de l'économie capitaliste est la coexistence avec les crises internes tant qu'il n'y a pas de forces alternatives qui s'y opposent à l'échelle mondiale.

Dans son livre « Buying Time : The deferred Crisis of Democratic Capitalism », le professeur allemand d'économie politique Wolfgang Strick a décrit les crises que le capitalisme a connues ces dernières années comme un processus de « démantèlement du système capitaliste démocratique »[65], soulignant que le capitalisme des sociétés démocratiques développées souffre d'une crise tridimensionnelle qui dure depuis plusieurs années sans aucun horizon de solution, notamment : la crise bancaire, la crise financière et la crise de l'économie réelle. La crise financière actuelle après 2008 a fait passer l'État capitaliste d'un État fiscal à un État endetté et a élevé le niveau d'endettement des pays développés à un niveau tel, que les créanciers de ces pays ne veulent plus compter sur l'idée que ces pays seront en mesure de remplir leurs obligations de paiement.

### 3. La réforme exogène : la notion de l'économie alternative :

Les partisans de cette approche ont une conviction profonde qui ne cesse de se propager considérant que le capitalisme n'est ni la seule ni la meilleure option de gouverner l'économie mondiale, surtout après que ses malheurs se sont propagés, ses crises sont multipliées, et ses échecs à atteindre les objectifs qu'il s'était fixés sont confirmés dans la réalité. Le capitalisme moderne s'est transformé sous l'égide de sa dernière version, le néolibéralisme, en un capitalisme sauvage qui ne peut perdurer qu'en semant des guerres et en investissant dans les conflits, souvent utilisés pour financer ses institutions financières en faillite.

A part les partisans de l'approche de l'économie islamique, plusieurs courants économiques modernes partagent cette analyse, y compris ceux qui se proclament de l'ancienne tendance socialiste qui est

---

[65] Wolfgang Strick : Buying Time : The deferred Crisis of Democratic Capitalism New York : Verso Books, 2014 -192 pages (Gagner du temps : la crise retardée du capitalisme démocratique).

fondamentalement opposée au capitalisme, mais aussi des nouveaux courants en particulier le courant de l'économie humaine, le courant de l'économie alternative qui prône une «économie sociale de marché ». Ces trois courants se croisent dans de nombreux principes et idées communs et considèrent ainsi que le système capitaliste a aujourd'hui besoin d'une sorte d'opération chirurgicale pour éradiquer le nombre de tumeurs qui menacent sa survie et précipitent son effondrement, mais ils diffèrent sur la nature du système économique humanitaire alternatif qui doit le remplacer.

### A- Le courant socialiste :

La perception de ce courant de la crise du capitalisme s'inscrit dans le cadre des prédictions marxistes sur les contradictions du capitalisme qui conduisent inévitablement au socialisme comme seule alternative au capitalisme. La crise financière et économique actuelle a ramené au premier plan le débat intellectuel sur le capitalisme et le socialisme. Elle est plutôt un constat clair de la faillite de l'approche capitaliste, qui n'est plus en mesure de faire face aux grands enjeux et aux crises qu'elle traverse. Ainsi le capitalisme n'est pas la fin de l'histoire, comme l'a préconisé Fukuyama, l'un des théoriciens les plus éminents du capitalisme de l'époque actuelle, mais peut être la fin du capitalisme lui-même.

Après trois décennies de la chute du bloc socialiste, les teneurs de ce courant ont commencé à renouveler leur discours et leurs outils d'analyse en vue de tracer un nouveau visage du socialisme dans une perspective d'une nouvelle forme de socialisme démocratique de marché.

Dans ce contexte, l'expérience chinoise et sa transition de l'ancien système socialiste en un nouveau système connu sous le nom de système « d'économie socialiste de marché » ont constitué un événement historique dans la pensée socialiste. Cette expérience consiste à combiner à la fois, la rigueur du système politique centralisé et l'ouverture économique aux règles du marché capitaliste. Des changements profonds ont été réalisés à travers lesquels un nouveau modèle hybride réunissant les principes communs de l'économie de marché libre avec ceux de l'économie dirigée, se basant principalement sur les éléments suivants :

- Le passage à une économie de marché en adoptant des mécanismes macroéconomiques selon le modèle du capitalisme d'État, en termes d'impôts, de prêts, de devises, en modifiant le système de tarification, en approuvant et en approfondissant la politique de réforme agricole.

- L'émergence du secteur privé et la forte croissance du secteur non gouvernemental aux côtés des entreprises publiques.

- Approbation de la décentralisation de la prise de décision au sein de l'autorité administrative et du marché jouant un rôle majeur dans la planification et l'élaboration des politiques économiques et la réforme du système de tarification selon le système de marché.

- La décentralisation de la gestion des entreprises publiques et la planification du développement, tout en adoptant progressivement des approches de réforme et de progrès global, afin de parvenir à un changement à la lumière de la stabilité et l'approbation sociale.

- L'émergence d'autres formes de propriété, telles que la propriété privée, aux côtés de la propriété publique et de la propriété coopérative, en vue de créer un équilibre économique structurel (propriété publique environ 30 %, propriété collective à 40 %, secteur privé 30 %).

- La réforme radicale des entreprises publiques par la modernisation des équipements de production, des méthodes et des règles de travail et de la gestion pour résoudre les problèmes de la plupart des entreprises défaillantes.

- L'établissement des marchés financiers, de la technologie et de l'information sur une base moderne, avec la préparation d'une couverture législative claire qui définit les politiques financières et les politiques de répartition des salaires sur une base flexible en fonction des compétences et des capacités requises pour chaque emploi.

En d'autres termes, la formule de l'économie de marché socialiste est une formule essentiellement chinoise. Elle se résume dans la transition vers une économie de marché tout en maintenant une planification centrale, en préservant le rôle central de l'État et en procédant étape par étape, dans le processus d'exécution. La politique d'étape par étape est la politique de réforme économique adoptée depuis deux décennies. Les résultats confirment son succès. La Chine ouvre ses portes aux investissements étrangers, mais elle estime que l'ouverture à l'étranger ne constitue pas le seul facteur de la croissance et de la modernisation.

Cette expérience a montré qu'aucun développement ne peut être totalement dépendant de l'extérieur. Mais en même temps aucun développement ne peut être isolé du marché international. L'ingéniosité chinoise réside dans la possibilité de lier l'ouverture et le mouvement des investissements à la stratégie de développement : l'expérience asiatique a reconsidéré le concept de « l'État développementaliste », contournant le romantisme économique dans une vision de marché ou de planification. Par conséquent, cette expérience doit être considérée loin de la romance et sur la base de la libération de toute sorte de « recettes préétablies » dans l'économie.

### B- Le courant de l'économie humaine :

Le deuxième courant est celui de « l'économie humaine », qui a pour but l'humanisation et la moralisation de l'économie en y ajoutant une dimension éthique. La première idée de cette tendance remonte aux années quarante du siècle dernier, lorsqu'un groupe de penseurs, philosophes et économistes français de différentes tendances intellectuelles (un mélange de pensée chrétienne et marxiste) a été lancé, dirigé par « Lebret et Perroux » en 1941 connu sous le nom de « groupe Économie et Humanité » [66] qui appelait à la rupture, avec la vision positive de l'économie politique la rattachant forcément aux sciences abstraites et la séparant des sciences humaines et sociales.

Selon leur avis, la science économique n'est pas simplement la science de l'économie politique, mais plutôt la science de l'économie humaine, sociale, historique et autre. C'est une science qui donne la priorité à l'homme sur la richesse et au travail sur le capital. Le seul objectif à considérer de l'économie est d'améliorer la qualité de la vie humaine, en commençant par les plus pauvres. Par « qualité de vie », on entend la pleine satisfaction des besoins humains et la réalisation des aspirations humaines, non seulement les ambitions et aspirations matérielles, mais aussi celles liées aux dimensions de la dignité humaine, de la paix, de la sécurité, de la liberté, de l'éducation, de la santé, du divertissement, de la qualité de l'environnement, de la garantie des droits des générations futures, etc. [67]

De là, les buts de l'économie humaine, comme mentionné par l'un des théoriciens les plus éminents de ce courant intellectuel, Jacques Généreux[68], consistent dans les points fondamentaux suivants :

- Que l'économie soit au service des hommes et non l'inverse.

---

[66] Économie et humanisme est une association française, d'origine catholique, fondée en 1941 par Louis-Joseph Lebret, qui a développé un concept d'économie humaine. Elle a mené des travaux d'études sur le développement, les politiques et pratiques sociales, l'emploi, la coopération et la solidarité internationale. Elle a également eu une activité de publication, de formation et d'animation de débats. Elle cesse de fonctionner en novembre 2007.

[67] Jacques Généreux : Manifeste pour l'économie humaine، Critique économique n° 5 Printemps 2001.

[68] Source précédente.

- Que le système économique assure les besoins fondamentaux de l'homme.
- Offrir aux gens des conditions décentes pour une vie sociale digne.
- Assurer le progrès humain, non seulement le progrès matériel, mais aussi le progrès moral en développant les capacités et en élargissant les options qui s'offrent.
- Maintenir les droits et garantir l'égalité des chances dans la société en perpétuant la justice et en réduisant les disparités sociales.
- Diffuser l'esprit de solidarité et de coopération entre les nations et les pays et entre les générations précédentes et suivantes.
- Offrir aux gens des opportunités de participation réelle à la prise de décision collective par le biais d'une véritable démocratie non fictive et formelle comme c'est le cas actuellement.

A la lumière de ces principes, le projet de l'économie humaine, tel que le voient ses partisans, ne peut être qu'un projet anticapitaliste, fondé sur des valeurs éthiques et humaines universelles.

Dans les années 90 du siècle dernier, le courant de l'économie humaine a donné lieu à une nouvelle tendance dans la théorie économique qui s'est cristallisée autour du concept de « développement humain », un tel concept qui avait été négligé par les économistes pendant de nombreuses années. Ce concept a été adopté à l'échelle internationale à grande échelle et par les Nations Unies depuis 1990.
Le développement humain est défini comme étant "le processus d'élargissement et de multiplicité des choix. Chaque jour, les gens exercent de multiples choix, dont certains sont économiques, d'autres sociaux, certains politiques et certains culturels. Là où les gens sont au centre des efforts de développement, ces efforts devraient viser à élargir l'éventail des choix pour chaque personne dans tous les domaines.[69]

---

[69] Kaushik Basu, au-delà du Marché. Vers Une Nouvelle Pensée économique, Éditions de L'Atellier/ AFD, traduit par Yves Coleman, préface de Gaël Giraud, 2010

Parmi les objectifs du développement humain, l'amélioration et le développement du bien-être humain et l'ouverture des champs de plus en plus larges pour une vie paisible et heureuse. L'individu dans le développement humain est à la fois le but, l'essence et le moyen. Parmi ses objectifs affichés, la promotion d'une personne capable d'affronter la vie et les changements de manière positive et efficace, aider l'individu à penser de manière positive et créative, avoir un regard non superficiel exprimant une vision plus profonde de la vie, lui permettant de maîtriser les compétences d'une communication avec la société d'une manière convenable, dans laquelle l'individu s'exprime avec tous, et l'aidant à développer ses performances et ses capacités afin de trouver un emploi convenable et exploiter ses énergies et ses talents, de manière positive et efficace.

Au final, les tenants du courant humain affirment que le système capitaliste néolibéral a atteint ses limites et se dirige vers sa fin. Il sévit désormais une phase de rejet global, à l'intérieur et à l'extérieur. Les indicateurs récents confirment de plus en plus ce constat et affirment que le néolibéralisme n'est plus adapté comme système d'avenir. D'autre part, il y a des signes de la naissance d'un système économique alternatif, lié à l'économie humaine, représentée par une triple entité économique, sociale et environnementale intégrée en relation avec l'approche globale du développement humain[70].

**C- Le courant de l'économie sociale et solidaire :**

Les crises du capitalisme mondial ont contribué à l'accentuation des problèmes sociaux, économiques, environnementaux et climatiques de manière grave et tragique, à travers une forte augmentation des taux de chômage, en particulier parmi les groupes de jeunes éduqués, la déstabilisation des petites et moyennes entreprises, l'expansion de l'économie parallèle et de la contrebande, l'augmentation de la pauvreté,

---

[70] Basil Bustani, « L'humanité face au néolibéralisme », Centre d'études sur l'unité arabe - Beyrouth, 2018

de l'exclusion et la marginalisation sociale , et la détérioration des conditions de vie de la classe moyenne.

L'avènement de l'économie sociale et solidaire revient en bonne partie aux crises du capitalisme, en particulier la récente crise financière de 2008, qui a touché à la fois les pays développés et les pays en développement, à travers l'endettement, l'élargissement de la pauvreté et de la marginalisation sociale, la détérioration du niveau de vie des classes moyennes. Les protestations populaires se sont multipliées réclamant un modèle économique alternatif plus juste, une nouvelle approche de développement fondée sur des conditions équitables dans la répartition des richesses et basée sur une culture d'égalité et de citoyenneté.

En ce sens, certaines approches considèrent que l'économie sociale et solidaire est conçue simplement en tant que secteur parmi d'autres qui vise à améliorer les conditions de vie des individus et à renforcer la cohésion sociale.et ne constitue pas une alternative à l'économie de marché dominante dans le monde aujourd'hui, mais elle peut être une économie parallèle capable de libérer les dynamiques de croissance intégrée et de rééquilibrer les sociétés en réduisant le volume des inégalités sociales.

D'autres approches considèrent que l'économie sociale et solidaire est par contre un nouveau mode de développement qui cherche à concilier les objectifs de croissance et de développement économique d'une part, et les principes d'équité et de justice sociale d'autre part, et place l'être humain au centre des préoccupations du processus de développement et au-dessus de toute considération purement économique comme le profit ou l'accumulation.

Dans cette optique, l'économie sociale et solidaire ne se positionne pas comme une antithèse de l'économie capitaliste, mais plutôt comme une nouvelle version de cette économie, mais à dimension sociale. C'est une forme d'économie alternative qui se caractérise par l'indépendance de l'État sur le plan des politiques sociales et publiques[71].

En général, l'économie sociale et solidaire peut être comprise, selon de nombreux économistes, tels que Stiglitz et d'autres, comme faisant partie intégrante de la théorie de l'économie sociale de marché et qu'elle complète les rôles de l'État et du marché. Ce secteur permet également de revoir certains des principes sur lesquels repose l'économie de marché, en considérant la richesse humaine comme une priorité des politiques économiques et sociales et ses priorités dans l'investissement et dans les politiques publiques. Les domaines d'activité de l'économie sociale et solidaire s'étendent à de nombreuses activités qui étaient monopolisées par l'État, tels que les prestations de services et d'équipements de base dans des secteurs divers telles que l'agriculture, l'éducation, l'enseignement, l'autonomisation et l'intégration des femmes dans le circuit économique.

Dans ce contexte, le célèbre économiste Joseph Stiglitz a déclaré dans son intervention lors de la conférence organisée par le « Centre international de recherche et d'information sur l'économie publique, sociale et coopérative » en 2008 que « le modèle du futur est l'existence d'une économie équilibrée, avec un secteur privé performant, un secteur public efficace, et une économie sociale et solidaire croissante ». Ce modèle joue désormais un rôle important au niveau mondial, car il contribue à offrir des opportunités d'emploi à plus de 14 millions de personnes dans les pays de l'Union européenne (6,5% de la main-d'œuvre), et dans certains pays, ce pourcentage atteint 10%, comme la France, la Belgique et les Pays-Bas[72].

Ainsi les institutions de l'économie sociale et solidaire à l'échelle mondiale ont efficacement contribué à la réalisation des Objectifs du

---

[71] Jacqueline lorthios: Economie alternative extrait du "dictionnaire de l'autre économie, "2005https://goo.gl/r1GBm9

[72] https://www.aljazeera.net/encyclopedia/econom

Millénaire pour le Développement fixés par les Nations Unies en 2000, et de développement durable adoptés par les Nations Unies en 2016.

En guise de conclusion sur cette partie concernant les tendances modernes de la pensée économique, la question pertinente qui mérite d'être discernée est la suivante : Dans quelle mesure ces thèses, sont-elles capables de présenter un projet alternatif au capitalisme mondial dans les décennies à venir ?

Dans son éloquent ouvrage « Sortir du capitalisme pour sauver la planète », l'économiste Hervé Kempf, souligne le danger du capitalisme pour l'ensemble de l'humanité à partir de trois types de risques : les risques environnementaux résultant d'une consommation excessive d'énergie et de ressources naturelles, les risques sociaux résultant de la prédominance de la logique du profit, et des risques politiques qui peuvent menacer la démocratie en raison de la recherche du profit aux dépens de tout, et la domination de la logique de rentabilité économique sur l'ensemble des rapports humains. L'auteur distingue à cet égard entre le capitalisme comme étant une doctrine économique avec son arrière-plan intellectuel et son esprit libéral, avec l'économie de marché comme étant un modèle de gestion du système économique selon les spécificités des sociétés. Il considère que l'humanité a besoin de sortir du capitalisme et non pas de l'économie de marché, car l'économie de marché est une notion à partager par toute l'humanité qui peut être compatible avec différentes options de développement. Dans des contextes positifs, cette économie est capable d'employer efficacement les ressources.

## Section 5 : L'économie islamique : une piste alternative au système capitaliste ?

Dans le cadre de la recherche d'un système économique alternatif qui permet de répondre aux contradictions du capitalisme et aux multiples approches qui expriment le besoin de l'humanité d'un nouveau système économique mondial, la thèse de l'économie islamique trouve nécessairement sa place, non pas comme un projet pour les musulmans qui embrassent sa religion, mais encore plus comme un projet universel qui peut servir l'humanité entière ?

Parmi les caractéristiques de cette économie islamique, largement exprimées par les penseurs de cette discipline, est qu'elle est une économie éthique, humaine et universelle. Ce sont trois caractéristiques distinctives de cette économie qui la qualifient de pouvoir contribuer à l'édification du projet économique alternatif mondial.
Cette contribution doit être perçue non pas au sens religieux du terme, car il ne s'agit pas de convertir l'humanité entière à l'islam, mais plutôt au sens civilisationnel large dans lequel il est possible de bénéficier de son système moral, de ses valeurs et même de ses principes législatifs pour pallier à la défaillance immorale du système économique en place dans une démarche qui privilégie le repoussement des méfaits (Mafsada) et la protection des intérêts (Maslaha) des gens.

Les faits historiques confirment le rôle important par lequel la civilisation islamique a contribué dans diverses parties du monde, à l'est et à l'ouest, au nord et au sud, à la réalisation de la renaissance humaine mondiale à la lumière de la coexistence pacifique entre les nations et les civilisations.

### 1. Définition de l'économie islamique :

Nous pouvons distinguer à ce niveau trois approches différentes, qui tournent toutes autour de la conception selon laquelle l'économie islamique est perçue en tant que doctrine, un système ou une science.

L'économie islamique, selon un premier point de vue, n'est rien d'autre qu'une doctrine économique similaire à d'autres doctrines qui ont émergé avec le développement de la pensée économique contemporaine. Par doctrine économique, on entend « la méthode que la société préfère suivre dans sa vie économique et résoudre les problèmes pratiques »[73].

Une seconde approche privilégie la notion de système. L'économie islamique est ainsi « le système qui dirige et régule l'activité économique conformément aux principes de l'islam et ses principes économiques »[74], c'est-à-dire l'ensemble des règles et institutions émanant des principes islamiques (le Coran, la Sunna et la jurisprudence économique) qui s'occupent des transactions économiques au sein de la société. Et il y a ceux qui considèrent que "l'économie islamique est à la fois une doctrine et un système ; une doctrine en termes de principes, et un système en termes d'applications", car "il n'y a qu'une seule doctrine économique dans l'islam, mais il peut y avoir plusieurs systèmes économiques à des époques et à des endroits différents[75].
En ce sens, la doctrine économique islamique est une expression des principes économiques islamiques, qui reste du point de vue charaïque incontestables, valables pour tout moment et lieu, et n'est pas sujette au changement ou amendement, contrairement aux systèmes et applications économiques islamiques, qui peuvent être objet de contestation ou modification, à différents moments et lieux[76].

Une troisième approche définit l'économie islamique comme étant une science qui a pour objet "l'étude du comportement économique humain

---

[73] Muhammad Baqir al-Sadr, Notre économie- Publications Dar al-Ta'rif, Beyrouth, 1987, page 27
[74] Muhammad Shawqi Al-Fangari, Al-Wajeez(l'essentiel) en économie islamique,, Egypt, Dar Al-Shorouk 1ere édition, 1414 AH / 1994 AD, p. 17
[75] Muhammad Shawqi Al-Fangari, La doctrine économique en Islam
[76] http://monzer.kahf.com/books/arabic/al-iqtisad_al-islami_ilman_wa_nizaman.pdf

basée sur les enseignements religieux et l'observation des expériences humaines."[77]. Elle est définie par Omar Chabra, un des penseurs émérites de cette discipline, comme étant "la science qui recherche les meilleurs moyens de gagner, dépenser, distribuer et développer conformément à la charia pour atteindre les intérêts de la nation et augmenter sa force". Ou plus précisément : C'est « cette branche de la connaissance qui aide à atteindre le bien-être humain en allouant et en distribuant des ressources rares conformément aux enseignements islamiques, sans nécessairement conduire à la restriction de la liberté individuelle ou à la création de déséquilibres continus, que ce soit macroéconomiques ou environnementaux »[78]. Selon Rafik Al-Masri, une autre figure de l'économie islamique c'est "une science concernée par la production, la consommation, l'échange et la distribution de la richesse basée sur les objectifs et les enseignements de l'islam"[79].

En effet, ces trois concepts (doctrine, système et science) se rejoignent tous dans le besoin de cerner la nature du mode de fonctionnement, de gestion ou d'analyse dans le but d'avoir un système cohérent de règles générales et de paradigmes destinés à atteindre un certain nombre d'objectifs économiques majeurs. Ainsi la notion de doctrine conduit à se concentrer sur la méthode et la démarche que la société envisage pour gérer ses affaires économiques et orienter sa politique de développement. La notion de système est basée sur un ensemble de règles, d'institutions et de législations, qui nécessitent par défaut la définition d'une démarche et d'un mode de mise en place. Tandis que la dimension scientifique ne peut être atteinte qu'en fixant une méthodologie d'analyse et de théorisation.

---

[77] Abdul Rahman Yousri, L'économie islamique entre la méthodologie de recherche et la possibilité d'application, Banque islamique de développement, Institut islamique de recherche et de formation, Jeddah, 1419 AH (1998), p. 36.
[78] Muhammad Omar Shabra, qu'est-ce que l'économie islamique, Institut islamique de recherche et de formation, BID- Djeddah, 1996
[79] Rafik Al-Masry, Recherche en économie islamique, Dar Al-Maktabi, 2001.

Toutefois, quelle que soit la définition retenue, le concept d'économie islamique reste plus large. En effet, il englobe à la fois les trois dimensions en même temps : la doctrine, car il en a une, qui constitue sa référence intellectuelle qui émane des sources jurisprudentielles : le Coran, la Sunna ainsi que le fiqh qui provient de l'Ijtihad. Il contient également le système à travers le corpus de règles et de principes coordonnés selon lesquelles fonctionne l'activité économique. Il contient aussi la notion de science dans le sens d'instruments et outils d'analyse et d'explication des phénomènes économiques.

Dans cette optique, nous pouvons déduire que la définition la plus adéquate qui réunit ces différentes approches interdépendantes sera la suivante : « l'économie islamique est un mode de fonctionnement de la vie économique selon les prescriptions islamiques ». Un mode de vie économique consiste à la façon de vivre d'un individu ou d'un groupe de personnes qui se définit par certaines caractéristiques économiques, sociales, ou culturelles : habitudes, désirs, nécessités, attitudes. En effet ce concept de « mode de fonctionnement » ou « mode de vie » (en arabe Manhaj) incarne les trois dimensions mentionnées. La notion de mode ou Manhaj est nécessairement liée à une référence intellectuelle qui détermine les objectifs de la société. Elle est aussi forcément liée à la nature du système économique en vigueur dont découle le mode d'organisation de l'activité économique d'un pays, qui rend possible et détermine l'utilisation des ressources. Elle est finalement reliée à une démarche scientifique qui lui procure les outils d'analyse et de discernement des comportements des agents économiques.

En ce sens, l'économie islamique devient une approche distincte de la production, du développement et de la distribution des richesses conformément aux enseignements de l'islam et à ses nobles objectifs, une approche de l'établissement d'institutions, de la promulgation de lois, de l'élaboration de politiques économiques, c'est-à-dire une approche intégrée du système économique dans la société, une approche pour comprendre et analyser les phénomènes et événements économiques, diagnostiquer le problème économique et déterminer les moyens de l'aborder et d'y répondre.

L'économiste allemand Volker Nienhaus estime que l'économie islamique peut contribuer à revitaliser la branche normative de l'économie, et ainsi contribuer à la réconciliation entre l'approche positiviste et l'approche normative de l'économie politique. Cependant, l'économie islamique ne peut y parvenir que si elle se forge une identité propre qui la distingue des autres, ouvre de nouveaux horizons de recherche et suscite le renouvellement du rôle des normes et des valeurs dans les comportements individuels et la politique économique[80].

La définition proposée, qui s'appuie sur le concept de mode ou « Manhaj », fait sortir la réflexion dans le domaine de l'économie islamique du cercle du débat théorique entre doctrine, système et science, et met fin à cette dichotomie qui a trop duré sur la nature de l'économie islamique, et pousse la recherche vers le progrès dans le sens de l'achèvement du projet économique islamique et de la construction de sa théorie économique et de son approche de développement souhaitée. Là où la réflexion permettra la multiplicité des approches, la diversité des références, et la formation d'idées et de doctrines économiques sur des bases différentes qui tiennent compte des spécificités de temps et de lieux, car construire une théorie économique, un système économique islamique ou une science économique dans une perspective islamique est quelque chose qui n'a pas encore été accompli, mais reste toujours réalisable et achevable[81].

**2. Spécificités de l'économie islamique :**

Parmi les spécificités de l'économie islamique ainsi définie en tant que mode de fonctionnement de la vie économique conforme aux prescriptions islamiques :

---

[80] Volker Nienhaus, professeur d'économie à l'Université de Marburg, Allemagne Il s'intéresse à l'étude de l'économie et de la finance islamiques et a de nombreux écrits dans ce domaine. Magazine musulman contemporain, n ° 69, (1994),

[81] Abd al-Rahman Yusri, Économie islamique entre méthodologie de recherche et applicabilité, (publications de l'Institut islamique pour la recherche et de formation) BID- Djeddah.

- La distinction entre les fins et les moyens : En effet, dans la conception islamique, la fin ne justifie guère les moyens, contrairement à l'économie positiviste utilitariste, fondée sur la notion de profit, qui, pour l'atteindre et l'optimiser, l'utilisation de tous les moyens est légitime. Dans l'économie islamique, la maximisation du profit ou de l'utilité est limitée par un ensemble de règles et de prescriptions liées à la fois à la charia et à la morale. La liberté économique n'est donc pas une liberté démesurée (laissez faire, laissez passer) sous laquelle « l'homme économique » décide de ce qu'il veut, tant que la « main invisible » travaille à concilier et à harmoniser automatiquement l'intérêt personnel des individus et l'intérêt général de la société. Au contraire, la liberté en économie islamique est une liberté socialement responsable, disciplinée par les règles du « Halal » (le permis) et du « haram » (l'interdit) et orientée par l'éthique et la bonne morale, qui est l'essence du message islamique.

- Le fondement éthique est une base fondamentale de l'économie islamique, et sans cette base, aucun développement ne peut être atteint, et aucun progrès ou justice sociale ne peut être obtenu. En effet, les besoins sont déterminés comme étant le moteur du cycle économique et le point de départ de l'initiative et de la promotion de projets. Ce sont des besoins confinés aux finalités suprêmes de la charia dont l'individu et la société ont besoin en termes de besoins de première nécessité (Dharouryat), de besoins de nécessité secondaire (Hajjyat), et de besoins non nécessaires, mais qui ont pour but de rendre la vie agréable (Tahsinyat), loin de toute sorte d'extravagance, de gaspillage ou de corruption. La production et la consommation ne s'écartent pas de ce cercle, ce qui lui permet de répondre à tous les besoins bénéfiques des individus et des sociétés, sur la base de la règle juridique fondamentale « A l'origine tout est permis sauf ce qui est interdit par la charia ».

- Une économie mixte dans laquelle les formes de propriété privée et publique coexistent : C'est une réalité que la pensée économique moderne n'a réalisée que récemment après avoir essayé tous les méthodes, options et systèmes qui glorifient parfois la propriété privée

(le système capitaliste) et parfois la propriété publique (le système socialiste). Le monde oscille toujours entre nationalisation et privatisation, entre s'appuyer sur le secteur privé pour diriger l'économie, en réduisant le rôle de l'État (zéro État) ce que prône le néo-libéralisme du « Consensus de Washington » et entre parier sur le secteur public et l'hégémonie de l'État (100 % Etat) comme c'était le cas avec les régimes socialistes déchus.
Cependant, l'approche islamique, sur laquelle s'est fondée une civilisation qui s'est étendue sur plusieurs siècles et qui a été appliquée dans de nombreuses parties du monde, y compris l'Occident européen, s'est fondée dès le départ sur la trilogie du marché, de l'État et de la société qui combine diverses formes de propriété : propriété privée, propriété publique et propriété de l'État. Autrement dit, la coexistence de 3 secteurs : privé, public et sociétal (secteur social et solidaire). Ce modèle peut être assimilé aujourd'hui, au système « d'économie sociale de marché », qui tente de remédier aux failles du capitalisme farouche et du socialisme despotique. Ce troisième secteur social a joué un rôle de premier plan tout au long de l'histoire de la civilisation musulmane au cours des siècles derniers. Il a été considéré comme le premier secteur au niveau de l'importance qu'il occupe dans le système économique.

Une économie qui affirme la fonction sociale de la propriété privée selon laquelle il n'y a pas de thésaurisation de l'argent, pas de confiscation de terres, pas de monopole sur les produits, pas de mainmise sur les ressources, « Ni dommage ni peine »[82] et « Vous ne léserez personne, et vous ne serez point lésés » (Coran :2-279). En effet, il s'agit là d'une spécificité particulière de l'économie islamique qui, même si le marché et la propriété privée étaient autorisés à jouer un rôle important dans l'activité économique en vue de la création de la richesse, cependant, il a souligné l'importance de la fonction sociale de cette propriété privée et le rôle du marché et de ses lois économiques, et en combinant dans l'harmonie, la cohérence et la complémentarité,

[82] Une règle fiqhique réputée

entre les activités lucratives et non lucratives, monétaires et non monétaires. Ainsi il a interdit la thésaurisation de l'argent, la monopolisation des marchandises et a lié le secteur financier avec l'économie réelle afin qu'ils mènent tous à des moyens légitimes de s'enrichir, de réaliser le développement sans injustice, oppression, corruption ou hégémonie. Certes, c'est une équation délicate que personne n'est en mesure de décortiquer et de concilier ses composantes, sauf à travers une guidance divine. C'est justement cette guidance qui a interdit l'injustice, la transgression et l'agression, a ordonné la justice et l'équité, et a exhorté la grâce et la bienfaisance. « Certes Allah commande l'équité (la justice) et la bienfaisance et l'assistance aux proches. Il vous interdit la turpitude (fahshaa), le blâmable (ce qui a été interdit par Allah) et la rébellion ou l'agression (Al bagu'e ). Il est ainsi espéré qu'il vous donne des conseils afin que vous réfléchissiez » (Coran : 16/90).

- Une économie juste et équitable dans laquelle coexistent différentes formes et droits juridiques qui tiennent compte de deux considérations majeures : le développement et la justice. En effet, ni le système socialiste fondé sur le collectivisme ne peut être qualifié d'économie équitable malgré sa dimension sociale, ni le système capitaliste fondé sur l'individualisme prétend réaliser la justice sociale malgré les acquis qu'il a enregistrés en matière d'accumulation de richesse. Les deux systèmes sont moralement « injustes » au sens islamique : le premier opprime les riches et les prive du droit au revenu de la propriété privée, et le second opprime les pauvres et les prive du droit de vivre et d'une vie décente digne d'un être humain. D'où les nombreux appels et réclamations pour un système économique alternatif plus humain et moins oppressant, c'est-à-dire une économie mondiale juste qui prend en compte les pauvres sans opprimer les riches.

Sans doute, une économie basée sur l'exploitation produit une civilisation coloniale, et une économie basée sur la justice conduit à une civilisation juste qui réalise la croissance et le développement, sans enfreindre les droits d'autrui et sans exploiter la partie la plus faible dans le processus économique ni la partie la plus faible dans les relations internationales. Cette économie basée sur la valeur de justice qui réalise l'équité dans les relations marchandes, comme elle réalise la justice dans la relation entre le capital et le travail. L'État est le régulateur de cette économie, qui repose sur le déchaînement de la liberté de l'activité économique, mais selon des règles qui préservent le droit de toutes les parties en question.

Une économie juste repose avant tout sur la protection du droit commun, celui de la société et de la nation. Elle les protège de toute exploitation ou de toute situation de monopole qui leur porte préjudice. Ainsi, la partie la plus faible dans le processus économique est protégée, ainsi que les droits de la nation et son droit de réaliser le développement et la croissance économiques. On entend par là, la justice dans l'offre de possibilités d'acquérir et de produire de la richesse, de la distribuer aux membres de la société d'une manière la plus équitable. Dans ce cas, c'est le degré de satisfaction à l'égard du processus de distribution et de ses résultats qui détermine le degré de justice inclus dans toute expérience à travers l'histoire humaine. Par le biais de ces paramètres, une comparaison est possible entre les différentes expériences à travers l'histoire pour découvrir le niveau de justice de chacune d'elles. Le degré de satisfaction sociale peut être connu par le niveau des œuvres non caritatives et les dépenses volontaires entre les individus et les groupes.

### 3. Les fondements scientifiques de l'économie islamique :

Si l'on choisit les mêmes normes scientifiques sur lesquelles se fonde l'économie contemporaine, qui sont liées aux mécanismes et aux outils sur lesquels elle s'appuie pour atteindre les objectifs majeurs qui se reflètent dans le bien-être économique des individus et des sociétés, à savoir : la norme d'efficience, la norme d'efficacité et la norme de justice, nous pouvons déterminer comment l'économie islamique répond à ces questions fondamentales, à savoir :

- La question de l'efficience : qui consiste en un bon diagnostic du problème économique et une allocation optimale des ressources.
- La question de l'efficacité : qui consiste à fixer la meilleure démarche pour atteindre les objectifs économiques de la société : la croissance, l'équilibre et la stabilité.
- La question de la justice : qui consiste à conduire un processus de répartition équitable des revenus et des richesses et les mécanismes qui garantissent la bonne redistribution.

### A. Le problème de l'efficience :

Il comporte deux volets interdépendants :
- l'efficience de la démarche adoptée dans le processus de diagnostic et de traitement du problème économique : Bien qu'il existe de nombreuses approches islamiques à travers ce que les auteurs et chercheurs en économie islamique ont mis en avant sur cette question, ils s'accordent à dire que le problème économique dans la perspective islamique n'est pas un impératif environnemental lié à la question de rareté, c'est-à-dire la rareté des ressources face à la multiplication des besoins humains telle que prévoit le capitalisme, ni un impératif historique comme l'affirme le marxisme. Il s'agit plutôt d'un problème de gouvernance lié au comportement humain et à sa relation avec l'univers et la nature que le Créateur (SWT) lui a soumis. Ce problème est régi par la loi de l'abondance et non par la loi de la rareté, telle que l'affirme le Coran : « La corruption est apparue sur la terre et dans la mer à cause de ce que les gens ont accompli de leur propre main ; afin que [Allah] leur fasse goûter une partie de ce qu'ils ont œuvré ; peut-être reviendront-ils (vers Allah) » (Coran : »30/41).

Le comportement économique irrationnel et la corruption de l'homme sur terre et sa mauvaise utilisation des richesses que comprend l'univers sont tous la cause essentielle du problème économique, et non le problème de la rareté qui n'est qu'une conséquence et non une cause. Ainsi, la pensée économique islamique ne considère pas le problème économique du côté de l'offre (rareté des ressources), mais du côté de la demande (exploitation de la richesse). C'est une approche complètement différente de celle de la pensée économique positiviste.

- Efficience allocative : qui signifie l'allocation optimale des ressources qui atteint l'efficacité productive en termes de génération de richesse et d'obtention de la plus grande production possible des biens et services : l'économie islamique est basée sur un système législatif et de valeurs qui conduit à un équilibre entre les objectifs matériels de l'homme et ses attentes spirituelles ; entre les besoins de l'individu et ceux de la société ; entre les deux formes de propriété privée et publique ; entre les mécanismes du marché et le rôle de l'Etat. Dans le cadre de ce système, l'allocation optimale des ressources repose sur le principe du partage des profits et des pertes, c'est-à-dire un partage des risques basé sur la règle fondamentale « Al Ghounmou Bil Ghourmi » qui signifie que le gain va de pair avec le risque et que nul profit sans prise de risque, autrement dit partage de risque, contrairement au système capitaliste qui repose sur le principe du transfert des risques par le biais du financement sur la base du taux d'intérêt.

### B. Le problème de l'efficacité :

Il porte sur la capacité à atteindre chacun des principaux objectifs économiques qui sont la croissance, l'équilibre et la stabilité économique :

- La croissance économique : qui signifie l'augmentation réelle et durable du revenu par habitant par le travail, en protégeant la propriété privée, en stimulant la croissance et en s'appuyant sur l'économie réelle pour générer de la richesse. Dans ce sens, l'islam a mis en valeur le capital humain, a interdit l'oisiveté et le chômage volontaire. Il a également appelé à l'exploitation des ressources naturelles à travers les dispositions du travail agricole, industriel et commercial. Il a également appelé à l'investissement des ressources financières, a condamné la thésaurisation, l'intérêt (Riba) et la spéculation (Maisar) et a encouragé les partenariats dans l'investissement et les diverses formes de financement. Et en raison de l'interdépendance de la croissance, l'investissement et la finance, l'Islam recommande le financement à travers le processus achat-vente et interdit le financement par le crédit à intérêt. Pour cela il distingue entre la vente et le prêt à intérêt dans le but d'obtenir la justice dans l'échange (Dieu a permis la vente et interdit le Riba (l'intérêt) (Coran 2 : 274). Le premier permet la création de la richesse, renforce l'économie réelle et conduit à la croissance, tandis que le second c'est-à-dire le financement par le crédit, il conduit à l'accumulation de la dette et la réduction de la richesse réelle. Pour cette raison, l'économie islamique considère que pour réduire la dette il faut passer au financement par l'achat-vente ou la participation (Moucharaka) et considère que le taux de profit (ou taux de rendement) peut être une alternative au taux d'intérêt. Il s'agit là d'un nouveau mécanisme d'allocation des ressources, que ce soit par le biais de contrats commerciaux (ventes) ou de location (Ijara) ou des partenariats (Moucharaka, Moudharaba etc…). Ainsi, l'économie réelle est financée du point de vue islamique sur la base du partage des risques et de la responsabilité de manière égale et équitable au lieu de prêter à intérêt, selon une logique des échanges à somme nulle dans lesquels une partie gagne aux dépens de l'autre, quel que soit le résultat de l'activité et du projet.

Cette approche équitable de financement a été confirmée par de nombreux économistes contemporains au sein du système capitaliste lui-même. En effet, les recherches menées par l'économiste « Minsky » ont montré que l'autofinancement de chaque projet de son fonds de roulement et la planification rationnelle de l'investissement de ses bénéfices non distribués produisent un système financier solide, tandis que le recours au financement par la dette (avec intérêt) expose le système à l'instabilité et le déséquilibre[83].

[83] Voir : Abdul Hamid Al-Ghazali : Bénéfices et intérêts bancaires entre analyse économique et prescriptions de la charia », Institut islamique de recherche et de formation, Banque islamique de développement, Djeddah, 1ère édition, 1994, p. 17

Les économistes « Miller » et « Tervi » ont pu démontrer que le taux d'intérêt n'était pas adapté aux décisions d'investissement. En conséquence, il doit être remplacé par le cout des actifs réels existants, ou le niveau général des cours boursiers. Les travaux de « Friedman » considéraient aussi que le comportement imprudent de l'économie américaine était dû à la volatilité du taux d'intérêt, ce qui rendait difficile la prise de décisions d'investissement à long terme ou une bonne planification des affaires[84].

L'économiste britannique Keynes, à son tour, a montré que le taux d'intérêt entrave la croissance économique parce qu'il entrave le mouvement des fonds vers l'investissement en toute liberté. Si cet obstacle peut être supprimé, le capital se déplacera et se développera rapidement. Il a constaté que les dépenses augmentent tant que le taux d'intérêt augmente et diminuent tant qu'il diminue, et parallèlement, les bénéfices diminuent tant que le taux d'intérêt augmente et augmentent tant que le taux d'intérêt diminue. Il déduit de là que, l'augmentation du taux d'intérêt entraîne une diminution du bénéfice net, et cela conduit à son tour à une contraction du volume des investissements, à l'arrêt de la formation de capital, à une baisse du revenu national, et à la baisse du pouvoir d'achat, et vice versa, et à partir de là, il est clair qu'il est dans l'intérêt de l'économie d'éliminer complètement le taux d'intérêt [85].

Ainsi, la pensée économique scientifique réaffirme que le profit (et le rendement en général) est le critère optimal d'allocation des ressources, et c'est le mécanisme qui égalise la demande (pour ces ressources) avec l'offre et réalise l'équilibre. Plus le profit attendu est élevé, plus que le profit réellement réalisé dans le projet, plus l'offre de fonds

---

[84] Samer Mazhar Qantaqji, « Quel est le plus approprié en matière d'investissement, le critère du profit ou le critère de l'intérêt ? » Jurisprudence des transactions Series, Part 1, Al-Resala Foundation Publishers, Beyrouth, 1ère édition, 2004, pp. 29-32.

[85] L'investissement est une fonction décroissante du taux d'intérêt, autrement dit : Plus le taux d'intérêt (et donc le coût financier pour l'entreprise) est haut, et moins l'investissement global est élevé, et donc aussi le produit national est bas. voir : Keynes, Théorie générale de l'emploi de l'intérêt et de la monnaie, chapitre IV- Payot, 1998

investissables pour le projet proposé est importante, et il a été effectivement mis en œuvre, et vice versa. Le détenteur du capital n'investit pas spontanément lorsque l'intérêt est plus élevé, mais plutôt là où le profit est plus grand. Ainsi le profit est une sorte de protection pour le capital quand il assure l'utilisation efficace des ressources financières disponibles dans toutes les activités productives, ce qui demande plus de précaution et d'efficacité dans l'utilisation du capital et l'évaluation des projets, et c'est la bonne approche que prône la thèse de l'économie islamique.

- L'équilibre économique :

Des études récentes traitant des questions liées à l'économie islamique ont démontré que l'abolition de l'intérêt dans le système économique éliminerait toute récompense pour l'épargne, et décourage la thésaurisation de l'argent et la monopolisation des marchandises. Parallèlement, l'imposition de la zakat pénalise l'épargne non investie ; en ce sens que séparer l'épargne du processus d'investissement est condamnable pour l'économie islamique, car c'est une économie basée sur l'investissement. Alors que l'investisseur trouve un équilibre entre les opportunités d'investissement les plus liquides et les plus sûres ; ce qui rend le marché monétaire lié au marché de l'investissement d'une manière simple et lié aux facteurs de la production.

Dans une étude économétrique sur l'équilibre général et les politiques macroéconomiques dans l'économie islamique, Mokhtar Metwalli (1981)[86] a conclu que l'imposition de la zakat augmente la propension marginale et la propension moyenne à consommer que ce soit dans le cas d'une fonction de consommation linéaire ou non linéaire. La prohibition de l'intérêt stimule l'investissement même si le taux de profit attendu est nul. En conséquence, il est possible de fournir une plus grande quantité d'investissements dans l'économie islamique qui

[86] Mukhtar Muhammed Metwally, Équilibre général et politiques macroéconomiques dans une économie islamique, Journal of Islamic Economics Research, n° 2, volume 2, 1985

aide à combler l'écart entre les dépenses de consommation et les revenus nécessaires pour obtenir un emploi, sans ignorer l'effet de l'interdiction du Maysar (Pari) et des jeux de hasard sur l'équilibre et la stabilité du taux de profit.

Dans une autre étude, Moussa Adam Issa (2011)[87], a démontré que l'option offerte au propriétaire d'argent liquide dans l'islam, à la lumière de l'interdiction de l'intérêt et des produits similaires, est nécessairement l'orientation vers la participation à l'investissement. Par conséquent, la retenue d'argent est considérée comme inutile, et l'imposition de la zakat sur l'épargne thésaurisée constitue la meilleure option pour les actifs liquides, soit l'investissement.

- La stabilité économique :
Elle a pour but d'éviter les fortes fluctuations des prix des produits, des taux de change et des prix à l'exportation, ainsi que les fluctuations des niveaux de l'emploi, c'est-à-dire instaurer l'équilibre économique au niveau des différents agrégats macroéconomiques. L'économie islamique dispose de plusieurs outils qui contribuent à atteindre cet objectif, notamment l'interdiction de la thésaurisation, qui est considérée en soi comme un outil autostabilisateur qui distingue l'économie islamique de l'économie conventionnelle, mais aussi le contrôle de l'émission monétaire, qui est l'essence de la politique monétaire et l'un des facteurs du phénomène de l'inflation. Ibn Taymiyyah disait : « Le gouverneur (l'Etat) devrait émettre de la monnaie qui vaut sa juste valeur, sans injustice envers eux (les citoyens), et ne devrait pas commercer avec de la monnaie. L'émission de monnaie est l'une des fonctions de l'État qui ne devrait pas être laissé aux individus à cause des nombreuses corruptions qui en résultent »[88].

---

[87] Issa, Musa Adam : Les effets des changements dans la valeur de la monnaie et comment le traiter dans une économie islamique, Série de thèses Salih Kamel en économie islamique, K. 1/1993.

[88] Ministère des Awqaf et des affaires islamiques : Encyclopédie koweïtienne du Fiqh, édition That Al-Salasil, 1990, volume 20, page 250.

L'imam Ahmad confirme aussi le même sens : « Il n'est pas approprié (à quiconque) de frapper des dirhams sauf dans la maison de frappe avec la permission du Sultan, parce que si les gens sont autorisés à le faire, ils confronteront d'énormes calamités ». Le processus d'émission de monnaie dans l'économie islamique est limité par les besoins de l'activité économique et les transactions monétaires nécessaires.[89].

Ainsi, la création de monnaie doit être strictement confiée à l'État afin d'éviter la survenance des mauvais effets de son expansion. Et tout comme la législation islamique interdit la thésaurisation de l'argent, elle interdit également la monopolisation des marchandises. Ainsi tout ce qui restreint et cause du tort aux gens dans leurs besoins est considéré comme un monopole prohibé. Le rôle de l'Etat dans ce domaine est fondamental surtout en matière de directives législatives et de supervision de l'activité économique en termes de respect des règles de la charia et la mise en place de politiques économiques qui assurent ces objectifs.

### C. Le problème de la justice :

Il s'agit là de préciser la manière d'atteindre une répartition équitable des richesses, à travers la répartition primaire des richesses naturelles avant le début du processus de la production (en fixant le mode de propriété), puis la répartition secondaire (postproduction), ainsi que la phase de la redistribution afin de réduire les inégalités sociales.

- La répartition primaire : les droits de propriété :

L'économie islamique autorise aux individus de posséder des ressources naturelles privées, en termes de capitaux, de brevets, droit d'investir, de vendre et d'acheter. Ce droit de propriété peut être lié au travail ou à l'acquisition par l'Etat pour un besoin social ou économique qu'il juge opportun. Ainsi coexistent 3 formes distinctes de propriété : la propriété privée, la propriété publique et la propriété de l'Etat. Cela

---

[89] Source précédente.

se traduit dans la pratique par la coexistence de trois secteurs d'activité économique : le secteur privé, le secteur public et le secteur social qui est le tiers secteur. A travers la synergie entre ces trois secteurs principaux, la diversité des formes de propriété se concrétise à travers le partenariat public-privé (PPP), ou privé social (PPS) ou aussi privé public social (PPPS). La différence entre les deux conceptions est très significative dans le sens où la diversité des formes de propriété islamique est la règle générale qui régit le système économique et non pas une simple règle avec quelques exceptions comme il est le cas dans la conception conventionnelle. Cette diversité des formes de propriété empêche toute sorte de monopoles individuels et toute exploitation parasitaire des ressources de la société.

- La répartition secondaire : La rémunération des facteurs de production :

Dans la conception islamique, seulement deux facteurs de production sont à considérer : le travail et le capital. Le travail peut avoir diverses formes et se manifester sous divers cadres contractuels, tels que le travail salarié (Ijara), le travail d'agence ou de gestion (Wakala), le travail à risque (Moudharaba, Jouala), le travail participatif (Moucharaka), le travail agricole (Mouzaraa, Mougharasa, Mousaqat). Tandis que le capital comprend le capital monétaire (en numéraire) et le capital en nature (actifs).

La rémunération des deux facteurs de la production, travail et capital, est basée sur la règle de base « le gain va de pair avec le risque (Al Ghounmou Bil Ghourmi) » qui veut dire que nul profit sans prise de risque, c'est-à-dire le partage des risques et la prise en compte des charges en proportion entre l'effort fourni d'une part et le degré de risque d'autre part. Le travail reçoit de multiples formes de rémunération selon le contrat conclu dans le cadre de l'activité ou du projet, tel que le salaire du travail salarié, une rémunération d'agence (Wakil), le profit du Moudhareb ou du Moucharek, et autres. D'autre part le capital reçoit un rendement conformément au contrat régissant l'activité, tel que le bénéfice de la participation (Moucharaka ou

Moudharaba), et supporte la perte si elle se produit, que ce soit en monnaie ou en nature (le travail en cas de Moudharaba, par exemple). Une récompense monétaire prédéterminée et garantie n'est pas autorisée. Elle est reconnue comme une récompense illicite qui n'est pas liée au résultat de l'activité et qui va à l'encontre de la justice et du partage des risques.

- La redistribution en économie islamique :

Afin de corriger toute défaillance résultant de la répartition primaire et secondaire (avant et après production) et pour que la richesse ne soit pas concentrée entre les mains des riches et accaparée par les plus forts , et que les pauvres et les nécessiteux en soient privés, l'islam a mis en place un certain nombre d'outils et de mécanismes qui contribuent directement et efficacement au processus de redistribution, y compris le rôle important que joue la propriété privée dans la correction des déséquilibres de distribution par le biais de la Zakat, du Waqf, du système de dépenses envers les parents (Nafaqat), des dotations, du prêt sans intérêt (Qardh Hasan), de la Sadaqa jâriya (donation courante), des testaments, du système d'héritage, des actes de vœux et des expiations et autres moyens facultatifs de redistribution.

Parmi ces mécanismes se trouve le rôle de la propriété publique dans la redistribution, comme l'impôt sur les terres de propriété publique (Al — Kharaj), l'utilisation et l'exploitation gratuite des services publics, ce qui est considéré comme un revenu pour les pauvres et les nécessiteux. Également la responsabilité de l'Etat de super visionner le secteur des services, et d'assurer le droit des pauvres et des nécessiteux d'en bénéficier gratuitement, comme la santé, l'éducation, etc., ce qui entraîne des dépenses importantes. Umar ibn al -Khattab disait : « Il n'y a personne parmi les musulmans qui n'aient pas droit à cet argent, que je le donne ou que je le retiens. »[90] De même, il a dit : « Quiconque veut

[90] Rapporté par l'Imam Ahmad 242.

demander à propos de cet argent, qu'il vient à moi, car Dieu (swt), a fait de moi un connaisseur pour le partager »[91].

De plus, l'économie islamique insiste sur la mise en place d'un système particulier de sécurité sociale appelé le « seuil de suffisance (Had Al-Kifaya) » - qui diffère du seuil de subsistance (Had Al-Kafaf) - dans le système conventionnel. Ce seuil de suffisance est fixé pour chaque individu dans la société, indépendamment de sa religion ou de son statut. Cela ne signifie pas la capacité de répondre uniquement aux besoins nécessaires, mais plutôt de répondre à tout ce que la vie humaine exige pour avoir une vie décente et un bien-être modéré, en répondant aux exigences et aux besoins nécessaires d'une personne, jusqu'à ce qu'elle atteigne le niveau de richesse approprié et passe du cercle de la pauvreté au cercle de la richesse et devient ainsi capable de payer la zakat comme les autres[92].

En guise de première conclusion, il ressort que l'économie islamique, en tant que mode de gestion et de fonctionnement de la vie économique conformément aux enseignements de l'islam et à ses finalités suprêmes, repose sur des fondements scientifiques au sens positiviste du terme à travers la réponse qu'il apporte aux trois questions posées par la science économique contemporaine, qui sont liées à l'efficience, l'efficacité et la justice. Nous avons évoqué les outils pratiques et les mécanismes adoptés par l'islam pour atteindre ces trois objectifs. Ce sont des mécanismes capables de faire de l'économie islamique un projet capable de satisfaire les aspirations recherchées par toute l'humanité, telles que la responsabilité humaine, sociale et environnementale ; et contribuer ainsi à apaiser le clivage entre économie et religion, entre ce qui est et ce qui devrait être, et que l'économie soit guidée par la religion, et non la religion guidée par l'économie.

---

[91] Rapporté par AL-TABARANI 2783.

[92] Rafiq Younis Al-Masry, Le miracle économique du Coran et de la Sunna dans l'interdiction de l'usure, Centre de recherche sur l'économie islamique, Université du roi Abdul Aziz, Djeddah, 1426 AH.

### 4. Les principes de l'économie islamique :

Dans une conception plus large, l'économie islamique repose sur cinq principes fondamentaux[93] : la propriété double (ou multiforme), la liberté économique encadrée, le juste milieu ou l'équilibre, la justice et la solidarité sociale (Takaful). La réalisation de ces principes généraux repose sur deux piliers fondamentaux interdépendants : l'imposition de la Zakat et l'interdiction de l'intérêt (Riba).

#### A. La propriété double :

La conception islamique de la propriété se distingue de celle de l'économie conventionnelle, que ce soit capitaliste ou socialiste, par son caractère multiforme. Cette conception rejette la forme unique qu'adopte l'économie conventionnelle (propriété privée dans le système capitaliste ou propriété publique dans le système socialiste) et insiste sur une logique de diversité des formes qui se base sur la coexistence de la propriété privée, la propriété publique et la propriété de l'Etat. Comme il a été exposé auparavant, cela se traduit dans la pratique par la coexistence de trois secteurs d'activité économique : le secteur privé, le secteur public et le secteur social qui est le tiers secteur par le biais de l'économie sociale et solidaire.

A travers la synergie entre ces trois secteurs principaux, la diversité des formes de propriété se concrétise à travers le partenariat public-privé (PPP), ou privé social (PPS) ou aussi privé public social (PPPS). La différence entre les deux conceptions est très significative dans le sens où la diversité des formes de propriété islamique est la règle générale qui régit le système économique et non pas une simple règle avec des exceptions comme il est le cas dans la conception conventionnelle.

---

93 Il existe de nombreuses approches dans la littérature économique islamique contemporaine sur les principes de base sur lesquels elle se base. Il y a ceux qui la divisent en principes liés au crédo (Aquida), à l'éthique et à la législation (jurisprudence), et il y a ceux qui la considèrent comme limitée à trois principes : la double propriété, la liberté restreinte et la justice sociale. Il y a aussi ceux qui ajoutent à tout cela les principes d'équilibre et de solidarité sociale. Sur la base de toutes ces jurisprudences, les cinq principes susmentionnés qui combinent toutes ces approches peuvent être adoptés.

### B. Le principe de la liberté économique encadrée :

En effet il ne s'agit pas d'une liberté absolue, incontrôlable et irresponsable telle que le cas de la liberté dans le libéralisme ou le capitalisme, ni d'une liberté confisquée telle que le cas de la pensée socialiste, mais plutôt une liberté responsable agissant dans un cadre limité et régi par le système de valeurs morales et éthiques inspirées de la charia islamique. Cette limitation est de deux sortes : une sorte d'autolimitation qui émane des profondeurs de la personne et qui puise son crédit dans le contenu spirituel et intellectuel de la personnalité islamique d'une part, et une limitation objective qui exprime une force extérieure délimitant et réglementant la conduite sociale.

L'autolimitation manifestée n'est pas en vérité un manque de liberté, mais une opération de volonté individuelle d'observer le cadre normatif dans lequel s'inscrit un comportement socialement responsable d'un individu qui choisit d'accomplir les devoirs et les recommandations de la religion. Ainsi, l'individu en tant qu'agent économique responsable se tient à respecter ce cadre éthique et moral fixé par la religion à tous les niveaux du circuit économique. Il s'abstient à consommer des produits illicites comme il se refuse de produire ou d'investir dans l'illicite. Cette sorte d'autocensure est aussi liée à une conception particulière de la nature de la propriété en islam selon laquelle la propriété des biens revient non pas à l'être humain, mais à Dieu. L'homme en est dépositaire et usufruitier, et transmet ses pouvoirs à ses ayants droit. En aucun cas, l'homme ne dispose du droit de détruire un bien ou une valeur. Il est dans une attitude comportementale et dans une conscience permanente que les biens qu'il gère en lieutenance obéissent à des lois telles que la préservation, la fructification et le partage.

### Le principe de la justice sociale :

Il s'appliquera à travers le système de distribution et de redistribution que préconise l'Islam pour atteindre cet objectif et réduire ou anéantir toute sorte d'inégalités économiques et sociales. Dans cette optique, le cadre macroéconomique de l'économie islamique comprend trois niveaux de distribution : d'abord, la distribution primaire c'est à dire avant la production et le déclenchement de l'activité économique. Il s'agit là du système de propriété de la richesse qui a été analysé auparavant. Ensuite, la distribution secondaire, après production, autrement dit les facteurs de production et comment sont-ils rémunérés. Enfin, la redistribution et les moyens mis en œuvre en vue de corriger les failles du système de distribution.

Comme cela est mentionné plus haut, en économie islamique seulement deux facteurs de productions sont pris en compte : le travail et le capital. La rémunération du travail prend des formes diverses : le travail salarié qui touche un salaire, le travail du mandataire (Wakil) qui touche une commission ou une rémunération selon le contrat de Wakala, le travail dans un schéma de Moudharaba qui touche un pourcentage du profit réalisé en tant que gestionnaire du fonds Moudharaba, le travail du Moucharek (actionnaire dans une société Moucharaka) qui touche également une part du bénéfice selon les résultats de l'opération Moucharaka, etc.…

Du côté capital, l'économie islamique distingue entre le capital en nature non monétaire et le capital monétaire. Le premier est rémunéré selon le type de société (Moucharaka, Moudharaba, Mouzaraa etc.…) Tandis que le second n'a pas le droit de toucher de l'intérêt (car c'est du Riba) tel que le schéma de la finance conventionnelle et doit s'engager dans le circuit de l'économie réelle pour percevoir une part des résultats du projet.
Quant à la redistribution, elle se fait par différents mécanismes, en particulier celui de la Zakat, du Waqf, du Takaful, du "Qardh Hasan", etc.…

### D. Le principe de Takaful (solidarité sociale) :

L'islam semble être une des religions révélées à avoir institutionnalisé la loi de la solidarité tant au niveau théorique et doctrinal (à travers un système législatif complet) qu'au niveau pratique et opérationnel (à travers les différents mécanismes et systèmes mis en place tels que le système de la Zakat, du Waqf, du Qardh Hasan, etc.…). Le Takaful social constitue à cet effet une transition remarquable, d'un simple sentiment de sympathie et d'altruisme, qui porte les êtres humains à l'entraide, et d'une valeur morale liée à la charité et la bienfaisance des gens, vers un système socio-économique combinant trois aspects essentiels de solidarité : une obligation juridique, une vertu sociale et un devoir religieux.

Le système de Takaful est basé ainsi sur la coopération mutuelle, la responsabilité, l'obligation et le devoir d'entraide, la protection et l'assistance entre des groupes ou des membres de la même société. Il est fondé sur un certain nombre de principes indissociables à savoir : la fraternité, le partage, la mutualité et la bienfaisance. Il se manifeste par le biais d'un ensemble de comportements et d'actions structurées et non structurées, obligatoires et facultatives, qui permettent la mise en œuvre pratique de cette solidarité sociale dite « Takaful ».

Le cas du partage de la richesse des « ansars » (compagnons du prophète habitant de Médine) avec les « muhajirun » (compagnons du prophète venus de la Mecque) est une illustration pratique du Takaful ou de la solidarité islamique. C'est en d'autres termes, un système d'assistance non étatique qui place les individus dans des relations mutuelles et qui conduit à un état de cohésion sociale et produit une sorte de « capital social » qui conduit à son tour à la maximisation du bien-être économique des individus ainsi qu'à la promotion du bien-être social.

### E. Le principe de juste milieu (Wasatyya) ou de l'équilibre (Itidal) :

L'équilibre et le juste milieu font partie des principales caractéristiques non seulement de l'économie islamique, mais de la religion musulmane en général. Cette caractéristique représente un équilibre entre les extrêmes, une modération faisant qu'aucun élément ne se voit accorder une importance démesurée aux dépens des autres. Cet équilibre et cette modération sont appropriés à un message universel et éternel, appelé à être mis en œuvre à toute époque et en tout lieu confirmé par le Coran : « Nous avons fait de vous une communauté éloignée des extrêmes (Ummatan Wasatan) pour que vous soyez témoins contre les hommes et que le Prophète soit témoin contre vous » (Coran : 2/143). L'Islam allie le spirituel et le temporel, les exigences de l'esprit et celles du corps. Il allie aussi les sciences religieuses et les sciences de l'univers, s'intéresse à la vie de ce monde comme à l'au-delà, allie idéalisme et réalisme, et réalise l'équilibre entre les droits et les devoirs. L'équilibre entre tous ces pôles opposés permet d'accorder à chacun sa juste place, sans excès et sans manque, sans faire pencher la balance dans un sens ou dans l'autre.

En matière économique, l'Islam prône un juste milieu entre l'individualisme excessif, doctrine du capitalisme, et le collectivisme injuste et défaillant du socialisme. Le principe de juste milieu et l'éloignement de tout excès dans la sphère économique sont des objectifs recherchés sur tous les plans, aussi bien sur le plan théorique que sur le plan pratique. Au niveau théorique, l'économie islamique prône un équilibre entre l'intérêt individuel et l'intérêt collectif, entre la propriété privée et la propriété publique, entre le secteur lucratif et le secteur non lucratif, entre la liberté individuelle et les exigences sociales. Au niveau de la pratique, l'équilibre est recherché entre le risque total et le risque zéro dans les échanges, entre le gaspillage et l'avarie dans la consommation et les dépenses, entre les tendances d'enrichissement exagéré et la pauvreté extrême.

## Synthèse du chapitre II :

Dans ce deuxième chapitre, nous avons essayé d'explorer les finalités théoriques et pratiques de la science économique et d'identifier les avantages pratiques de l'interpellation de la science des finalités charaiques (Maqasid) pour résoudre la crise de l'économie. Nous avons passé en revue les finalités de l'économie et y avons adopté la même méthodologie précédente, en séparant les finalités théoriques et pratiques. Le premier est de construire une théorie économique globale basée sur des hypothèses solides et une approche scientifique correcte d'une part, de fournir des outils scientifiques pour une analyse économique efficace capable d'anticiper les crises et de diagnostiquer les problèmes d'autre part, et enfin de cristalliser un modèle de développement capable d'atteindre des objectifs économiques et sociaux et adapté à toutes les situations. L'effet de cette analyse a montré la convergence remarquable entre les deux ensembles de finalités : les finalités charaiques (Maqasid) et les finalités de la science économique ainsi que leur besoin réciproque.

Nous avons également passé en revue les conséquences de la crise accablante que connaît l'économie sur les plans théorique et pratique, le fossé éthique et l'immoralité dont elle souffre, et l'appel croissant à une alternative économique, humaine, éthique, sociale et solidaire. À cet égard, nous avons examiné la thèse de l'économie islamique en termes de ses principes, de ses caractéristiques, et comment elle peut contribuer à l'édification d'une économie humaine alternative à laquelle toute l'humanité aspire. L'accent a été mis sur une trilogie conceptuelle qui distingue l'économie islamique des autres thèses qui se présentent comme une alternative au capitalisme : le concept de moralité, d'humanisme et d'universalité.

La moralité est une valeur revendiquée par plusieurs voix au sein du système capitaliste lui-même, et elle est devenue un courant important de la mouvance réformiste au sein de l'école capitaliste moderne, et a conduit à l'émergence de nombreux nouveaux concepts qui lient l'économie à l'éthique, tels que l'économie morale, le commerce éthique, l'investissement socialement responsable, etc. Quant à l'humanisme, c'est une valeur qui manque au capitalisme et à laquelle il a commencé à aspirer après de longs siècles perdus. Cette prise de conscience peut être très tardive, voire dans le temps perdu, ainsi que le concept d'universalisme, qui diffère radicalement du concept de mondialisation, qui a largement contribué à épuiser le capitalisme et à le pousser à l'effondrement.

Ces trois valeurs qui caractérisent le projet économique islamique sont ce dont l'économie contemporaine a besoin pour se débarrasser du libéralisme sauvage et parvenir à la renaissance économique souhaitée. Ce sont des valeurs humaines constantes communes à toutes les nations et sociétés, quels que soient leurs systèmes, croyances et idées. Tout cela ouvre la voie au troisième chapitre, consacré à explorer les finalités de l'économie islamique, l'objet central de cet ouvrage.

# Chapitre III : Les finalités suprêmes de l'économie islamique :

L'analyse précédente des finalités des Maqasid et de celles de la science économique moderne conduit à distinguer des points de convergence qui relient les deux sphères. A partir de là, et en extrapolant les textes charaiques, on aperçoit un ensemble de finalités macro- économiques de l'économie islamique qui peuvent servir à concevoir une piste de solution aux problèmes de l'économie moderne. Elles peuvent être résumées en 6 finalités macro-économiques : Al 'I'mar (qui signifie développement durable), Le Tamkeen (qui signifie pouvoirisation ou capabilité), Al - Amn (qui veut dire sécurité), Le Tawazun (qui signifie équilibre), Al - Adl (qui signifie justice) et Al-Istidama (qui veut dire durabilité ou sustainabilty) . Le qualificatif « économique » peut être ajouté à côté de chacune d'elles, sans ignorer l'existence d'autres finalités fondamentales, mais nous avons choisi de se limiter à celles-ci en raison de leur relation étroite avec les objectifs majeurs de l'économie contemporaine et le besoin général qui en émerge dans la vie quotidienne.

« Al 'I'mar» signifie développement global et durable qui permet la croissance et la génération de richesses, Le « Tamkeen » (autonomisation ou pouvoirisation économique et sociale) est une finalité à laquelle aspirent à la fois les individus, les sociétés et les nations ; « Al - Amn » signifie la sécurité économique et sociale, y compris la sécurité alimentaire, la sécurité de l'eau et la sécurité énergétique, est aussi une finalité sans laquelle le développement et le Tamkeen ne peuvent être achevés ; le « Tawazun » qui signifie l'équilibre est un souci majeur des économistes ; « Al - Adl » qui signifie justice est le fondement de toute civilisation, comme Ibn Khaldoun l'a mentionné, l'injustice détruit toute civilisation ,et vis vers ça; enfin « l'Istidama » autrement dit la pérennité ou la durabilité est une finalité dont dépendent toutes les autres. Ce sont des finalités fondées et enracinées dans les sources de la charia d'une part, et sur la base desquels l'économie est fondée et la civilisation est établie d'autre part.

## Section 1 : La finalité « Al I'mar », Développement intégral et durable

Dans cette section, on traitera le concept, les principales idées liées à ce concept ainsi que son champ d'application.

### 1. Le concept :

Le terme « Al I'mar » signifie, en arabe, le peuplement de la terre qui est tributaire de la reconstruction, de l'urbanisation et du développement économique.

De nombreux versets du Coran énoncent cette mission humaine et le but divin de la création de l'homme : « De la terre il vous a créé, et il vous l'a fait peupler (et exploiter) » (Coran 11/61). Cela signifie qu'il vous a ordonné de faire cette tache de peuplement de la terre avec ce dont vous avez besoin d'industrie, d'agriculture, de services, de commerce, et de tout ce qui génère et développe la richesse.

Dieu (SWT) a créé l'homme pour deux buts principaux : l'adorer et peupler sa terre. Ce sont deux objectifs indissociables dont l'un ne va pas sans l'autre. Le peuplement de la terre devient aussi, si l'intention est sincère, une adoration (Ibada). En effet toute adoration au sens cultuel du terme, ne sera complète et valide qu'avec l'accomplissement de cette fonction qui est corollaire de la mission de lieutenance (Istikhlaf) divine à l'homme. Le peuplement de la terre nécessite sans doute, non seulement une bonne connaissance des sciences de la vie, mais plutôt de dernières découvertes de l'homme dans ces sciences, qui se développent jour après jour.

Les jurisconsultes des Maqasid ont considéré que l'un des plus grands objectifs de la charia est justement « Al I'mar » et le développement économique sur terre à travers l'exploitation des richesses que comporte l'univers. Le savant Ibn Ashour dit à propos de ce verset : « L'une des plus nobles finalités de la charia est de faire bénéficier la richesse par les membres de la nation d'une manière qui combine la recherche de l'intérêt général et le soin de l'intérêt privé, en observant la justice pour ceux qui ont fourni du travail sans oublier ceux qui étaient incapables de le faire »[94]. Le hadith du prophète confirme l'importance de cette mission : « Si le jour de la Résurrection arrivait alors que l'un d'entre vous tenait un plant à la main, qu'il le plante »[95]. Ceci est une forte indication de l'importance de « Al I'mar » et du développement durable jusqu'au dernier moment de la vie.

La lieutenance sur terre (L'Istikhlaf) est une double fonction exercée par l'homme, qui combine le côté matériel et le côté moral, qui sont les deux côtés qui fondent la civilisation. Le concept de L'Istikhlaf est basé sur un ensemble de lois et de fondements doctrinaux que l'humain doit concevoir afin d'exercer son travail de la manière requise, qui sont :

- **La loi de la propriété** : En effet la première base doctrinale qui régit le comportement économique de l'homme est sa ferme conviction que tout ce qui existe dans l'univers appartient à Dieu Tout-Puissant, dans le vrai sens du terme, et que l'homme en est un successeur (lieutenant), c'est-à-dire un simple mandataire, et qu'il est du devoir du mandataire de respecter les clauses du mandat qu'il possède. Par conséquent, sa propriété de l'argent et des biens est temporaire et limitée et il est tenu de la préserver. Cette perception est unique à l'Islam dans la clarification de la relation humaine avec l'argent et la richesse, et l'économie islamique se distingue des autres systèmes économiques par sa vision de la question de la propriété et de l'argent. Une fois que cette perception sera acquise, la justice et l'équité seront répercutées dans les transactions économiques et financières, et l'injustice, et la rareté de la richesse diminuent, et le bien-être économique et la justice sociale seront atteints.

---

[94] Tafsir Ibn Achour (exégèse du coran) : At-Tahrir wa at-Tanwir (Interprétation de la vérification et de l'illumination) : 2/449.
[95] Rapporté par l'Imam Ahmad : 20/251.

- **la loi de « Taskhir »** c'est-à-dire la mise à disposition par Dieu et la jouissance des fruits de la créature, sans contrepartie, dont les Hommes bénéficient. Dieu dit dans le Coran : « Et il vous a assujetti tout ce qui est dans les cieux et sur la terre, le tout venant de lui. Il y a là des signes pour des gens qui réfléchissent » (Coran : 45 /13). Cela implique deux dimensions, l'accès aux ressources de l'univers, et le partage équitable de ces dernières. L'homme doit comprendre les exigences de ce principe et agir conformément à celui-ci.

- **Al-Umran** : Le troisième fondement de la théorie de lieutenance est le concept de Umran qui signifie tout ce que les hommes produisent dans leur vie commune : de la science à la technique, à la politique, à l'économie, à la morale, à la culture. Ce concept ne peut être compris dans ses dimensions à la fois diverses et interdépendantes, sans évoquer les deux concepts précédents de propriété et d'assujettissement ou de jouissance, car ces deux concepts conduisent au concept plus général, qui est Al-Umran. Dans ce sens, Al-Umran devient une sorte d'adoration (Ibada), et celle-ci ne peut être achevée qu'à travers l'accomplissement d'Al-Umran, ce qui remplit les prérogatives de la fonction de lieutenance (Istikhlaf). Ainsi Al-Umran se transforme en un devoir religieux de premier ordre conformément à la règle charaïque (toute obligation qui n'est pas remplie sans elle est une obligation).

- **la réforme (l'anticorruption) :**
Le principe de la réforme est l'équivalent d'Al-I'mar. Il ne peut être compris sans observer le concept opposé, à savoir la corruption au sens large du terme? Elle est sévèrement interdite en Islam et considérée comme une contradiction à la mission de lieutenance (Istikhlaf), menaçant la vie humaine. Puisque le but de la lieutenance de l'homme sur terre est de la peupler et l'exploiter d'une manière qui profite à toutes les créatures, la corruption est considérée comme étant un des plus grands péchés et méfaits, Dieu dit : « Ne corrompez pas la terre après qu'elle ait été faite droite » (7/56).
Pour cette raison, l'approche de l'économie islamique, considère que la racine du problème économique réside dans la corruption (Fasad) dans

son sens le plus large : le mauvais usage des ressources de l'univers, aussi bien sur le plan de la production, de la consommation que sur celui de la distribution.

Bien que le Coran n'utilise pas spécifiquement le terme « développement » ou « croissance », la plupart des études et recherches islamiques sur le développement confirment que les notions d' « Al-I'mar », d'« Al-Umran », de « Ta'amir » ou de « Imara » ont toutes un sens plus large que le concept de développement, dont le sens se limite à la production matérielle et néglige les besoins spirituels et moraux ainsi que le besoin de la justice et de l'équité dont aspirent toujours toutes les sociétés humaines.

Ali bin Abi Taleb (compagnon et gendre du prophète) a utilisé le terme « Imara » pour désigner une signification plus profonde du développement économique dans son sens contemporain lorsqu'il adressa une lettre à son gouverneur d'Égypte, Malik bin Al-Harith Al-Ashtar : lui disant : « Sois plus préoccupé de « Imara » des terres (autrement dit développement économique) que des entrées qu'elles peuvent rapporter (impôts et taxes), car ces dernières ne peuvent te parvenir que si les premières sont bien entretenues. Celui qui demande l'impôt sur les terres, sans s'occuper de leur développement, ruine le pays et rend la vie difficile au peuple, et son autorité sortira de cette situation affaiblie »[96].

C'est une bonne orientation et une sage définition du rôle de l'État dans l'économie et la société. Un État collecteur d'impôts qui ne considère ses sujets que sous l'angle du recouvrement ne peut pas perdurer et se pérenniser, mais la fonction première et fondamentale de l'État est de réaliser al « Imara » c'est à dire, le développement.

---

[96] Tâlib Abî ibn, Ali. La voie de l'éloquence, traduction en français du texte arabe Nahj al-Balâghah par un groupe de spécialistes musulmans, revue et corrigée par Sayyid Attia Abul Naga, Qum, Ansariyan, [1999].

Omar Ibn Al-Khattab (2ème Calife de l'Islam) résume également la tâche du gouverneur et la base du pouvoir en disant : « Dieu nous a désignés comme responsables de ses serviteurs pour satisfaire leur besoin alimentaire (sécurité alimentaire), leur garantir du travail (sécurité d'emploi), et assurer leurs habits (dignité humaine) ». Ce sont les trois composantes essentielles du seuil de suffisance que prône l'islam en matière de politique sociale vis - à- vis de ses citoyens quelle que soit leur race ou leur religion.

Abu Yusuf (Jurisconsulte hanafite célèbre) a également utilisé le terme « Al-Imara » dans son conseil au calife Haroun al-Rashid, dans lequel il a déclaré : « La justice et l'équité envers les sujets font augmenter les recettes de l'impôt et favorisent le développement du pays »[97]. De même, dans son livre (Al-Kharaj) a fait d'« Al-Imara » et du développement une alternative à la ruine et à la corruption, et a appelé à un rôle avancé de l'État dans ce domaine »[98].
En fait, l'ouvrage "Al-Kharaj" de l'Imam Abi Yusuf " ne traite pas uniquement de l'impôt tel qu'il ressort de son nom, mais est essentiellement un plan de développement économique qui propose une réforme des ressources de l'Etat et réalise son développement économique au sens d'« Al-I'mar ».

Plusieurs ouvrages traitaient de ce sujet durant la période médiévale telle que Kitāb al-kasb (qui signifie Richesse) attribué à al-Shaybānī (un autre jurisconsulte hanafite réputé)[99], et aussi Kitāb al amwal d'Abū 'Ubayd al-Qasim Ibn Sallām (m. 224 H)[100], dans lequel il traite les différents types des biens et des richesses. Mais le plus éminent de ceux qui ont écrit sur le sujet d'« Al-I'mar » et du développement

---

97 Mort en 795 : un jurisconsulte (cadi) hanafite célèbre pour sa connaissance de la jurisprudence islamique (fiqh), disciple de Abu Hanifa.

98 Abu Yusuf, Alkharaj.

99 Voir : Michel Bonner : Journal de la société orientale américaine
Vol. 121, n° 3 (juillet-septembre 2001), p. 410-427 (18 pages)

100 Abū 'Ubayd. : Kitāb al-amwāl, éd. M. Kh. Harrās. Dār al-kutub al-. 'ilmiya, Beyrouth, 1986.

économique, est le célèbre Abd al-Rahman Ibn Khaldoun[101], auteur des prolégomènes « ALmuquaddima » dans lequel il a consacré un chapitre entier intitulé « Al-Umran al-bashari » qui signifie « développement humain » un concept particulier qui n'a été connu que durant les dernières décennies de l'époque récente. Il inclut les concepts modernes tels que le développement, la croissance, le développement humain, le développement global et durable, le bien-être économique, et d'autres. Ibn Khaldoun est, en fait, un précurseur d'Adam Smith, réputé en tant que père de la science économique moderne grâce à son fameux ouvrage "La richesse des nations" écrit en 1776. Dans ses prolégomènes, Ibn Khaldoun a abordé des questions très profondes tels que les fondements de la civilisation, de son émergence, de la production de richesses, des formes d'activité économique, des théories de la valeur et de la répartition, de la population, etc.

C'est ce qu'a témoigné l'économiste français Olivier de la Grandville dans une étude intitulée "La théorie de la croissance économique" présentant la théorie de la croissance économique d'Ibn Khaldoun dans une formulation moderne utilisant un modèle mathématique et graphique avancé dans lequel il explique qu'elle est basée sur le fait que la croissance économique est le résultat de l'interaction de cinq facteurs, qui sont : la croissance démographique, le développement technologique, la recherche de profit, la propriété privée, le système institutionnel, politique et judiciaire[102].

D'autres études sur l'apport d'Ibn Khaldoun au sujet du développement soulignent qu'Ibn Khaldoun a mis en évidence dans sa théorie d'« Al-Umran » trois facteurs fondamentaux affectant la croissance, à savoir : la religion (le facteur culturel), la variable distributive (la justice sociale) et l'éducation (le capital humain).

---

[101] Abderrahmane IBN KHALDOUN (1332-1406 AD) auteur des prolégomènes *ALmuquaddima*. Historien, philosophe, sociologue, juge, enseignant, poète, aussi bien qu'homme politique.

[102] Olivier De la Granville: Théorie de la croissance, Presses Universitaire de France, 1977, P : 42-46.

Ainsi selon lui la science et l'éducation sont deux éléments primordiaux dans la réalisation d'« Al-Umran » et l'édification de toute civilisation, et sont interdépendants de façon que, le développement prospère, le savoir se propage et là où la science fleurit, « Al-Umran » progresse, et vice versa[103].

## 2. Un concept multidimensionnel :

Sur la base de ces fondements conceptuels, la notion « Al I'mar » semble être un terme plus riche et plus éloquent que le concept récent du développement, et ce pour les raisons suivantes :
- D'abord, l'un des objectifs majeurs d'« Al I'mar » est d'atteindre la suffisance (Kifaya) pour tous les membres de la société et de leur assurer le bien-être économique et social ou (la bonne vie) selon le terme coranique, car il ne peut y avoir de « I'mar » sans cette fin qui commence par l'élimination de la pauvreté dans la société.
Les jurisconsultes musulmans considèrent que le seuil de suffisance doit comprendre en priorité la nourriture, les vêtements, le logement, l'enseignement, la santé et le transport pour chaque membre de la société. Ce seuil de suffisance est différent du seuil de subsistance largement utilisé en ce moment dans la littérature économique moderne. Le premier est l'équivalent de l'indicateur du développement humain (IDH) tandis que le second se limite au revenu minimum garanti nécessaire à préserver la vie humaine. Le prophète (SWS) l'a bien défini par l'équivalent d'un niveau de vie moyen de juste milieu (Qawam) et non pas par un niveau minimum pour subvenir aux besoins essentiels.

- Ensuite, la notion d'« Al I'mar » est caractérisée par l'intégralité, l'inclusivité, l'équilibre et l'équité. Inclusive, car elle inclut à la fois le côté matériel, moral et spirituel. Intégrale, car il s'agit d'un développement qui ne néglige aucun aspect de la vie humaine à caractère temporel ou cultuel. Équilibrée, car c'est une approche d'une

---

[103] Les prolégomènes *ALmuquaddima :* p 403 et suivantes (source précédente).

nature particulière, qui a des finalités qui diffèrent des objectifs de développement dans l'approche positiviste, combinant à la fois entre les besoins de l'individu et ceux de la société. Enfin, équitable dans le sens où elle incarne aussi bien les droits des générations présentes que ceux des générations futures.

- Enfin, c'est une notion à dimension universelle. Shawqi Dunya (1979) a distingué deux objectifs principaux pour le développement économique selon l'approche islamique « Al I'mar » : un objectif économique : Il s'agit d'un objectif temporaire uniquement, représenté par l'utilisation des ressources naturelles pour atteindre la prospérité économique de l'individu et des groupes. Et un objectif humanitaire : C'est l'objectif ultime. Il consiste dans l'utilisation des fruits du progrès économique pour diffuser les nobles principes et valeurs humaines tels que la paix, la justice et la pleine connaissance de Dieu Tout-Puissant. Cela signifie que l'homme utilise son progrès économique pour atteindre toutes les significations humaines sublimes, que ce soit au niveau local ou au niveau mondial. La prospérité économique doit être mise au service de la vérité et de la justice, et non l'inverse[104].

### 3. Le champ d'application :

La recherche dans les sources de la charia en matière d'« Al I'mar » et la réalisation du développement conduit à dévoiler un modèle de développement à caractère intégral et durable basé sur deux piliers fondamentaux et complémentaires qui sont : la Zakat, et le Riba « Z/R », c'est-à-dire l'imposition de la Zakat et l'interdiction du Riba. Ce modèle a été appliqué pendant une courte période de l'histoire islamique et a donné des résultats impressionnants en matière d'équilibre financier, de croissance et de stabilité économique. Un modèle qui regroupe les trois paramètres standards d'efficacité et de performance dans l'allocation des ressources en vue d'aboutir à établir la justice

---

[104] Shawki Ahmad Dunya : L'islam et le développement économique- Dar Al-Fikr Al-Arabi- Beyrouth 1979.

économique et sociale, réduire les inégalités et écarter la pauvreté, ennemi principal du développement. Ce modèle s'articule autour de 3 sortes de mécanismes relatifs à la création de la richesse, à la stimulation de la croissance et à l'accomplissement du développement.

### A. **Mécanismes de création de la richesse** :

La création de la richesse a fait, depuis longtemps, l'objet central de la science économique. La réponse des économistes ne fait pas l'unanimité. La question de la monnaie et de son rôle dans le financement de l'économie est toujours au centre du débat. Le courant de l'économie monétaire qui prône la création de la richesse à partir de la dette l'a emporté depuis des décennies, ce qui conduisait à une pyramide inversée où la richesse liée à l'économie réelle et les actifs tangibles, et non pas à la spéculation financière, ne représente guère qu'une proportion négligeable.

Le modèle « Z/R » est fondé sur la deuxième approche, celle de l'économie réelle qui donne une richesse réelle, durable et soutenable. C'est de cette richesse réelle liée à une économie tangible que dépendent la survie et le progrès de l'humanité. Le rôle de la monnaie, comme l'a mentionné depuis longtemps Adam Smith, est primordial. Elle n'est donc pas une marchandise. Elle « n'est qu'une roue qui sert à transporter les marchandises »[105]. Pour cette raison, l'Islam, depuis le début, a fixé les règles de l'échange équitable, écartant toute sorte de spéculation et d'injustice : il s'agit des trois règles suivantes :

- Lorsqu'il s'agit d'échanger deux produits ou deux monnaies de même genre, il faut respecter deux conditions : l'équivalence et la rapidité dans l'échange. Aucun surplus des deux côtés n'est toléré. Sinon on tombe dans l'interdit c'est-à-dire le Riba (augmentation illicite dans la quantité ou dans le délai des produits échangés). Ces deux conditions

---

[105] Adam Smith : Recherches sur la nature et les causes de la richesse des nations (1776 )

ont pour but de limiter ce genre de transactions (troc marchand ou troc monétaire), car elles réduisent l'utilité économique de l'échange et ne créent pas énormément de richesse. L'islam recommande l'échange monétaire qui associe la sphère marchande avec la sphère monétaire. Autrement dit, les marchandises (ou produits) contre la monnaie. Cette opération est une source fondamentale de la création de la richesse.

- Lorsqu'il s'agit d'échanger des produits qui se rapprochent, autrement dit du même genre, mais de nature différente tels que des produits alimentaires de base ou des produits monétaires comme les devises, une seule condition sera respectée : la rapidité dans l'échange et l'interdiction du délai pour éviter de tomber dans l'interdit (le Riba). Cette règle conduit à effectuer des transactions spot d'échange de devises par exemple pour éviter toute injustice ou incertitude dans les fruits de l'échange.

- En cas de différence totale des produits échangés, la liberté de l'offre et de la demande est la règle du jeu qui devrait conduire au prix équitable du marché en cas d'absence de concurrence déloyale ou imparfaite. Dans cas, il faut juste éviter le report en même temps des deux éléments de l'échange (le prix et le produit) pour ne pas tomber dans une opération d'échange de dette par une dette, illicite dans la Charia. En effet, reporter un seul élément de l'échange est possible : le paiement à terme du prix (vente à terme) avec livraison immédiate, ou paiement comptant du prix avec livraison différée (vente Salam) ; mais pas un report des deux à la fois. Cette règle élimine le transfert éventuel de risque lorsqu'il s'agit de reporter le paiement et la livraison en même temps comme dans le cas des contrats à terme, des « futures » et des « swaps » sur le marché financier.

En économie islamique la dette est très encadrée. Elle se limite à une dette adossée à un actif donc à la propriété, et non une dette monétaire liquide comme celle liée au crédit. Celui qui possède une richesse monétaire doit faire très attention à s'en débarrasser et à la convertir en richesse en nature et en ressources réelles, faute de quoi il l'exposera à la peine de thésaurisation interdite par la charia, ou à son érosion et sa diminution à la suite de l'accomplissement de l'obligation de la zakat. Celui qui a des dettes est tenu de les payer sans délai, faute de quoi il s'expose aussi à entrer dans le cercle de l'injustice qui l'expose à la peine des retards et à la menace de son honneur.

### B. Mécanismes de stimulation de la croissance :

Le modèle de croissance islamique repose sur la dichotomie « Zakat /Riba », ce qui conduit à la nécessité de fonder la croissance sur deux secteurs fondamentaux et indispensables à la société à savoir le secteur marchand à but lucratif et le secteur non marchand à but non lucratif. Les modèles modernes de croissance ne reconnaissent pas ces deux secteurs d'emblée et misent sur le premier en éliminant le rôle du second. Malgré les revues à cet égard, le secteur non lucratif à savoir le secteur social et solidaire (3$^{e}$ secteur) est toujours mal vu et considéré comme un secteur subsidiaire et non comme un secteur primordial de base, comme c'est le cas dans le schéma islamique où ce secteur était en effet le véritable premier secteur jouant un rôle de premier ordre dans l'édification et la croissance historique de la civilisation islamique.

**- Imposition de la Zakat :**

Le modèle islamique de croissance a historiquement privilégié le secteur non lucratif en commençant par la mise en place du système de la Zakat et l'implanter dans le circuit économique et social, avant de s'attaquer à l'organisation des échanges et l'établissement du système de l'économie de marché. En effet, la démarche consiste à bâtir le socle psychologique et social sur lequel reposera le système économique producteur de richesses. C'est l'un des aspects importants marquant la particularité du système législatif de l'islam dans le domaine financier et économique.

Ici, il convient de louer les témoignages de certains érudits, penseurs et écrivains non musulmans qui ont souligné à de nombreuses reprises le rôle important que peut jouer la zakat face aux problèmes économiques et sociaux dont souffre toute l'humanité à travers toute l'histoire.

William durant, philosophe et historien américain, auteur de la plus grande encyclopédie de la civilisation, déclare dans son livre « The Story of Civilization » : « Nous ne trouvons pas dans toute l'histoire un réformateur qui a prescrit des impôts aux riches pour aider les pauvres tel que Muhammad (SWS) a fait »[106].
Jacques Resle mentionne dans son livre, la civilisation arabe, en parlant des vertus de la Zakat : « La Zakat était avant tout un acte coopératif libre et volontaire qui était vu comme une grande vertu dans l'organisation de la communauté de Médine des pauvres et des démunis »[107].

Des études récentes sur ce sujet ont prouvé que la Zakat joue un rôle important dans l'accumulation de la richesse en pénalisant l'épargne non investie, ce qui l'oblige à s'orienter vers l'investissement. Pour cela Omar ibn al -Khattab recommande : « Que celui qui gère les fonds d'un orphelin les utilise dans le commerce pour éviter que la Zakat les absorbe. »[108] Car les fonds préférant l'épargne et refusant l'investissement et l'entrée dans le circuit économique seront voués à diminuer et à se dissoudre en leur soutirant chaque année le taux de la Zakat, et ils n'ont donc d'autre choix que d'aller vers l'investissement et de contribuer à accélérer le développement.

La Zakat joue également un rôle important dans l'atténuation de la pauvreté, car elle contribue à transformer les pauvres capables de travailler en producteurs, et elle augmente le pouvoir d'achat de l'argent en le transférant aux pauvres qui le dépensent plutôt pour les nécessités et les besoins fondamentaux. Les fonds de la Zakat peuvent également

---

106 William Durant, L'histoire de la civilisation, traduit par Zaki Naguib Mahmoud, Dar Al-Jil, Beyrouth, Organisation arabe pour l'éducation, la culture et la science, Tunisie.
107 Risler, Jacques : la civilisation arabe ; Edité par Payot, Paris 1955
108 Rapporté par Daral-Qoutni (2/109

être dirigés vers le développement économique au sein des foyers pauvres en finançant des microprojets, ce qui contribue à son tour au traitement du problème de la pauvreté, qui est le phénomène de base du développement économique.

L'expérience récente a également révélé un paradoxe étrange qui confirme que contrairement à la Zakat qui est payée par les riches en faveur des pauvres, l'impôt conventionnel est en fait payé en grande partie par les pauvres et non pas principalement par les riches qui optent plutôt pour l'évasion fiscale. Alors que la Zakat ne peut pas être de même parce qu'elle est payée par les riches aux pauvres (informe-les qu'Allah leur a imposé de payer l'aumône légale qui sera prélevée sur les biens du riche et donnée au pauvre)[109]. Ainsi, la Zakat joue à la fois un rôle de financement, d'investissement et de distribution, à travers lequel elle contribue à générer de la richesse, à stimuler la consommation et à ajuster la distribution.

Si les riches paient ce qu'ils doivent de la Zakat et qu'elle est donnée directement aux pauvres, l'équilibre interne s'établira automatiquement, et cela s'est produit historiquement à l'ère des deux califes de l'Islam réputés les plus justes (Omar bin Al-Khattab et Omar bin Abdelaziz), qui avaient pu à travers la Zakat , réaliser cet équilibre dans la société à leurs époques, ce qui a conduit Omar bin Abdul Aziz à annoncer sa célèbre parole lorsque les gens se sont plaints à lui du manque d'endroits pour stocker les biens et la richesse après avoir distribué les fonds de la Zakat à ceux qui la méritent parmi les musulmans, les juifs et les chrétiens, alors il a dit : « Répandez du blé sur les sommets des montagnes pour qu'on ne dise pas qu'un oiseau avait faim dans le pays de l'Islam »[110].

Ainsi, la Zakat est considérée comme l'une des ressources financières les plus importantes de l'État, et peut-être le principal outil du budget

[109] Rapporté par Al-Boukhari 1395.

[110] Un dicton d'Omar bin Abdul Aziz. Il a été rapporté par l'Imam Abu Ubaid al-Qasim bin Salam dans le son fameux ouvrage « Kitab Al -Amwal (les capitaux).

général de l'économie islamique. Elle peut réduire le fardeau du budget grâce à sa contribution efficace au financement du développement économique, comme il s'agit d'une ressource financière importante, durable et renouvelable. Son rôle ne se limite pas aux fonds qu'elle est susceptible de procurer, mais plutôt aux fonds qu'elle peut immobiliser et libérer de la sphère de l'épargne à celle de l'investissement. Cependant, les jurisconsultes ont exigé que la Zakat soit dotée d'un budget distinct du budget général de l'État en raison du facteur d'affectation qui le caractérise.

D'autre part la Zakat contribue efficacement à la stabilité économique de deux manières : elle réduit le recours à l'endettement et ouvre la voie à l'éradication du Riba dans l'économie, en agissant pour absorber les effets négatifs des chocs et des crises économiques. Son rôle dans la réduction des inégalités sociales est aussi incontestable, à travers ses effets indirects dans la rotation de la richesse et l'orientation des financements vers les activités productives sans se noyer dans la spirale de la dette.

L'islam considère que la rotation de l'argent et de la richesse en général est une finalité de la charia en soi sans laquelle la croissance ne peut être atteinte « afin que cela ne circule pas parmi les seuls riches d'entre vous « (Coran : 59 /7) et pour que l'opération ne se transforme pas en thésaurisation interdite (Iktinaz). La thésaurisation prohibée inclut le refus de payer la Zakat et non seulement la retenue de l'argent.

**- L'interdiction de Riba (intérêt+ usure)** :

Le système économique islamique est basé sur une équation d'équilibre semblable à l'équilibre d'une bicyclette. Cet équilibre est lié aux mouvements observés entre les secteurs marchands et non marchands. Le système de la Zakat ne fonctionne que dans le cadre d'un système générateur de richesses sur lesquelles la Zakat est payée, et la production de richesses nécessite des ressources, au premier rang desquelles des ressources financières, c'est-à-dire du capital, ainsi que des ressources humaines ou du travail (capital humain). Ces ressources ont besoin d'être échangées, et le développement de l'échange est la source d'une réelle richesse, car il vise l'emploi le plus efficace des ressources et leur allocation optimale. C'est là où réside la nature de la relation entre le secteur financier et le secteur économique.

La maîtrise de cette relation entre un secteur secondaire (le secteur financier) et un secteur principal (l'économie réelle) est le déterminant de la création de la richesse réelle de manière saine et durable et de l'échange équitable.

Pour cette raison, le deuxième pilier du modèle de croissance islamique consiste en l'abolition de Riba qui signifie à la fois l'intérêt et l'usure, et l'établissement d'un système de financement basé sur l'achat - vente (l'échange), et non sur le crédit (qui revient à une sorte de troc monétaire ou une économie de dette). Le principe est que l'échange aura lieu entre les biens (actifs) d'un côté, et la monnaie à travers l'achat - vente, de l'autre côté. Autrement dit il y a une différence entre les deux éléments d'échange. Ce principe doit être la règle générale qui régit la sphère des échanges dans le système économique avec toujours l'exception de faire du troc (similitude des deux éléments de l'échange, c'est-à-dire marchandise contre marchandise (troc de marchandises) ou monnaie contre monnaie (troc monétaire qui peut être sous forme de prêt ou de change de devises). Le change (Sarf) est un contrat reconnu par la charia, mais il est règlementé par 5 conditions importantes : l'imminence de la transaction (délivrance immédiate), l'interdiction de la similitude, l'interdiction d'option sur le taux de change (swap), de monopole et de change à terme.

Le change a pour objet deux monnaies, comme l'or, l'argent et les devises. Quant au prêt, il peut s'agir soit d'un prêt à titre gratuit (Qardh Hasan) fortement recommandé par la charia, soit d'un prêt rémunéré qualifié de Riba strictement prohibé.

Parmi les textes charaiques les plus forts et les plus clairs qui stipulent cette interdiction du Riba, un verset coranique et un célèbre hadith prophétique. Le verset dit que « Dieu a rendu licite la vente et illicite l'intérêt « (2/275). Quant au hadith, c'est le hadith des six catégories usuraires connu sous le nom de hadith de "Um al-Sunna"[111] dans la jurisprudence des transactions et qui met en lumière les trois règles d'échange équitable précédemment analysées. L'idée essentielle qui ressort à la fois du verset et du hadith est la distinction entre la vente et le prêt, c'est-à-dire entre le financement par l'achat - vente, et le financement par le crédit ou prêt avec intérêt.

La révélation de cette distinction importante entre les deux systèmes 10 siècles avant la naissance de la science économique constitue en réalité une sorte de précédent scientifique, vu l'ambiguïté de la question qui demeure présente jusqu'à nos jours. En effet, le Coran l'a très clairement décrit en disant : « Cela, parce qu'ils disent : le commerce (la vente) est tout à fait comme l'intérêt" alors qu'Allah a rendu licite le commerce, et illicite l'intérêt » (2/275), c'est-à-dire que les gens à l'époque pensaient (comme ils le sont toujours) que le financement par l'achat- vente est identique au financement par le crédit, et ce en termes de résultats et d'avantages qui en découlent pour les deux parties.

La réponse coranique réfute cette hypothèse et affirme la différence entre les deux systèmes ce qui a été confirmé par la théorie économique moderne lors de l'analyse de la question de l'échange, objet central de la science économique, et qui a dévoilé la différence économique entre l'échange et le troc, et a démontré que la maximisation de l'utilité se manifeste avec la différentiation, autrement dit la différence des éléments de l'échange, tandis qu'elle sera plus faible avec la similitude comme dans le troc.

---

[111] Le Prophète (sur lui soit la paix) a dit : "De l'or contre de l'or, de l'argent contre de l'argent, du blé contre du blé, de l'orge contre de l'orge, des dattes contre des dattes, du sel contre du sel : quantité égale contre quantité égale, main à main. Celui qui donne un surplus ou prend un surplus tombe dans l'intérêt…" (Muslim, n° 1584/82).

La récente crise financière a démontré l'importance de recherche d'une nouvelle conception du mode de financement de l'économie autre que celle basée sur le crédit et régie par le système du taux d'intérêt (c'est-à-dire le Riba). L'alternative ne peut être que le système de partage des risques à travers le financement par l'achat-vente fondé sur la notion de propriété et l'économie réelle. Pour cette raison, lors de la crise financière de 2008, les regards se sont tournés vers les principes de la finance islamique qui proviennent justement de cette conception d'une nouvelle finance basée sur le partage et non sur l'intérêt.

### C. L'accomplissement du développement :

Les théories économiques contemporaines s'accordent à dire que les moteurs les plus importants de la croissance et de l'accélération du développement dans l'économie sont : l'investissement (lié à l'épargne), les exportations (liés à l'échange et le commerce) et la consommation (liés aux dépenses des ménages). Ces théories qui se réfèrent souvent au modèle Harold-Domar, considèrent que la réalisation du développement nécessite une épargne accrue, et donc des investissements rapides pour augmenter la vitesse de la croissance, et le principal déterminant de la croissance est le capital qui est créé par l'investissement et dépend de l'épargne des particuliers et des entreprises.
Ainsi, l'accumulation de richesses reste tributaire du niveau des dépenses totales dans l'économie, et le niveau de production dépend des facteurs matériels (ressources naturelles, capital en numéraire et en nature, technologie ou mode de production) et des facteurs humains (facteur, travail et efficacité du capital humain) ainsi que des facteurs de marché, c'est-à-dire la demande.

Ainsi, le volume des dépenses dans l'économie est l'un des principaux déterminants des taux de croissance et des indicateurs de développement. Il devient clair que l'un des fondements les plus importants de la théorie économique moderne est l'accent qu'elle met sur le rôle des dépenses totales (à la fois consommation et investissement) dans l'accélération de la croissance et la réalisation du développement.

L'économiste britannique JM. Keynes s'est distingué au XXe siècle par son appel à considérer les dépenses comme la base pour résoudre les problèmes et atteindre la stabilité économique, marquant une sorte de rupture avec la pensée économique classique axée sur l'offre. Les économistes du siècle dernier considéraient les idées de Keynes comme une révolution ou une sorte de « coup d'État » dans la pensée économique. Cependant, la pensée keynésienne ne faisait pas de distinction entre les sortes de dépenses et de consommation liée notamment à des critères normatifs tels qu'éthique ou morale. Ce n'est que très récemment après Keynes que de nouvelles approches à caractère moral sont apparues telles que la consommation responsable ou le commerce équitable, etc. Pourtant, le Coran a explicitement traité ce genre de questions depuis plus de 14 siècles passés, ce qui mérite d'être mis en relief.

**- Le système de dépenses : un outil important d'« Al-I'mar » et du développement :**

L'analyse économique des textes coraniques traitant la question des dépenses, tant dans sa partie volontaire qu'obligatoire, révèle un important mécanisme d'«Al-I'mar » et de développement économique dans la législation islamique.

Du côté de la demande, les dépenses volontaires (consommation et investissement) constituent une composante essentielle du système. Les textes coraniques qui incitent aux dépenses sont nombreux le considérant comme étant un acte cultuel (Ibada) : « Ceux qui, de nuit et de jour, en secret et ouvertement, dépensent leurs biens (dans les bonnes œuvres), ont leur récompense auprès de leur Seigneur. Ils n'ont rien à craindre et ils ne seront point affligés » (Coran : 2/274).

C'est une exhortation à dépenser jour et nuit, secrètement et publiquement, comme s'il s'agissait d'un cycle économique fluide qui ne s'arrête jamais, car lorsqu'il s'arrête, l'économie et la croissance économique s'arrêtent, et chaque fois que l'arrêt se poursuit, la récession et la déflation se produisent. Mais il s'agit de dépenses responsables et disciplinées dans le cadre du permis et de l'interdit, équilibrées entre extravagance et frugalité, et rationnelles, visant à obtenir des avantages dans ce monde et dans l'au-delà : « Qui, lorsqu'ils dépensent, ne sont ni prodigues ni avares, mais se tiennent au juste milieu » (Coran : 25/67).

Du côté des dépenses obligatoires, la Zakat joue un rôle efficace dans la relance de la croissance économique et constitue ainsi un outil primordial d'un processus dynamique, global et durable incluant tous les types de richesse (monétaire, financière, agricole, industrielle, animale, commerciale, etc.), et couvrant toutes les catégories sociales vulnérables, entre autres les pauvres, les nécessiteux, les débiteurs et tous ceux qui sont dans le besoin. C'est un système qui fonctionne sans interruption, en permanence dans tous les secteurs, à chaque instant de l'année, en raison de la différence de l'échéance de paiement d'une personne à l'autre.

La Zakat vise également à stimuler la demande par le transfert de fonds des personnes à faible consommation marginale (les redevables) vers les personnes pauvres à forte consommation marginale (les bénéficiaires), ce qui contribue à accroître la demande et donc à accroître l'emploi, la production et les revenus.

**- Le système des ventes : un autre mécanisme d'« Al-I'mar » et de développement.**

Il s'agit d'un système qui comprend tous les types de vente et qui répond aux besoins des individus et des groupes dans le financement de leurs projets, activités et toutes autres transactions financières et commerciales. Ce système comprend quatre modes intégrés et interdépendants qui se traduisent dans la pratique par quatre types de contrats : modes de location (Ijara), modes de commerce (Ittijar), modes de participation (Moucharaka) et modes de capital risque (Istirbah).

Les modes de location (Ijara) sont des contrats de location de biens assortis ou non d'une promesse de vente au profit du locataire. Il peut aussi revêtir un contrat de crédit-bail aux termes duquel la banque achète un bien pour un client puis le loue en crédit-bail pour une période déterminée. Ces contrats sont régis par un ensemble de règles juridiques qui empêchent qu'ils ne se transforment en un échange de biens non tangibles ou en une vente fictive, comme c'est le cas dans les contrats de bail conventionnels dans lesquels le bailleur n'est pas toujours obligé de posséder le bien objet du bail avant de le mettre en location.
Les modes de commerce (Ittijar) sont des contrats d'achat-vente sur des biens ou des actifs tangibles. Il s'agit principalement des contrats de type Mourabaha, Salam, Istisn'a, où le taux de rendement ou de profit est prédéterminé conformément à la règle charaïque « Al kharajou Biddhaman » c'est-à-dire la rémunération va de pair avec la garantie.

Les modes de participation (Moucharaka) consistent en une association entre deux parties (ou plus) dans le capital d'une entreprise, projet ou opération moyennant une répartition des résultats (pertes ou profits) dans des proportions convenues. Elle est basée sur la moralité du client, la relation de confiance et la rentabilité du projet ou de l'opération.

Les modes de capital risque (Istirbah) concernent des contrats de Moudharaba, Mouzaraa, Mougharasa ou Mousaqat. Ce sont des contrats qui combinent trois types de capital : en numéraire, en nature et en savoir-faire (capital humain). Les bénéfices ou les pertes sont partagés en fonction de la contribution de chaque type de capital. Ces types de contrats répondent à de multiples besoins dans l'économie et valorisent le capital humain de manière efficace, car cela lui donne la possibilité d'entrer dans le circuit économique sans avoir besoin d'apporter un capital en numéraire ou en nature, et conduit ainsi directement à la production de véritable richesse.

Tous ces modes et ces contrats font partie de l'économie réelle liée au travail, à la production et à l'enrichissement par l'emploi de ressources matérielles et humaines. Les dettes ne constituent qu'une marge limitée qui reste liée aux actifs, aux propriétés et aux biens. Le système d'achat - vente permet de maximiser le bénéfice et contribue à la circulation de l'argent et la rotation de la richesse en faveur des groupes et secteurs les plus larges. C'est sans doute ce système que l'humanité a besoin aujourd'hui pour se débarrasser du fardeau de l'endettement et des dangers de faillite et d'effondrement économique.

## Synthèse :

L'analyse précédente avait pour objectif de montrer l'importance d'« Al-I'mar » et sa compatibilité avec le concept de développement dans l'économie moderne, et pourquoi il peut être considéré comme une finalité charaïque et économique de premier ordre. Ce constat s'appuie sur des raisons à la fois historiques, économiques et charaiques.

Du côté historique, « Al-I'mar » était un facteur central dans la renaissance humaine en général, le progrès des nations et des sociétés et l'essor des civilisations. Toutes les civilisations humaines partagent certains des facteurs fondamentaux qui ont contribué à leur émergence, dont les principaux sont les facteurs matériels et moraux. Quant au facteur matériel, il est étroitement lié au facteur économique, à la constitution de richesses, et donc à l'atteinte d'un haut niveau de développement économique. Le facteur moral est lié au système d'idées et de valeurs qui motivent les nations pour le progrès et le développement de la civilisation.

À cet égard, la civilisation islamique se distingue par sa capacité magistrale à maîtriser cette délicate équation qui lie le côté matériel d'« Al-I'mar » et du développement avec le côté moral et spirituel qui repose sur le système de valeurs islamiques sur lequel cette civilisation s'est fondée tout au long des siècles où elle a prévalu. Cette civilisation a accordé une attention particulière aux aspects de crédo qui définissent le but de l'existence de l'homme, sa fonction sur terre et son lien avec l'au-delà. Nous avons pu montrer cette interdépendance entre la fonction de lieutenance de l'homme (Istikhlaf) et le crédo monothéiste (Tawhid) pour former un système conceptuel unifié qui oriente le comportement humain, notamment son comportement économique, vers plus de rationalité, d'équilibre et de modération.

Du côté économique, nous avons montré que le concept « Al I'mar » est plus riche et plus éloquent que le concept du développement. L'une des finalités théoriques et scientifiques de la science économique moderne est de fonder une théorie économique globale basée sur des hypothèses solides et une méthode scientifique cohérente d'une part, et de fournir des outils scientifiques pour une analyse économique efficace, capable d'anticiper les crises d'autre part, en vue de réaliser un modèle de développement capable d'atteindre des objectifs économiques et sociaux. Au terme de cette analyse, nous avons montré la convergence remarquable entre les deux ensembles de finalités : les finalités charaiques des Maqasid et celles de la science économique, ainsi que leur besoin réciproque.

Enfin du côté charaïque, « Al-I'mar » est une finalité affirmée par les textes et confirmée par la jurisprudence, en particulier les jurisconsultes des Maqasid. Nous avons montré l'importance de l'interdépendance entre le trio : le crédo monothéiste (Tawhid), la mission de lieutenance (Istikhlaf) et la fonction d'« Al-I'mar ». En effet toute adoration au sens cultuel du terme, ne sera complète et valide qu'avec l'accomplissement de cette fonction qui est corollaire de la mission de lieutenance (Istikhlaf) divine à l'homme.

## Section 2 : la finalité « Tamkeen » (pouvoirisation).

De la même manière, nous allons aborder d'abord la signification du concept de « Tamkeen » (pouvoirisation), ses particularités et enfin son champ d'application.

### A. Le concept :

Du point de vue linguistique, le terme « Tamkeen » englobe plusieurs sens tels que l'autonomisation, la capabilité ou la « pouvoirisation »[112], l'équivalent du terme anglais « empowerment », qui signifie tout, le renforcement de la capacité financière des personnes démunies de façon à les transformer en acteurs autonomes et productifs dans la société, capables de prendre leur destin économique en main.

Le Coran a utilisé des termes signifiant le « Tamkeen » dans plusieurs versets pour exprimer une position d'autorité et de pouvoir d'action sur terre, ce qui lui donne un caractère multidimensionnel comprenant en plus du pouvoir économique, le pouvoir politique, social et décisionnel et parfois dans un sens général en termes de pouvoirisation absolue.

Ainsi le coran cite la parole du roi d'Égypte s'adressant au prophète Joseph (Youssef) : « Tu es dès aujourd'hui près de nous, en une position d'autorité (Makiin) et de confiance » (Coran : 25/54). On constate l'usage du mot « Makiin » qui est un mot dérivé de « Tamkeen » pour exprimer une autorité totale accordée au prophète Joseph dans la gestion des affaires économiques du royaume d'Égypte. Dans le même sens en citant l'histoire du roi d'origine yéménite « Dhul Quarnayn » qui était un roi pieux qui réprimait les corrupteurs ainsi que les transgresseurs sur terre et notamment, parmi eux, le peuple des Gog et Magog, le coran indique que Dieu lui a accordé une autorité absolue sur terre : « Nous avons affermi sa puissance sur terre, et nous lui avons

---

[112] Isdb (banque islamique du développement) : Pouvoirisation économique pour les Institutions Financières : Boite a outil pour la conception de la pouvoirisation économique- https://www.isdb.org/sites/default/files/media/documents/2023-05/1-%20BOITE%20A%20OUTIL%20POUR%20LA%20CONCEPTION_1.pdf

donné libre voie à toute chose » (Coran :18/84). Ici le mot « affermi » correspond au mot arabe de « Tamkeen » et qui est synonyme de renforcement de l'autorité et consolidation du pouvoir.

Le terme tel qu'il est mentionné dans le Coran possède donc plusieurs significations d'ordre général dénotant ainsi l'autorité, la force ou l'influence et le pouvoir. Mais il contient des significations économiques liées à la pouvoirisation matérielle, comme l'expression coranique de « Maa'ich » c'est-à-dire subsistance ou vivres : « Certes, nous vous avons donné du pouvoir sur terre et nous vous y avons assigné leur subsistance » (Coran :7/10). Ce niveau comprend l'autonomisation financière, la pouvoirisation économique et tout ce qui mène à la bonne vie telle qu'elle est exprimée dans le Coran.

Le mot « Tamkeen » ainsi que ses dérivés est répété dans le Coran à dix-huit endroits, et il apparaît ainsi comme un processus dynamique plutôt qu'un concept statique, qui montre l'existence d'une étroite corrélation entre les notions de pouvoirisation et de lieutenance (Istikhlaf).

### B. Les particularités du concept « Tamkeen » :

Il est clair à travers le texte coranique traitant du terme « Tamkeen » que ce concept a une nature globale et implique de multiples connotations tout en étant cohérent avec les finalités de la charia. Nous pouvons y distinguer les caractéristiques suivantes :

- Contrairement au concept conventionnel en termes d'autonomisation ou de pouvoirisation économique, il s'agit d'un concept multidimensionnel, car il comprend de nombreux domaines, y compris le religieux, le politique, l'économique, le financier, le militaire et le civilisationnel. Il n'est pas limité à un domaine spécifique et il inclut l'ensemble de la nation islamique, et il n'est pas propre à un individu ou un groupe en excluant d'autres comme c'est le cas de la pouvoirisation conventionnelle qui ne s'adresse qu'à des catégories sociales bien définies.

- Selon l'approche islamique le volet économique de « Tamkeen » ou pouvoirisation, est un acte social visant à inciter les individus, les institutions et les sociétés à accroître leur capabilité individuelle et collective, à atteindre l'efficacité économique, à améliorer la qualité de vie et à réaliser la justice sociale. En d'autres termes, il s'agit d'un processus social multidimensionnel qui aide les gens à maîtriser leur propre vie d'une façon durable.

- Cette approche islamique a pour but non seulement « l'inclusion financière qui consiste à proposer des solutions financières adaptées aux populations défavorisées, mais aussi l'inclusion économique qui a pour but d'aider les populations défavorisées à saisir les opportunités d'accroître leur capacité à générer des revenus »[113]. Il s'agit de se détourner de l'inclusion financière pour privilégier l'inclusion économique, c'est ce que la BID (Banque Islamique de Développement) appelle la « pouvoirisation économique ». La pouvoirisation économique est un modèle qui permet aux populations défavorisées de participer activement au cycle économique dans leur pays et d'avoir des aspirations réalistes quant à des conditions de vie décentes[114].

- Le concept économique de « Tamkeen » possède un caractère inclusif. En effet, il s'est transformé d'un moyen d'aider les populations marginalisées et les pauvres à atténuer l'état de misère sociale et de pauvreté matérielle dont ils souffrent, en un objectif et une finalité économique qui transforment le coût en ressources et les marginalisés en acteurs économiques qui contribuent positivement au processus de développement.

---

[113] BID : Pouvoirisation économique pour les Institutions Financières (source précédente).

[114] Idem

- Le concept possède également un volet social à côté du volet économique. Il joue un rôle incontestable dans la réduction des inégalités sociales, des disparités régionales, dans la garantie du seuil de suffisance (Kifaya) et par conséquent, dans l'instauration de la justice sociale à travers les mécanismes islamiques reconnus par leur efficacité et leur performance, tels que la Zakat, le Waqf, le Qardh Hasan, les Nafaqat, le Takaful, la microfinance, etc.

### C. **Le champ d'application et les prérogatives de réussite** :

Le champ d'application de la finalité de « Tamkeen » peut être lié à une triple dimension : financière, économique et sociale. La dimension financière apparaît comme une clé nécessaire, mais non suffisante dans le processus. Il s'agit d'une démarche de porter secours aux populations qui présentent une situation d'insécurité financière et un état de nécessité imminente de satisfaction aux besoins élémentaires de subsistance. Différents mécanismes et outils de référence charaïque peuvent être utilisés tels que la Zakat, y compris Zakat Al-Fitr (au mois de ramadan), le Qardh Hasan, le Takaful social, le système de prêt sans contrepartie (à'rya), les différentes sortes de Nafaqat (dépenses), etc.

La dimension économique consiste, par contre, à proposer un ensemble de services financiers et non financiers conformes à la charia à des personnes, groupes et micro, petites et moyennes entreprises (MPME) exclues du système financier traditionnel, dans l'optique d'améliorer leurs conditions de vie en générant une réelle valeur économique via les opérations réalisées avec les acteurs de la chaîne de valeur[115]. Ce système de services peut inclure des mécanismes à caractère lucratif ou non lucratif tels que : la Zakat, le Waqf, le Qardh Hasan, mais aussi les produits de microfinance conformes à la charia via des contrats de Mourabaha, Ijara, Salam, Istisn'a, Moucharaka, Moudharaba, Joala, Wakala, Mouzaraa, Mougharasa et Mousaqat.

[115] BID : Pouvoirisation économique pour les Institutions Financières (source précédente).

Quant à la dimension sociale, il s'agit d'un ensemble d'idées et initiatives à caractère social qui renforcent le principe selon lequel la pouvoirisation sociale en général est considérée comme une finalité charaïque à atteindre pour surmonter les différences sociales entre les personnes et lutter contre la pauvreté et la marginalisation sociale de plusieurs segments de la société. Partant du fait que toute société n'est pas dépourvue de la présence de groupes aux conditions particulières qui souffrent de multiples problèmes sociaux et économiques, et que ces groupes ont besoin d'une attention et d'un soin particuliers qui nécessitent un effort particulier des programmes de développement afin de parvenir à leur intégration dans la société, et cette intégration est une sorte d'autonomisation pour eux afin qu'ils acquièrent un ensemble de connaissances et de compétences qui les qualifient pour participer positivement et efficacement à la vie et ainsi remplacer leur culture de marginalisation par une culture de réhabilitation et de pouvoirisation.

Cependant, la réalisation de la finalité de « Tamkeen » ou pouvoirisation économique et sociale ne peut être obtenue que sous réserve de réunir deux sortes de conditions et prérogatives à la fois d'ordre spirituel et temporel :

- Les prérogatives d'ordre spirituel touchent d'une part, à la conformité des comportements économiques aux normes éthiques et morales islamiques et à toutes les prescriptions fixées par la charia, d'autre part à faire de façon assidue de bonnes actions qui procurent un intérêt général humain et permettent d'obtenir la bonne vie promise par le Coran. Au premier plan de ces actions bénéfiques se trouve la recherche de ce qui est permis et l'éloignement de ce qui est prohibé ainsi que l'acquisition de richesses par des moyens licites ; enfin, veiller à observer la position de juste milieu dans toutes ces actions et maintenir l'équilibre entre la vie sur terre et la vie de l'au-delà, ce qui nécessite inévitablement d'éviter l'injustice dans les comportements économiques et les transactions financières et de considérer la responsabilité sociale et la rationalité économique dans toute la sphère économique.

- Les prérogatives d'ordre temporel se rapportent à réunir les conditions de réussite dans les plans d'action et les projets individuels et collectifs à travers la bonne planification stratégique, une démarche d'autonomie et de développement endogène mettant en valeur la capabilité des individus, des groupes ainsi que de la société entière.

## Synthèse :

Dans cette section, nous avons traité du concept « Tamkeen » en général et le « Tamkeen » économique en particulier, et nous avons présenté un ensemble d'arguments charaiques et économiques qui montrent qu'il s'agit d'une finalité économique de grande importance. Nous avons également passé en revue les conditions de pouvoirisation économique ainsi que les facteurs pour y parvenir. Nous avons conclu que l'extrapolation des textes coraniques révèle une corrélation entre les Maqasid charaiques et les secrets divins pour lesquels l'univers a été créé et soumis à l'homme afin d'accomplir la fonction de lieutenance. Le but général de tout cela est d'adorer le Créateur l'unique, et cela n'est atteint qu'en accomplissant la finalité principale celle d'« Al-I'mar ». Celle-ci, à son tour, n'est réalisée qu'à travers la finalité de « Tamkeen » en général et de « Tamkeen » économique en particulier.

La multiplicité des textes charaiques explicites montrent que cette finalité de pouvoirisation économique fait partie de la finalité suprême de la charia à savoir le repoussement des méfaits est prioritaire sur la recherche des intérêts, car l'anéantissement des préjudices dans la société tels que la marginalisation et la précarité permet sans doute de préserver la justice. Par conséquent, le texte coranique a lié la bénédiction d'une bonne vie avec le but de la pouvoirisation sur terre, et c'est un lien inséparable que l'un ne peut être atteint sans que l'autre le soit aussi.

## Section 3 : La finalité de Sécurité « Amn »

La sécurité (en arabe « Amn ») est un pilier économique et social essentiel non seulement pour parvenir à « Al-I'mar » et au progrès économique, mais aussi pour préserver la pouvoirisation et le « Tamkeen » économiques. Le fait d'œuvrer à sa réalisation est une finalité en soi, pour assurer la continuité de l'espèce humaine sur terre. Si « Al-I'mar » ou le développement est une obligation à la fois individuelle et collective, assurer la sécurité est un devoir fonctionnel à la fois de l'État et de la société, conformément à la règle charaïque (toute obligation qui n'est pas remplie sans elle devient une obligation). Le manque de sécurité ou son absence est une cause d'instabilité économique et sociale qui se répercute sans doute sur la croissance et la prospérité.

Nous allons aborder d'abord le concept, ensuite les dimensions qui y sont liées, enfin le champ d'application.

### A. Le concept :

Le terme arabe « Amn » signifie, dans son sens général, sécurité, stabilité, paix et tranquillité, ce qui nécessite le repoussement de tous les facteurs d'insécurité qui menacent la stabilité tel que la peur, le risque ou le danger.

La sécurité permet à l'individu d'exercer la fonction de lieutenance sur terre (Istikhlaf). Elle est considérée comme la base du développement et le but de la justice.

La sécurité est, aujourd'hui, l'un des besoins fondamentaux de l'être humain, en tant qu'individu ou entité sociétale. Elle est devenue l'un des termes les plus utilisés en relation, avec le phénomène croissant du terrorisme et des actes de violence. Le sens sécuritaire s'est imposé au détriment des autres sens du terme tels que la sécurité psychologique, la sécurité alimentaire, la sécurité sanitaire, la sécurité culturelle et intellectuelle, la Sécurité sociale et la sécurité économique qui peut-elle-même contenir plusieurs sortes comme par exemple la sécurité financière, la sécurité d'emploi, la sécurité de logement, la sécurité énergétique, etc. Tout cela confirme la multi- dimensionnalité du concept de sécurité et par conséquent son importance pour les individus, les sociétés ainsi que pour toute l'humanité entière.

En effet, le concept de sécurité humaine s'est remarquablement développé au cours des dernières décennies en liaison avec l'évolution croissante des sociétés et de l'augmentation des menaces internes et externes, qui nécessitent une focalisation et une attention sur l'être humain en tant qu'individu actif et influent dans la société. La sécurité humaine est apparue à tous les niveaux ; il comprend la réforme des institutions internes nécessaires pour garantir la sécurité personnelle et politique et l'indépendance individuelle, le droit d'accéder à l'éducation, à des soins de santé adéquats et à un logement décent, garantir la liberté d'expression, protéger l'individu contre l'exposition à la violence et aux abus, et l'égalité des chances en matière d'emploi dans une manière qui renforce le sentiment d'appartenance de l'individu et donc le progrès économique et politique de la société.

Les éléments de base sur lesquels repose le concept de sécurité sont :

- L'absence de peur, dans le sens où il doit y avoir une protection contre la peur, contre tout ce que l'on attend des événements futurs, et cela peut être pour plusieurs raisons, notamment : l'oppression, la violence, l'exclusion et la marginalisation, l'injustice, l'esclavage non seulement des personnes, mais aussi des peuples.

- L'absence de la privation au sens large, qui peut inclure la privation des droits les plus élémentaires et nécessaires pour vivre sa vie dans la sécurité et la stabilité, et qui comprend également la privation sociale, qui est le problème le plus important dans la vie humaine.

Le texte coranique a utilisé un concept plus précis de « sécurité humaine » : « Qu'ils adorent donc le Seigneur de cette Maison (la Ka'ba), qui les a nourris contre la faim et rassurés de la crainte ! » (Coran :106/3-4).

Le verset lie la sécurité alimentaire (contre la faim) à la sécurité sociale et psychologique (contre la crainte ou la peur). La peur au sens contemporain signifie danger et menace globale, qu'elle soit économique, sociale ou politique, interne ou externe. Dans le cadre de ce constat, le concept global de « Amn » (sécurité) désigne la capacité par laquelle l'État est en mesure d'assurer la sécurité de ses citoyens dans tous les domaines face aux dangers qui les menacent à l'intérieur et à l'extérieur, en temps de paix et de guerre, avec la possibilité de préserver cette sécurité dans le présent et dans le futur. Il s'agit de créer les conditions appropriées et nécessaires pour lancer la stratégie planifiée de développement global, dans le but de sécuriser l'État de l'intérieur et de l'extérieur, afin de conjurer les menaces de toutes dimensions, dans la mesure où il garantit aux citoyens une stabilité de vie qui leur fournit un maximum d'énergie pour avancer et progresser.

Le concept de sécurité économique dans le Coran est compris dans tous les versets qui lient la dimension sociale (paix, stabilité et absence de peur) et la dimension économique (disponibilité des besoins humains nécessaires qui appellent à la stabilité, comme la nourriture et la boisson), étant donné que ces besoins ne peuvent satisfaits qu'avec la survenance de la sécurité pour assurer leur disponibilité permanente et permettre le maintien de la stabilité : « Et quand Abraham supplia: "Ô mon Seigneur, fais de cette cité un lieu de sécurité, et fais attribution des fruits à ceux qui parmi ses habitants auront cru en Dieu et au Jour dernier » (Coran :2/126) . Le verset fait référence à la différence entre la jouissance éphémère des plaisirs et la sécurité et la stabilité, car la jouissance ne signifie pas la sécurité. Il fait référence également à la sécurité globale de la société lorsqu'il faisait le lien entre la perte de sécurité avec le mépris des directives divines et le refus de la grâce : « Et Allah propose en parabole une ville : elle était en sécurité, tranquille ; sa part de nourriture lui venait de partout en abondance. Puis elle se montra ingrate aux bienfaits d'Allah. Allah lui fit alors goûter la violence de la faim et de la peur [en punition] de ce qu'ils faisaient » (Coran :16/112).

Le Coran a également indiqué que la bénédiction de la stabilité et de la tranquillité provient de la disponibilité de ressources économiques qui préservent l'âme et répondent aux nécessités et aux besoins : « Car tu n'y auras pas faim ni ne seras nu, tu n'y auras pas soif ni ne seras frappé par l'ardeur du soleil » (Coran : 20/118-120).

Parallèlement aux versets coraniques, plusieurs hadiths prophétiques Confirment le même sens comme celui-ci : « Celui d'entre vous qui se réveille le matin ne souffrant d'aucun mal dans son corps, en sécurité parmi les siens et possédant la nourriture de sa journée, c'est comme si l'on avait amassé pour lui tous les biens de ce bas monde »[116]. Cela signifie que la disponibilité de la Sécurité sociale et de la sécurité économique conduit à la possession du monde dans son intégralité, autrement dit la pouvoirisation économique.

### B. Les dimensions du concept « Amn » (sécurité) :

La nature exhaustive du concept « Amn » (sécurité) montre son caractère multi- dimensionnel qui touche aux dimensions suivantes :

- La dimension politique : elle touche à la préservation de l'entité politique de l'État, et cela est réalisé à travers le droit des personnes à l'indépendance, à la dignité, à la liberté et à une vie confortable.

- La dimension environnementale, qui touche à l'élimination des risques environnementaux, en particulier l'élimination des déchets et des facteurs de pollution afin de maintenir la sécurité. Elle fournit également un système vital pour les ressources, c'est-à-dire la capacité de s'adapter aux variables biologiques productives des ressources, pour tout processus de production, en vue de former des ressources économiques de manière organisée et non injustement utilisées.

[116] Rapporté par Ibn Mâjah

Sur cette base, le concept de sécurité humaine trouve son essence dans l'être humain, car il permet de se débarrasser de tout ce qui menace sa sécurité politique, économique et sociale. Cela concorde avec le concept des droits de l'homme, qui repose principalement sur la définition d'un large éventail de droits politiques, économiques et sociaux qui doivent être garantis pour les individus. Cependant, le concept de sécurité humaine se distingue par la défense de certains droits selon différents agendas et situations, ainsi qu'en allant au-delà de la simple revendication des droits fondamentaux et de la promulgation de lois pour trouver des mécanismes adéquats et réformer les institutions sur laquelle repose la sécurité humaine.

Il convient de noter que l'idée de sécurité humaine dans le concept délibératif contemporain est apparue grâce aux travaux du Pakistanais (Mahbub Al-Haq) et de l'Indien (Amartya Sen) dans le rapport qu'ils ont remis aux Nations Unies en 1994[117], un tel rapport qui a identifié les piliers de la sécurité humaine en sept axes principaux, qui sont :
- la sécurité économique - y compris qu'une personne a un revenu minimum qui lui suffit pour vivre.
- la sécurité alimentaire - que les gens aient le minimum de nourriture disponible.
- la sécurité sanitaire – qui permet de fournir le niveau minimum de soins et de services de santé.
- la sécurité environnementale – qui permet de vivre dans un environnement sûr, propre et sécurisé en cas de catastrophe.
- la sécurité individuelle - en lui assurant une protection contre la violence, le crime, l'oppression y compris celle du pouvoir politique.
- la sécurité communautaire - qui garantit la protection contre la violence et les conflits sectaires ou ethniques.
- la sécurité politique – qui assure la préservation des droits et libertés fondamentaux des individus.

[117] Rapport sur le développement humain du Programme des Nations Unies pour le développement, 1994.

### C. Le champ d’application :

La réalisation de la finalité de sécurité « Amn » est liée à la mesure dans laquelle elle est applicable dans les quatre domaines fondamentaux autour desquels s'articule l'existence humaine, à savoir : le domaine politique, social, culturel et économique :

**- le champ politique :**

Le domaine politique est le domaine dans lequel, d'une part, la finalité de sécurité humaine est atteinte dans sa dimension politique et de sécurité générale, et la dignité humaine y est préservée, comme l'a également exprimé le calife Umar ibn al -Khattab avec sa parole célèbre : « Depuis quand réduisez-vous les hommes à l’état d’esclavage alors que leurs mères les ont fait naître libres ».?, respectant ainsi son droit d'exprimer son opinion et le protégeant de l'oppression à laquelle il pourrait être confronté, comme le confirme le hadith prophétique : « Le meilleur djihad est une parole de vérité devant un gouvernant injuste »[118].

D'autre part, c’est le domaine où l'entité politique de l'État est préservée, la sécurité publique est protégée, la tranquillité et la stabilité sont assurées et la peur est écartée dans les deux sens : la peur de l'État envers les individus et la peur des individus envers l'État. Cet objectif peut être atteint grâce à l’application du système de la Choura (démocratie au sens islamique), l’exercice du droit de l’opposition politique et la résistance contre toute dérive autoritaire qui touche les droits fondamentaux. Sur cette base, la sécurité politique est l'essence de la politique de la charia et la base de son autorité, et toutes les autres dimensions de la sécurité en dépendent.

**- Le champ social :**

---

[118] Musnad Ahmad :18850.

Le concept de sécurité sociale est considéré comme l'un des fondements essentiels des sociétés modernes et un facteur majeur de protection de leurs acquis et la voie de leur avancement et de leur progrès.
De plus, le système de sécurité favorise l'intégration sociale, qui est tributaire du respect par tous, des règles d'égalité en droits et en devoirs tout en préservant les spécificités culturelles basées sur le principe de diversité dans le cadre de l'unité.

Parmi les risques les plus importants qui menacent la sécurité et la paix sociale :

- Le phénomène de délinquance comportementale et les délits qui en résultent d'atteinte à soi-même, aux biens communs, aux mœurs et tous les agissements qui visent le système social, tel que la corruption et le monopole.

- Le phénomène de l'extrémisme y compris l'extrémisme intellectuel, qu'il soit religieux ou laïc, et toute approche d'exclusion qui en résulte qui justifie les crimes, et qui génère rancunes et haines, et crée un clivage entre les membres d'une même société, ce qui conduit à une atteinte à la sécurité et conduit à la déstabilisation de la paix sociale.

- Le phénomène de la propagation de la drogue, qui est l'un des plus grands dangers qui menacent la société et altèrent son entité et sa stabilité en raison de ses effets néfastes sur la santé des corps et des esprits, du gaspillage d'énergies et de richesses et de la corruption. Ce phénomène est aussi à l'origine du développement d'autres crimes comme le vol, le viol et parfois le meurtre.

- Le phénomène de la pauvreté, qui est l'un des problèmes sociaux et économiques les plus importants ; ce qui conduit à la privation et au dénuement et conduit à l'émergence de cas de délinquance qui incitent au vol et à la vengeance, et fournit un climat propice à la déviation sociale qui menace les valeurs de la société et propage la peur et l'anxiété.

Par conséquent, la sécurité sociétale est une grande responsabilité sociale qui incombe à tous les membres de la société, en tête l'Etat, les institutions civiles, les organisations sociales et les élites.

La sécurité sociale, dans la conception islamique, consiste dans le fait d'assurer un climat social sain qui bannit la peur et la panique des individus et des groupes, et leur garantit de vivre en paix et quiétude et pratiquer librement leurs cultes et d'avoir accès aisément aux moyens de subsistance, en vue d'assurer la stabilité et de préserver la paix sociale, notamment en l'absence de toute injustice et iniquité : « Ceux qui ont cru et n'ont point troublé la pureté de leur foi par quel qu'iniquité (association), ceux-là ont la sécurité; et ce sont eux les biens guidés » (Coran : 6/82). La sécurité est ainsi associée à la foi d'une part et à l'absence d'injustice d'autre part.

Dans un hadith réputé, le prophète (SWS) représentait toute la société humaine avec un navire de sauvetage dont les gens coopèrent pour le sauver de la noyade et de la mort. Mais s'ils laissent les sots s'en mêler, tout le monde périra, les frivoles et les silencieux. Il en va de même pour la société, si les gouvernants et les gouvernés ne coopèrent pas pour préserver la sécurité sociétale, alors le danger s'abattra sur tout le monde.

**- Le champ culturel :** La sécurité culturelle est la capacité de la société à fournir la protection nécessaire à sa culture tout en restant ouverte à l'extérieur en vue de permettre la liberté de créativité et d'innovation d'une part, et préserver l'identité culturelle de la société contre toute tentative de pénétration ou de domination de l'extérieur, d'autre part. Il est dans l'intérêt de toute société de renforcer cette dimension de la sécurité nationale.

La sécurité culturelle ne signifie pas une augmentation du taux de censure, ni la soumission et l'acquiescement aux exigences de la culture dominante loin de la créativité et l'initiative. Il n'existe aucune culture humaine sans un cadre de référence qui fixe les critères du choix culturel ou civilisationnel. Et la véritable ouverture culturelle ne peut se réaliser sans ce cadre. En ce sens, le concept de sécurité culturelle est principalement lié à la liberté.

La sécurité culturelle au sens islamique est la préservation du soi et de l'identité islamiques face aux tentatives de pénétration intellectuelle et culturelle étrangère oisive. L'objectif est de préserver une société rassurante dans laquelle les droits, les âmes et les esprits sont préservés. Pour cette raison, l'invasion culturelle et intellectuelle est plus menaçante que l'invasion militaire, car elle adopte un ensemble de méthodes et pratiques non affichées qui visent à abolir l'identité de la nation et anéantir son propre patrimoine et son héritage culturel et civilisationnel, et qui visent également à occuper les esprits et les remodeler d'une manière qui les éloigne de leurs propres cultures favorisant ainsi son autodestruction sans la nécessité d'aucune intervention militaire qui pourrait entraîner des pertes humaines ou matérielles.

De là, la sécurité culturelle revêt une importance particulière, au même titre que les autres dimensions militaires, politiques, économiques et sociales. Elle est étroitement liée à la sécurité nationale et stratégique des sociétés et des nations.

L'importance de cette dimension culturelle en islam réside dans le fait qu'il s'agit d'adopter une voie de juste milieu capable d'exprimer la capacité des sociétés islamiques à préserver leur identité et leur culture tout en possédant la capacité de dialoguer et d'interagir positivement avec les autres cultures, afin d'atteindre une pensée équilibrée nécessaire pour communiquer avec l'autre.

**- La sécurité économique :**

La sécurité économique est définie par « l'absence de menace de privation grave de bien-être économique »[119]. Le bien-être économique signifie l'élévation du niveau de vie de la majorité de la population grâce à l'utilisation optimale des ressources naturelles et humaines disponibles ainsi que de la distribution des fruits du processus de la production de manière équitable dans la société. Il ne fait aucun doute que pour atteindre cet objectif, il faut assurer la sécurité dans tous les domaines du secteur économique, qui touchent à la vie des individus tels que la sécurité alimentaire, la sécurité du logement, la sécurité vestimentaire et la sécurité sanitaire. Mais aussi, ceux qui relèvent de la société tout entière, telle que la sécurité de l'eau, la sécurité énergétique et la sécurité environnementale, ou encore ceux qui touchent à l'État telle que la sécurité financière et la sécurité monétaire.
Le champ économique est donc très varié et touche aux éléments clés de la sécurité humaine. Parmi les composantes les plus déterminantes, nous pouvons distinguer la sécurité alimentaire, sanitaire et financière.

La sécurité alimentaire est un concept que l'économie contemporaine n'a pas réalisé l'importance que récemment, lorsqu'il a été introduit par certains organismes internationaux et adopté par la suite par les gouvernements. Pourtant l'islam a mis en relief ce concept depuis son avènement il y a plus de 14 siècles et a attiré l'attention sur son importance en considérant qu'il est l'un des piliers les plus importants d'une vie stable. Ainsi le Coran décrivait l'invocation du prophète Ibrahim, en disant : « Mon Seigneur, fais de cette cité un lieu de sécurité, et accorde des fruits à ceux de ses habitants qui croient en Dieu et au Jour dernier » (2/26) et aussi quand Dieu remercia Qurayshe (les habitants de la Mecque) en disant : « Qu'ils adorent donc le Seigneur de cette Maison qui les a nourris contre la faim et les a protégés de la peur » (Coran :106/3-4).

---

[119] Hussein Al-Asraj, Le rôle de la finance islamique dans la réalisation de la sécurité économique, Revue internationale d'économie islamique, numéro de janvier 2019, p. 1.

Afin d'atteindre l'objectif de sécurité alimentaire, l'Islam a interdit toute une série de comportements qui touchent à la qualité des produits alimentaires comme la tricherie sous toutes ses formes, en particulier la tricherie dans la nourriture, le mélange entre les différentes qualités, le monopole (Ihtikar) et le Riba dans les échanges des produits notamment de première nécessité en vue de respecter des conditions équitables dans l'échange et écarter toute manipulation dans les prix. En plus de cela, l'Islam a ordonné d'assurer la licéité de tous les produits alimentaires, de sorte qu'une personne ne mange ou ne boive que ce qui est licite et ce qui ne nuit pas à son corps, son esprit et sa santé.
L'Islam accorde, par ailleurs, une attention particulière à l'agriculture, car elle est la base de la sécurité alimentaire. Il considère que la réalisation de cet objectif reste subordonnée à une politique de bonne utilisation des ressources naturelles, financières et humaines, et à un travail de rationalisation de la consommation alimentaire en vue d'éviter le gaspillage et toute utilisation excessive et irresponsable.

La sécurité sanitaire est une composante essentielle de la sécurité économique malgré que l'intérêt de la société humaine pour cette question soit venu très tard. L'Islam en est aussi précurseur de plusieurs siècles. Il lui a accordé une attention particulière comme le confirment les textes du Coran, de la Sunna et de la jurisprudence fiqhique qui ont lié la réalisation des finalités de la charia à l'objectif de préserver la santé humaine et l'ont considérée comme une condition nécessaire pour atteindre ces objectifs.

Dans un hadith, le prophète exprime que l'une des plus grandes bénédictions de Dieu sur son serviteur est la santé physique : « Celui d'entre vous qui se réveille le matin ne souffrant d'aucun mal dans son corps, en sécurité parmi les siens et possédant la nourriture de sa journée, c'est comme si l'on avait amassé pour lui tous les biens de ce bas monde »[120]. Une de ses invocations quotidiennes était une demande

---

[120] Rapporté par Ibn Mâjah

de bien-être dans le corps : « "Ô Dieu, guéris mon corps, Ô Dieu, guéris mon ouïe, Ô Dieu, guéris ma vue ».

L'Islam a également appelé à une consommation responsable et à la modération dans la nourriture dans une série de versets coraniques tels que : « Qui, lorsqu'ils dépensent, ne sont ni prodigues ni avares, mais se tiennent au juste milieu » (Coran : 25/67), et « mangez et buvez ; et ne commettez pas d'excès, car il [Allah] n'aime pas ceux qui commettent des excès (Coran : 7 :31) ». Et dans une prophétique, il considérait que « L'estomac est le siège de tous les maux et la diète est le meilleur des médicaments " ce qui est aujourd'hui considéré comme une règle essentielle de la médecine préventive.

De même, les savants des finalités (Maqasid) ont mentionné parmi les cinq nécessités charaiques (préserver la religion, la vie, la raison, l'honneur et les biens), la préservation de la vie humaine ce qui ne peut être obtenu que par la protection de la santé des individus. De même la réalisation des quatre autres nécessités dépend entièrement de la préservation du corps et de la sécurité sanitaire ou, plus précisément, de l'atteinte de l'objectif de sécurité sanitaire dans ses différentes dimensions.

## Synthèse :

Il ressort de ce qui précède que la sécurité dans ses diverses dimensions, en particulier dans le domaine économique, est un pilier fondamental pour parvenir au développement, au progrès économique, autrement dit à la finalité « Al I'mar ». Par conséquent la préserver devient une nécessité de premier ordre. Si « Al I'mar » est une finalité dont la réalisation relève du devoir des individus et de la société, la sécurité humaine relève des devoirs de l'État et aussi de la société. Le manque de sécurité est sans doute un facteur d'instabilité qui entrave la croissance, la prospérité et la paix sociale.

L'Islam a fait de cette finalité d'« Al Amn » (la sécurité) la plus grande des bénédictions pour l'homme, car le prophète (SWS) a exhorté toute action qui apporte la sécurité aux gens, et il a interdit toute action qui menace leur vie. Il est remarquable que les textes charaiques accordent le plus d'importance aux dimensions sociales et économiques pour confirmer que la sécurité réelle n'est atteinte que dans le sens de la stabilité, de la paix sociale, du bien-être et de la prospérité dans le sens économique.

L'extrapolation des textes du Coran, de la Sunna et de l'héritage jurisprudentiel et culturel, montre que la réalisation de la sécurité doit être considérée comme une finalité économique pour deux considérations : la première, son lien étroit avec les cinq finalités (Maqasid) suprêmes de la charia, et la seconde la nécessité pour ces Maqasid d'atteindre la sécurité pour y parvenir.
Cependant la finalité de la sécurité économique ne se limite pas aux quatre dimensions évoquées, à savoir la sécurité alimentaire, vestimentaire, sanitaire et environnementale, mais englobe au contraire toutes les dimensions et tous les aspects qui relèvent du vaste domaine économique, tel que la sécurité hydrique, la sécurité énergétique, la sécurité technologique, la sécurité de l'information, la sécurité

financière, la sécurité monétaire et la sécurité agricole, ainsi que d'autres sous-secteurs sur lesquels repose le système économique.

## Section 4 : La finalité de « Tawazun » (Équilibre)

L'équilibre est considéré comme une caractéristique essentielle de l'approche islamique dans tous les aspects de la vie sociale, politique et économique. C'est aussi un principe de base, une loi universelle et une règle primordiale pour toutes les créatures de l'univers. Sans cet équilibre, il y aurait du désordre et du chaos.

Conformément à ce principe, la religion que le Créateur a approuvée pour ses serviteurs, est aussi une religion équilibrée, noble et de juste milieu : « mon Seigneur m'a guidé vers un droit chemin, une religion droite : la religion d'Abraham » (6/161). La législation, les règles et les enseignements étaient tous organisés et équilibrés, sans excès ni négligence. C'est une religion de juste milieu qui combine le savoir et le travail, l'âme et le corps, l'intellect et la transmission, la vie de ce monde et l'au-delà.

Les croyances humaines, les philosophies et les doctrines économiques aspiraient toutes à atteindre ce principe et à réaliser cet objectif d'équilibre. Aussi l'équilibre est un objectif central de l'économie contemporaine, pour lequel des théories ont été développées et des lois et des législations ont été promulguées dans les différents domaines du champ économique.

Ce chapitre comprend trois sections : dans la première section, nous abordons le concept d'équilibre entre l'économie positive et l'économie islamique, et dans la deuxième section, nous passerons en revue les idées de base liées à ce concept. Quant à la troisième section, nous la consacrons aux champs d'application de cette finalité d'équilibre économique.

### 1 : Le concept de « Tawazun » (Équilibre) :

Nous aborderons le concept de l'équilibre dans la pensée économique moderne, ensuite le concept de l'équilibre ou « Tawazun » du point de vue économique islamique.

**A. Le concept de l'équilibre dans la pensée économique moderne :**

Les économistes attachent une grande importance à la notion de l'équilibre en tant que but et finalité globale de la science économique, à tel point que certains d'entre eux avaient défini l'économie comme étant la science permettant d'atteindre l'équilibre et ont considéré que le concept d'équilibre économique est un état parfait grâce auquel la stabilité est atteinte entre les différents agrégats économiques, se reflétant ainsi dans la croissance et le développement. En d'autres termes, c'est la concordance entre l'offre globale avec la demande globale, entre les forces opposées du marché, tandis que le déséquilibre est l'état contraire.

L'absence de l'équilibre signifie un déséquilibre entre l'offre et la demande sur l'un des marchés du système économique. La persistance et la perpétuation de ce déséquilibre conduit à l'apparition d'une crise sur ces marchés. Sur le marché du travail, cette crise s'exprime par une crise de « chômage » ou de « pénurie de main-d'œuvre », et sur le marché monétaire, elle s'exprime par une crise « d'inflation » ou de « déflation », et ainsi de suite.

Adam Smith fut le premier à faire des recherches sur l'équilibre économique dans son célèbre livre « La richesse des nations », qu'il écrivit en 1776 et dont le sujet principal était l'analyse de l'équilibre économique général. Cette analyse est dominée par une forte croyance dans la réalisation d'un équilibre statique et automatique basé sur un mécanisme d'évolution des prix et des salaires en toute flexibilité.

Cependant l'expérience a prouvé que cette conception théorique de l'équilibre était très éloignée de la réalité pratique. Depuis la fin du XVIIIe siècle, les économies des pays industrialisés sont exposées à des fluctuations et des déséquilibres que la théorie classique avait considérés comme des déséquilibres temporaires et passagers. Mais les conséquences économiques et sociales résultant de ce déséquilibre d'une part, et les réactions suscitées contre une liberté économique effrénée, ont incité certains économistes classiques modernes à extrapoler les événements et à construire une théorie « scientifique » de l'équilibre général avec les deux économistes Léon Walras et Alfredo Pareto.

Cette approche critique de la théorie classique a été renforcée par l'économiste britannique John Maynard Keynes dans son livre « la théorie générale » écrit en 1936, dans lequel il rejetait l'idée d'un équilibre automatique et soulignait que la réalisation de l'équilibre ne dépend pas de la correction des prix, mais plutôt de changements de revenus et, par conséquent, selon lui, tous les équilibres sont possibles (bons et mauvais), mais l'équilibre souhaité est celui qui conduit à la réalisation du plein emploi qui peut être atteint par un niveau élevé d'investissement.

Parmi les formes d'équilibre économique recherchées par tous les systèmes et politiques économiques, et qui sont considérées comme un élément générateur de stabilité économique, on trouve :

- L'équilibre entre la demande totale (c'est-à-dire les dépenses publiques) et l'offre totale (le produit national),
- l'investissement national étant égal à l'épargne nationale.
- les exportations étant égales aux importations, c'est-à-dire la balance commerciale et alimentaire, etc.
- Ensuite, la balance des paiements s'est équilibrée, les dépenses publiques sont devenues égales aux recettes publiques, le déficit du budget général de l'État a disparu et le taux de croissance économique est également devenu égal au taux de croissance de la population.

Ce sont des situations qui, dans le monde d'aujourd'hui, semblent plus proches de l'imaginaire que de la réalité, compte tenu de l'échec des politiques suivies jusqu'à présent pour prévenir les déséquilibres, créer l'équilibre, parvenir à la stabilité et éviter les secousses et les crises.

La recherche de l'équilibre économique général reste une préoccupation constante dans la pensée économique moderne et pour les décideurs économiques de divers pays du monde, et elle est considérée comme l'un des sujets liés à l'identité développementale et à la philosophie économique régissant toute société.

Pour cette raison, il convient de considérer la vision islamique de l'équilibre et l'étendue de sa capacité à répondre à ce dilemme historique qui accompagne l'économie : existe-t-il un concept islamique d'équilibre économique ? Quelles sont les significations contenues dans le Coran et la Sunna du Prophète qui font référence à l'équilibre ? Quels sont les outils islamiques pour atteindre cet objectif ? Comment l'équilibre monétaire et réel est-il atteint dans le système économique islamique ? Quel est le rôle de la Zakat et son impact sur les variables économiques afin d'atteindre l'équilibre ? Quel est le rôle de l'abolition de l'intérêt (Riba) dans la réalisation de l'équilibre ? Et enfin, quel est l'impact des règles de l'échange islamiques sur l'équilibre et la stabilité des marchés ?

**B. Le concept islamique de l'équilibre « Tawazun » :**

L'équilibre économique dans le concept islamique fait partie d'un équilibre général affirmé par un système de vie intégré par l'islam, qui se veut une religion d'équilibre, de modération et de juste milieu. Quiconque examine les dispositions de la charia islamique découvre qu'il s'agit d'une loi basée sur l'équilibre à tous les niveaux : dans l'univers, dans la vie et dans l'être humain. En effet, il s'agit d'un équilibre entre les exigences de l'âme et du corps, entre l'observation des prérogatives spirituelles et celles de la création de la richesse matérielle, entre les motivations individuelles et l'intérêt public, entre les droits et les devoirs, entre l'excès dans les dépenses et l'austérité et l'avarice, et entre les avantages matériels dans la vie d'ici-bas et les récompenses dans l'au-delà, etc. « Nous avons fait de vous une communauté de juste milieu pour que vous soyez témoins aux gens, comme le Messager sera témoin à vous » (Coran : 2/143).

La vision coranique de l'équilibre ne s'est pas fixée à l'origine de l’univers et des ressources qu'il contient, ni à l'origine des secteurs économiques, et au besoin de l'équilibre entre eux, selon une profonde vision de l'interdépendance sectorielle, ni même de l'existence de la vie dans son ensemble et l'équilibre entre la population et les ressources, et l'harmonie entre l'homme et la nature, contrairement à ce que soulevaient les études économiques positivistes sur l’existence d’une contradiction ou d’une insuffisance (rareté) dans les ressources mises à disposition par le Créateur pour l’humanité en particulier et toutes les créatures en général.

L'équilibre et la modération sont requis et recommandés par l'Islam. La vie ne peut être stable et décente que sur la base de l’équilibre. Ainsi, le succès de tous approche ou système ou projet ne peut être obtenu que dans la mesure de son souci d'atteindre l'équilibre. En économie, étant donné que la réalisation de l’équilibre nécessite l’égalité de l’offre et de la demande sur un marché, l’Islam a consacré un ensemble important de textes comprenant des dispositions et des directives visant à atteindre le niveau d’équilibre. Ainsi, nous trouvons dans le Coran de nombreux versets dont le contenu peut être classé sous le chapitre de régulation de la « demande », et d'autres versets dont le contenu peut être classé sous le chapitre de régulation de « l'offre », ainsi qu'un autre groupe de versets dont le contenu peut être classé dans le chapitre des politiques de « stabilité économique ».
Pour représenter ces faits, le volet de la demande peut être régulé par les versets traitant de la question des dépenses mentionnés dans de nombreuses sourates du Coran. Tandis que le volet de l’offre peut être régulé par les versets traitant de la question de l’échange et l’interdiction de l'intérêt (Riba).

De même, le verset sur la dette de la sourate Al-Baqara, qui est le verset le plus long du Coran, peut être considéré comme l'un des versets les plus importants dont l'application de son contenu conduit à la stabilité des transactions, de la régulation des dettes et des paiements différés qui permet la rotation efficace de la richesse dans la société. En règle générale, les versets portant sur des recommandations ou des prohibitions peuvent être classés dans le cadre des politiques visant à atteindre la stabilité économique, que ce soit directement ou indirectement.[121]

## 2. Les idées essentielles liées au concept d'équilibre :

Nous les passons en revue en trois points : les textes régulant la demande, les textes régulant l'offre et l'équilibre entre l'offre et la demande sur les marchés.

### A. Les textes régulant la demande :

En revenant à la théorie économique, nous constatons que la plupart des penseurs contemporains se sont concentrés sur l'importance des dépenses et de la consommation. Keynes est apparu au XXe siècle en appelant à ce que les dépenses soient considérées comme la base pour résoudre les problèmes économiques et parvenir à la stabilité économique, après la pensée classique qui était plutôt axée sur l'offre. Les économistes considéraient les idées de Keynes comme une révolution dans la pensée économique, et la théorie keynésienne est toujours enseignée dans les universités mondiales comme parmi les meilleurs produits de l'esprit humain.
Cependant, la pensée keynésienne ne faisait pas de différence entre les bonnes et les mauvaises dépenses et ne parlait pas de la morale et de l'éthique dans la consommation et les dépenses, qui n'ont été abordées par d'autres que récemment avec la théorie de l'économie morale, chose qui a été parfaitement explorée par le Coran de sorte que les principes coraniques mis en place en la matière restent éternels, avant

---

[121] Kamal, Hattab : Quelques aspects du miracle économique coranique pour faire face à la crise financière mondiale, International Islamic Economics Journal, N 5 – 2012.

Keynes et après Keynes. En effet, deux classes de dépenses sont à distinguer :

- Les dépenses volontaires (de consommation et d'investissement) :
« Ceux qui dépensent leurs biens nuit et jour, discrètement et ouvertement, auront leur récompense auprès de leur Seigneur ; il n'y aura nulle crainte pour eux, et ils n'auront aucune affliction » (Coran : 2/274). C'est une incitation aux dépenses jour et nuit, secrètement et visiblement, comme s'il s'agissait d'un cycle économique fluide et continu, car sa coupure entraîne une coupure de l'économie et une déstabilisation de la croissance économique, qui se traduit en termes de décroissance et de déflation. Cependant il ne s'agit pas d'une dépense déboussolée, mais d'un acte responsable et équilibré entre extravagance et avarie, entre rationalité et discipline dans un cadre éthique, visant à obtenir une récompense dans ce monde et dans l'au-delà : « Qui, lorsqu'ils dépensent, ne sont ni prodigues ni avares, mais se tiennent au juste milieu. » (Coran : 25/67).

- Les dépenses obligatoires (la Zakat) :

Le mot « Zakat » est mentionné dans le Coran en parfaite liaison à la prière dans plus de (80) versets. Il s'agit de la part de la richesse possédée par les riches, allouée aux pauvres et aux nécessiteux : « Accomplissez-la salât et donnez la Zakat. Et tout le bien que vous avancez pour vous-mêmes, vous le retrouverez auprès de Dieu. Dieu est clairvoyant » (Coran : 2/110).
La Zakat joue un rôle efficace dans l'accélération du cycle économique, car il s'agit d'un processus dynamique global et durable qui couvre toutes les sortes de richesse (monétaire, financière, agricole, industrielle, animale, commerciale, etc.) et couvre parallèlement toutes les sortes des catégories sociales qui en ont besoin économiquement et socialement. Ces catégories sont préalablement fixées par le texte coranique. Il s'agit des pauvres, des indigents, des collecteurs et gestionnaires du fonds Zakat lui-même, des nouveaux convertis à l'Islam, de l'affranchissement des esclaves, des endettés, ceux qui

luttent pour la voie de Dieu, ou ce qui est d'utilité publique et les voyageurs qui se trouvent dans le besoin. Ce processus de Zakat est mis en œuvre sans interruption de manière permanente à tout moment et tout au long de l'année, tout dépend de la date de début de possession des biens. À chaque instant, une année s'écoule avec les fonds d'un groupe de musulmans, alors ils paient la Zakat et la versent à ceux qui la méritent.

De cette manière, la Zakat transfère de l'argent ayant une faible utilité marginale aux pauvres, de sorte qu'il ait une utilité marginale élevée, ce qui stimule la demande en transférant de l'argent des riches ayant de faibles tendances de consommation marginale vers les pauvres ayant de fortes tendances de consommation marginale, ce qui augmente la demande et donc l'emploi, la production et les revenus.

### B. Les textes régulant l'offre :

Du côté de l'offre, et afin d'assurer l'équilibre, on trouve tous les versets stipulant l'interdiction du Riba (taux de l'intérêt y compris l'usure), ainsi que les versets liés à la production, à l'investissement, au commerce, au profit et à toutes les opérations d'achat - vente : entre autres « Dieu a rendu licite le commerce et illicite l'intérêt » (Coran : 2/275). « Ô les croyants ! Craignez Allah ; et renoncez au reliquat de l'intérêt (Riba), si vous êtes croyants. Et si vous ne le faites pas, alors recevez l'annonce d'une guerre de la part d'Allah et de Son messager. Et si vous vous repentez, vous aurez vos capitaux. Vous ne léserez personne, et vous ne serez point lésés » (Coran : 2/278-279).

Le verset le plus long du Coran est consacré à la question de la dette en matière de notariat et d'enregistrement, de certification et de témoignage, y compris la protection des témoins, mais aussi des systèmes de tutelle, d'agence et de mandatement, ainsi que du système hypothécaire et de nantissement.
Ce verset revêt, en effet, un aspect particulier, car il incluait, depuis plus de 14 siècles passés, ce qui est contenu aujourd'hui dans plusieurs

volumes de lois produites par les juristes dans le domaine des transactions financières et commerciales. Le but recherché est certes l'instauration de la stabilité économique.

On peut également remarquer le nombre de versets et de citations prophétiques, qui visent à réguler le marché afin que la stabilité des prix, la stabilité du plein emploi et la stabilité de la croissance soient atteintes à long terme. Toutefois, à court terme, les efforts visent à faire face aux fluctuations économiques. Les versets sur le Riba (l'intérêt et l'usure) allaient dans cette direction. Ils s'attaquent au commerce dans la monnaie qui la détourne de sa fonction initiale. Tandis que les versets sur la Zakat, œuvrent à corriger les déséquilibres en général, en même temps des hadiths qui interdisent les comportements illicites tels que le monopole, la thésaurisation, toute sorte de gain injustifié ainsi que la rotation des richesses uniquement entre les riches eux-mêmes.

**C. La réalisation de l'équilibre :**

La demande globale se compose de deux parties : le volet de la consommation et celui de l'investissement. Quant aux dépenses de consommation, le Coran stipule un ensemble de conditions dont les plus importants sont :
- Que la consommation soit limitée au cercle des biens licites.
- Qu'il faut éviter tout comportement extrême de frugalité, d'avarice ou d'extravagance.

Quant aux dépenses d'investissement, elles sont régies par un certain nombre de règles, dont les plus importantes sont que l'investissement se fasse dans le domaine des activités licites autrement dit éthiques, et également qu'il se fasse selon des méthodes et des règles conformes à la charia.

Du côté de l'offre globale de biens et de services, le principe de base que le Coran confirme est celui de l'abondance et non pas de la rareté comme préconise la pensée économique moderne. Cette abondance qu'incarne l'univers que le créateur a mis à la disposition des humains permet la satisfaction de leurs besoins à condition d'écarter toute sorte de sous-utilisation des ressources, de mauvaise gestion ou de corruption (fasad). L'équilibre est toujours une finalité de premier ordre qui dépend d'une bonne allocation des ressources matérielles et humaines.

**3 : Champ d'application :**

Nous pouvons distinguer deux niveaux d'application : au niveau du secteur monétaire et au niveau du secteur de l'économie réelle.
L'équilibre monétaire signifie la relation entre deux variables : l'offre de monnaie et la demande de monnaie. Quant à l'équilibre du secteur de l'économie réelle, il s'agit de l'équilibre des variables réelles. C'est-à-dire : l'équilibre du marché des biens et services, plus précisément l'équilibre entre l'épargne et l'investissement et l'équilibre entre l'offre et la demande de travail.

**A. L'équilibre monétaire :**

De nombreuses études[122] ont prouvé que l'économie islamique possède des outils efficaces pour atteindre l'équilibre et parvenir à la stabilité du système économique à travers deux mécanismes fondamentaux : le mécanisme de la Zakat obligatoire d'une part et l'abolition ferme et intransigeante du Riba d'autre part, en plus d'un ensemble des règles d'échange équitable qui contribuent, quant à elles, à atteindre cet objectif fondamental : en termes d'organisation du marché pour qu'il reflète le principe de justice économique à travers la prohibition du monopole (Ihtikar), de la fraude et de l'ambiguïté dans les transactions (Gharar), et l'instauration d'une concurrence loyale qui protège

---

[122] Musa Adam Issa, Équilibre monétaire et réel dans l'économie islamique, thèse de doctorat, Université Umm Al-Qura, Royaume d'Arabie Saoudite, 1410 AH.
Voir : http://www.alukah.net/library/0/36500/#ixzz43ico9pp5
Mukhtar Muhammad Metwally, Équilibre général et politiques macroéconomiques dans une économie islamique, Centre international de recherche en économie islamique, novembre 1981.

l'économie à travers un système particulier de supervision des marchés (Al hisba)[123].

Ces études empiriques ont conduit aux conclusions suivantes :

- L'économie islamique est une économie axée sur l'investissement qui permet l'équilibre entre les opportunités les plus liquides et les plus sûres et moins risqués. Ce qui rend le marché monétaire lié au marché de l'investissement d'une manière claire en ce sens qu'il est direct et lié aux facteurs productifs. En effet, les décisions de détenir de l'argent sont prises en fonction de choix et d'alternatives dans des investissements directs et non par le biais d'une intermédiation financière basée sur le crédit à intérêt.

Le concept restreint de masse monétaire, qui inclut la monnaie légale et la monnaie de crédit, est le concept le plus compatible à l'économie islamique. En effet, la fonction première de la monnaie dans l'économie islamique est d'être un moyen d'échange et non pas un objet de l'échange.

- L'équilibre monétaire dans l'économie islamique est atteint à travers un ensemble de législations qui conduisent à l'interdiction du monopole et du commerce de l'argent, à travers l'interdiction de l'intérêt, l'obligation de la Zakat, dont le but est la rotation de la richesse monétaire et l'interdiction de la thésaurisation. L'émission de monnaie est strictement réservée à l'autorité monétaire centrale d'une manière appropriée. Par conséquent, l'interdiction de la thésaurisation est considérée comme un outil d'autostabilisation qui distingue l'économie islamique de l'économie conventionnelle.
- En outre, dans le cadre de l'interrelation entre la théorie économique et la théorie monétaire, l'équilibre monétaire dans l'économie islamique est lié à l'équilibre dans le secteur réel et non séparé de celui-ci. Il n'y a

---

[123] Al-ḥisba consiste dans la surveillance du commerce : contrôle des marchés et des transactions, répression des fraudes, vérification des poids et mesures, surveillance des corporations.

pas de secteur monétaire séparé du secteur réel distinct en Islam. Il existe une économie particulière dans laquelle la monnaie joue le rôle d'intermédiaire dans les échanges.

### B. L'équilibre du secteur de l'économie réelle :

L'équilibre du secteur réel dans l'économie islamique est atteint, comme c'est le cas dans l'économie conventionnelle, par l'égalité de l'épargne et l'investissement. Toutefois l'équilibre réel dans l'économie islamique diffère dans le sens où il se base sur le taux de profit attendu et non sur le taux d'intérêt préalablement fixé. Par conséquent, les variables qui affectent cet équilibre diffèrent de celles d'une économie conventionnelle.

- l'équilibre entre épargne et investissement : cela est lié à des considérations de politique monétaire et de politique financière qui incitent à orienter l'épargne vers l'investissement et d'éviter que celui-ci ne soit perturbé. L'imposition de la Zakat contribue, par ailleurs, à atteindre cet objectif.

- Sur le marché du travail, l'approche islamique considère que le travail est à la fois un devoir et un droit pour toute personne apte à travailler. Ainsi, les salaires dans le secteur public sont déterminés en fonction du niveau d'efficacité, tandis que dans le secteur privé, ils sont déterminés sur la base d'un consentement mutuel. C'est-à-dire : sur la base de l'offre et de la demande, l'offre de travail est considérée comme une fonction directe du niveau du salaire réel, et la demande de travail est considérée comme une fonction inverse du niveau du salaire réel, comme c'est le cas dans l'économie classique et contrairement à la théorie keynésienne dans laquelle l'offre de travail est déterminée sur la base des salaires monétaires.

- L'équilibre général dans une économie islamique est qualifié de stable pour diverses raisons : d'abord l'investissement basé sur la participation (Moucharaka) au lieu du crédit lié à l'intérêt (Riba), donc absence

d'effet du taux de l'intérêt sur la demande de monnaie, ensuite, la présence de la Zakat et des dépenses publiques selon les prescriptions islamiques, ce qui donne plus de rationalité économique aux comportements des acteurs économiques.
La seule source du déséquilibre qui peut apparaître dans une économie islamique peut être liée à la non-conformité des comportements économiques par rapport aux règles de la jurisprudence islamique que ce soit au niveau de la consommation ou de l'investissement, ou encore dans le domaine du rôle de l'État en matière de contrôle de la masse monétaire et la rationalisation des dépenses publiques.

Le système financier et économique islamique repose en principe sur un système de valeurs, et une éthique particulière basée sur l'honnêteté, la crédibilité, la transparence, la notification, la facilitation, la coopération, l'intégration et la solidarité. Il n'y a pas d'économie islamique sans morale et sans système de valeurs. Ce système est considéré comme l'une des garanties qui assurent la sécurité et la stabilité dans le marché. En même temps, la jurisprudence islamique des affaires interdit toute transaction basée sur l'ambiguïté, la fraude, la tromperie, l'aléa, le monopole, l'exploitation, la cupidité, l'injustice et tout gain injustifié.

De même, l'interdiction des produits dérivés, tels que les « options », les « futures », les « contrats à terme » et les « swaps » qui sont liés à des transactions fictives, constitue en réalité une protection supplémentaire du système financier. Ces transactions sont considérées comme des jeux de hasard interdits par la loi. Quelques économistes conventionnels ont confirmé ce constat et considèrent que parmi les facteurs liés au déclenchement de la dernière crise financière est le système des produits dérivés.

Enfin, l'interdiction de toute vente de dette par une dette sous toutes ses formes, telles que : l'escompte des effets de commerce, l'escompte des chèques postdatés, et l'interdiction du système de rééchelonnement des dettes tout en augmentant le taux d'intérêt. Ainsi le prophète de l'Islam a interdit la vente de dette par une dette (Al Kali Bill Kali) qui est un facteur majeur de la dernière crise financière.

En conclusion de cette analyse, nous constatons une correspondance entre les théories de l'équilibre dans l'économie contemporaine et ce qui a été prouvé par des études de terrain et des recherches sur le rôle des mécanismes de la Zakat et de l'abolition de l'intérêt (Riba) en économie islamique dans la réalisation de l'équilibre, en plus du système de valeurs et d'éthique qui régule l'activité économique en interdisant les jeux de hasard, les monopoles, la thésaurisation et les transactions frauduleuses qui ne sont pas liées à l'économie réelle. Cela viole le principe de l'équilibre requis.

## Section 5 : La finalité de « Al » Justice /Équité :

La justice représente une valeur fondamentale et un objectif commun à toutes les religions et à tous les systèmes économiques et sociaux. Cependant, le sens et le contenu de ce concept diffèrent d'une pensée économique à l'autre. Il peut s'agir d'un revenu égal pour tous les individus, ou bien chaque individu percevant son revenu en fonction de ses besoins, ou encore de différences naturelles dans les capacités des individus. Il peut avoir un contenu économique et social spécifique. Il peut aussi être abstrait, de tout contenu autre que le motif conduisant à maximiser les profits et à accumuler du capital. Donc le statut de cet objectif est lié aux principes et fondements de tout système : ce système atteint-il l'objectif de la justice ? Les outils permettant d'obtenir la justice sont-ils à l'origine du système ou lui sont-ils imposés de l'extérieur ? La question de la justice reste donc une question centrale dans l'évaluation de l'efficacité et de l'efficience du système économique dans la réalisation des objectifs auxquels il aspire.

Nous aborderons cette finalité en trois sections : la première : sur le concept de justice entre la pensée conventionnelle et l'approche islamique, la deuxième : sur les idées et les réflexions les plus importantes qui touchent à la justice, et la troisième sur le champ d'application et les principaux domaines vers lesquels cette finalité doit être orientée.

### A. Le concept de justice (Adl) :

Nous aborderons d'abord le concept de justice dans la pensée conventionnelle, ensuite le concept de justice dans la pensée islamique :

- Le concept de justice dans la pensée conventionnelle :

La pensée conventionnelle a évolué quant à la réalisation de l'objectif de justice à travers la répartition des richesses dans plusieurs directions : certains penseurs classiques croient au déterminisme des lois économiques dans la répartition, comme (Arthur Young)[124] qui parle de « l'avantage de la pauvreté ». A l'opposé les partisans de la pensée marxiste mettent l'accent sur l'avantage d'élargir la base de propriété. D'autres déclarent leur totale indifférence à la question de la distribution, comme que Pareto[125], qui considère que c'est seulement l'efficacité optimale qui importe quel que soit le modèle de distribution choisi, car le système de prix est le seul qui détermine la récompense des facteurs de production (la répartition fonctionnelle).

Cependant, il existe un consensus parmi les principaux économistes, dont Keynes et Marx, selon lequel la mauvaise répartition et la concentration des richesses sont la principale raison de l'incapacité de la demande globale à liquider l'offre globale, qui est la source du déséquilibre entre la production et la consommation, qui conduit à la dépression économique, avec des opportunités d'investissement limitées, d'où la nécessité de rechercher de nouveaux marchés.

Ainsi, la pensée économique conventionnelle (à l'exception de la pensée marxiste) ne considère pas la réalisation de la justice comme un objectif originel et central du système économique, mais plutôt comme un outil de gestion du déséquilibre structurel entre l'offre et la demande et une nécessité économique pour atteindre l'efficacité requise pour mobiliser le capital et maximiser les profits. Cela reste donc un objectif dépourvu de tout contenu social et humanitaire juste. Le système capitaliste, tout au long de son histoire, n'a pas atteint la justice, au contraire l'inégalité et l'injustice sont des phénomènes inhérents à l'économie capitaliste dans toutes les expériences passées.

---

124 Arthur Young (1741-1820) : économiste britannique. Auteur de nombreux ouvrages, il eut de son vivant une grande renommée. Son Voyage en France, paru en 1792 ; il considère que des salaires élevés pour les travailleurs au-dessus du niveau de subsistance conduisent au vice et à la destruction morale.

125 Wilfred Fritz Pareto, l'un des économistes célèbres (1848 - 1923), et l'auteur du principe de Pareto connu sous le nom de règle des 80-20 en sciences de gestion. Il est également l'auteur de deux théories économiques, l'optimalité de Pareto et la préférence de Pareto. Il possède un tableau statistique connu sous le nom de tableau de Pareto, ainsi que la distribution de probabilité de Pareto, et il est l'auteur du dicton « L'histoire célèbre est le cimetière des classes aristocratiques ».

- Le concept de justice dans la pensée islamique :

Linguistiquement, le mot justice (en arabe « Adl ») signifie la modération, et la médiation entre l'excès et la négligence. Sa contrepartie est l'injustice. C'est une faculté qui discipline les actes humains et les pousse vers la vertu, la droiture et à la modération sans excès ni négligence. En termes religieux, la justice est la droiture sur le chemin de la vérité en évitant ce qui est interdit.

La justice est l'une des valeurs les plus affirmées par l'Islam, et en a fait l'un des fondements de la vie humaine, qui est recommandée dans toutes les relations entre les personnes, au point que tous les aspects de la charia y sont liés. Il n'y a pas de système dans l'Islam sans que la justice soit une exigence : « Dieu ordonne la justice » (Coran : 16/90). Elle est donc liée au système de gouvernance, au système judiciaire, à la manière d'accomplir le témoignage et notification des conventions et des contrats. Il est également lié au système familial, à l'éducation, à l'économie, à la société, ainsi qu'aux comportements des individus et à leurs pensées. Cela indique clairement que l'Islam prône la justice dans tous les domaines de la vie, au point que le Coran a fait de l'établissement de la justice un but suprême de toutes les religions divines : « Nous avons effectivement envoyé Nos Messagers avec des preuves évidentes, et fait descendre avec eux le Livre et la balance, afin que les gens établissent la justice » (Coran : 57/25).

Selon cette vision, la justice, semble être une valeur centrale vers laquelle tendent toutes les autres valeurs. C'est une valeur médiane entre l'injustice et la bienveillance et entre l'excès et la négligence. C'est la meilleure façon d'éliminer la corruption et de parvenir à l'équité et à l'égalité. C'est aussi la norme avec laquelle se mesurent les attitudes et les comportements, sans lesquels l'équilibre dans la vie sera touché. C'est un facteur majeur de stabilité des sociétés, d'incitation au travail et à la production et une source de croissance des richesses. C'est un paramètre de progrès des nations et des civilisations, comme le notait

Ibn Khaldoun : « La justice est le fondement de la civilisation » et « l'injustice est le héraut de la ruine de toute civilisation ».

Le mot justice (Adl) et son synonyme, l'équité (Qist), ont été mentionnés plus de mille fois dans le Coran, ce qui marque leur place importante dans la vision coranique. En effet, la justice est au centre de tout, et sur elle repose toute la jurisprudence islamique. L'objectif central de l'envoi de prophètes et de messagers de Dieu est l'établissement de la justice comme l'indiquait le Coran.

### B. Les idées essentielles sur la justice économique :

La justice économique fait partie du concept global de la justice, qui traduit un comportement moral lié à toutes les étapes de l'activité économique, y compris la production, la consommation, l'échange et la distribution, aux niveaux public et privé. Il est équitable de distribuer les bénéfices du processus de production aux facteurs de production qui y participent, et équitable de redistribuer les revenus à ceux qui sont incapables de travailler et de gagner pour des raisons indépendantes de leur volonté, et c'est la justice qui doit être réalisée toujours et partout : « Certes, Dieu commande l'équité, la bienfaisance et l'assistance aux proches. Et Il interdit la turpitude, l'acte répréhensible et la rébellion. Il vous exhorte afin que vous vous souveniez. » (Coran : 16/58).
Ce qui distingue le concept de justice économique islamique des autres idées réside dans la nature de la relation qui régit la rémunération des facteurs de production dans toute activité économique. Toute activité productive nécessite du capital et du travail. Une partie du rendement de cette activité va au capital et une autre partie au travail. La question essentielle est de savoir comment établir une rémunération juste et équitable entre le travail et le capital.

L'État, en tant que régulateur de l'activité économique, doit prendre les mesures nécessaires pour établir une relation équitable entre ces deux facteurs de production, en collaboration avec les autres institutions syndicales et professionnelles. L'établissement de cette relation juste représente l'essence d'une économie juste. Il n'est pas facile d'établir une économie juste, surtout dans le cadre d'une économie capitaliste, dans laquelle il est devenu impossible d'obtenir la justice.

La justice en économie islamique repose sur deux fondements : la justice dans l'égalité des chances et la justice dans le droit à obtenir un retour sur la production. L'égalité des chances en matière de travail et d'emploi est nécessaire pour parvenir à une répartition équitable, ce qui signifie que les opportunités d'emploi et de production doivent être garanties pour tous, ainsi que la liberté de négociation des transactions et de conclusion des contrats. Dieu a mis au service de toute l'humanité, toutes les ressources naturelles qu'Il a créées, et Il a décrété que chaque être humain a la possibilité d'y travailler. Cette justice se concrétise à trois niveaux interdépendants :

**- La distribution de préproduction : le système de propriété :**

Comme il a été analysé auparavant, le système de répartition des ressources dans la pensée économique islamique comprend trois étapes : l'étape de distribution de préproduction (distribution primaire), c'est-à-dire la répartition des sources de la richesse, l'étape de distribution postproduction (distribution secondaire ou fonctionnelle), c'est-à-dire la distribution des revenus et des rendements du processus de la production, et la troisième étape consiste dans la redistribution, à travers les impôts sur les revenus comme la Zakat, l'impôt, les Nafaqat, etc.
Le système de propriété joue un rôle central dans la phase de préproduction, c'est-à-dire la répartition des sources de la richesse, régies par le principe de la double propriété ou de multiples formes de propriété : privée, publique et étatique. La propriété privée signifie le droit de l'individu de disposer des ressources et d'empêcher les autres de le concurrencer, de le bloquer, de les usurper ou d'empiéter sur lui. L'Islam permet aux membres de la société d'avoir une propriété privée des ressources naturelles, en termes d'objets, d'actifs, d'avantages et droits, soit à la suite d'un travail direct à travers l'exploitation de carrières, de chasse, de récolte, etc., soit par l'octroi de l'Etat aux

particuliers d'une quelconque ressource pour un besoin social ou économique.

Mais le concept islamique de propriété privée a une signification particulière. Il rejette la « propriété de l'usus », en droit commun, qui confère à l'individu une propriété totale absolue, qui est à l'origine la propriété de Dieu et que l'individu n'est qu'un mandataire qui possède uniquement le droit d'usage.

Dans la conception islamique, la propriété privée est liée à une fonction sociale. Elle est retirée lorsque l'individu (propriétaire) prend des décisions sans tenir compte des droits de la communauté. Autrement dit, lorsque ces décisions ne tiennent pas compte de l'intérêt commun, quelle que soit la forme juridique de propriété.
Le travail est la base de la propriété privée, et c'est l'essence de la justice, car il fait barrage à toute exploitation monopolistique et parasitaire des ressources par des législations injustes ou par des acquis préalablement injustifiés.
Parallèlement, l'Islam permet à l'État de posséder une partie des ressources, qu'il utilise pour couvrir ses charges de fonctionnement et satisfaire les besoins fondamentaux des pauvres et des nécessiteux, et leur assure un niveau de vie approprié.

L'Islam, reconnaît toutefois une troisième forme de propriété à savoir la propriété publique (ou commune) dont la propriété revient à la communauté ou la nation (Umma). Cette propriété découle du principe de lieutenance de la communauté (c'est-à-dire la société) dans l'utilisation des ressources. Car la propriété en soi revient à Dieu : « et donnez-leur des biens d'Allah qu'Il vous a accordés » (Coran : 24/33), et l'être humain en tant qu'individu est considéré comme un représentant ou un agent de la communauté dans l'utilisation des biens de façon qui ne nie pas l'intérêt commun : « Dépensez de ce dont Il vous a donné la lieutenance » (Coran : 57/7).
Cette lieutenance générale est ce qui fonde le principe de la propriété commune ou publique, qui se réalise grâce aux règles suivantes :

- La priorité est accordée à la communauté (la société) de bénéficier des principales sources de richesse, avant les individus. Le prophète (saws) a dit : « Les gens sont partenaires en trois choses : l'eau, le pâturage et le feu (autrement dit l'énergie) »[126], c'est-à-dire chaque individu a le droit d'en bénéficier.
- L'État gère la production de ces ressources en tant que représentant de la communauté. Omar bin Al-Khattab a déclaré : (si une chèvre était allée sur les côtes de l'Irak, Omar l'aurait fait emporter avec lui le Jour de la Résurrection)[127]. Ce qui signifie la responsabilité du gouverneur vis-à-vis des biens publics.
- Les autres sources de richesse sont considérées comme un droit qui profite à l'individu, à condition que cela ne soit pas au détriment de l'intérêt du groupe, c'est-à-dire à l'intérêt public.

**- La distribution postproduction (la répartition primaire)** :

La répartition primaire des revenus de l'activité économique, repose sur un système législatif complet qui fonde la justice à travers la règle globale « Al Ghounmou Bill Ghourmi » qui signifie que le gain va de pair avec le risque et que nul profit sans prise de risque, quel que soit la transaction ou le projet ou l'activité économique. Cette règle jurisprudentielle signifie que l'objectif général est la répartition équitable de la richesse, qu'il s'agisse d'un profit tiré d'une transaction financière, commerciale ou autre, et que la répartition du résultat de cette transaction, c'est-à-dire la répartition de son rendement, doit être proportionnelle à l'effort, au risque ou à la garantie supportée.
Par conséquent, tout gain va de pair avec le risque « Al Ghounmou Bill Ghourmi » et toute rémunération va de pair avec la garantie « Al kharajou Biddhaman ». Sur cette base, les contrats financiers islamiques sont classés en deux parties :

---

[126] Rapporté par Abou Daoud 60.
[127] https://drsabrikhalil.wordpress.com/2013

- Les contrats de financement dont le rendement est préalablement fixé. Il s'agit des contrats tels que la Mourabaha, l'Ijara, le Salam et l'Istisn'a. Pour ces contrats la règle « Al kharajou Biddhaman » (le rendement va de pair avec la garantie) s'applique.
- Les contrats d'investissement dans lesquels le rendement n'est pas connu à l'avance, mais dépend du résultat du projet ou de l'investissement, tel que les contrats de Moucharaka, de Moudharaba, de Mouzaraa, de Mougharasa et de Mousaqat. Ces contrats sont régis par la règle du partage des profits et des pertes (3P).

À la lumière de ces règles fondamentales, les facteurs de production dans le système économique islamique sont divisés en deux éléments de base, comme nous l'avons signalé auparavant et dont chacun prend de multiples formes :

Le premier élément est le capital financier, que ce soit en numéraire ou en nature. L'Islam adopte une position stricte et sans équivoque, interdisant l'intérêt comme rémunération du capital monétaire (en numéraire) et la rente comme rémunération du capital en nature. Le capital en nature, qui comprend les ressources naturelles telles que la terre et autres ressources, sera rémunéré par un rendement qui est un pourcentage du profit au prorata de sa participation dans le processus de production. D'un autre côté, l'Islam encourage l'utilisation de la terre et son travail par le biais de contrats de Mouzaraa, de Mousaqat et de Mougharasa. Quant au capital monétaire, sous forme d'or, d'argent ou de monnaies échangeables, il sera rémunéré par un pourcentage des bénéfices liés à la vente d'un produit, au loyer d'un actif ou à une participation dans un projet.

Le deuxième élément à savoir le travail ou capital humain, il peut prendre des formes multiples, comme le travail salarié qui aura droit au salaire, le service de l'agent qui peut être rémunéré par des frais d'agence (Wakala), le travail du Moudhareb (capital risque) qui aura droit à un pourcentage du bénéfice, le travail du participant ou de l'actionnaire (Moucharek) qui a également droit à un pourcentage du bénéfice. Ainsi, l'économie islamique répartit les revenus entre les facteurs de production qui ont contribué au processus de production. Le revenu de chaque facteur est déterminé en fonction de sa contribution. Par conséquent, la justice dans la répartition exige que chaque partie reçoive un revenu en fonction du résultat de l'activité.

**- La redistribution :**

Dans la troisième étape, c'est-à-dire la redistribution, l'Islam a établi un système législatif intégré visant à atténuer les disparités entre les gens et à corriger le déséquilibre qui peut résulter des étapes de la distribution de préproduction et de postproduction afin d'atteindre l'objectif de la justice.
Ce système législatif comprend : le système de la Zakat, le système des successions, le système des dotations, le système des Nafaqat envers les proches, le système de Kifaya fixant le plafond de suffisance vital et le Qardh Hasan (prêt sans intérêt), le système du Takaful et de la solidarité sociale, les vœux, les expiations, l'adoption du principe du « juste salaire » ou salaire équitable en matière des droits des travailleurs, et du juste prix en matière de prix en cas de nécessité, etc. Nous détaillons ci-dessous les plus importants de ces outils :

- Le système de la Zakat : la Zakat contribue à générer de la richesse en pénalisant l'épargne non investie. Elle contribue à réduire la pauvreté en transformant les pauvres capables de travailler en producteurs et générateurs de richesse qui sera source aussi de Zakat ; ce qui les transforme également d'un statut de bénéficiaires à un statut de redevables de Zakat. Cela augmente également le pouvoir d'achat de l'argent en le transférant aux pauvres qui le dépensent pour des besoins nécessaires au lieu de le dépenser pour des produits de luxe, ce qui renforce la pouvoirisation économique et sociale (Tamkeen) des catégories faibles et marginalisées en finançant de petits et microprojets.

- Le système de succession (Mirath) : Le système de succession est l'un des mécanismes de redistribution de l'économie islamique, comme la zakat, la vente, la donation, le testament, la dotation, les vœux, les expiations, etc.
  L'héritage dans le système islamique est un mécanisme qui permet d'atteindre l'objectif de redistribution en raison de la large base de bénéficiaires sur laquelle il est fondé: « Aux hommes revient une part de ce qu'ont laissé les père et mère ainsi que les proches ; et aux femmes une part de ce qu'ont laissé les père et mère ainsi que les proches, que ce soit peu ou beaucoup : une part fixée » (Coran : 4/7).
  Ce système contribue à redistribuer équitablement les revenus et les richesses entre les membres de la société, en élargissant la base de propriété, en dispersant les richesses et en réduisant les disparités à mesure que la richesse est transférée aux nouveaux propriétaires et de génération en génération. L'héritage contribue également au transfert de la richesse de façon automatique et sans intervention des autorités vers les personnes nécessiteuses et pauvres, ce qui contribue aussi à la lutte contre la pauvreté.

- Le système Waqf : Le Waqf est l'une des institutions économiques et sociales les plus importantes qui ont contribué à travers les époques et les pays à bâtir la civilisation humaine et sociale dans les sociétés islamiques. En tant qu'institution de sécurité sociale complète et indépendante, elle peut être classée économiquement dans la catégorie de l'économie sociale, ou considérée comme un système de sécurité sociale totalement indépendant de l'État. Le Waqf ou dotation a eu un impact significatif, que ce soit sur le système de propriété, le système de production ou le système de distribution. Grâce à lui, les services sociaux se sont étendus pour atteindre des centaines de services, passant des besoins fondamentaux à des besoins précis qui reflètent la sophistication de la société islamique et la croissance de ses besoins culturels.

- Le système de dépenses (Nafaqat) : il comprend les dépenses pour les proches, les dotations et autres ressources similaires, la Zakat al-Fitr, les sacrifices, les expiations et les vœux. Toutes ces ressources montrent que la responsabilité d'affronter la solidarité sociale commence par la première pierre angulaire, qui est la famille, puis par la société à travers la dotation, qui est une forme unique de solidarité sociale et une ressource permanente pour la redistribution des richesses. En outre, les expiations et vœux à caractère financier consistent à expier certaines mauvaises actions religieuses. C'est une approche particulière qui permet de réparer certaines erreurs en donnant de l'argent et en le mettant au service de la solidarité sociale.

- Le système de « Kifaya » (seuil de suffisance) : C'est l'une des idées économiques les plus importantes qui distinguent l'économie islamique de l'économie conventionnelle, et l'un des mécanismes essentiels en matière de redistribution des revenus et des richesses. Le terme « Kifaya » signifie la satisfaction des besoins fondamentaux d'une personne, tels que la nourriture, les vêtements, le logement et autres, ainsi que toute autre personne à sa charge, sans extravagance ni frugalité. Autrement dit, le seuil qui assure la subsistance de l'individu et sa famille en tenant compte des circonstances et des conditions sociales globales le seuil de suffisance diffère de celui de subsistance, en ce sens que celui-ci est limité à la satisfaction des nécessités absolues de nourriture, de logement et de vêtements. Quant au seuil de la suffisance, il s'étend au-delà de ce qui est nécessaire à l'individu selon ses conditions sociales, comme le mariage, l'éducation, les frais sanitaires, le remboursement des dettes et ce dont il en a besoin en termes de vêtements, de bijoux et autres choses.

**C. Le champ d'application :**

Il touche quatre domaines distincts : la production, l'échange, la distribution et la consommation.

- La justice au niveau de la production :
Elle dépend de l'allocation optimale des ressources dans le circuit de la production, l'observation des priorités et du cadre licite qui évite la production de produits nocifs pour l'homme et l'environnement.

- L'allocation optimale des ressources dans l'activité productive :

Dans le domaine de la production, l'économie islamique repose sur un système de valeurs qui conduit à un juste équilibre entre les objectifs imminents et futurs des gens, entre leurs besoins spirituels et leurs besoins physiques, entre les besoins de l'individu et ceux de la société, entre les formes de propriété privée et publique, entre les mécanismes de marché et ceux de la gestion économique.

Ce système permet une allocation optimale des ressources, grâce au système du partage des profits et des pertes dans des projets productifs, où les intérêts des parties prenantes convergent pour faire réussir ces projets et atteindre les objectifs fixés. La fonction de production islamique dépend d'une combinaison entre le capital et le travail, le capital dans ses parties monétaires et en nature, et le travail sous ses diverses formes (le travailleur salarié, l'agent mandataire, le partenaire associé et le preneur de risque).

En conséquence, l'une des conditions préalables de la justice dans le domaine de la production, et l'une des conditions d'une allocation optimale et efficace des ressources est que chaque élément de production remplisse son rôle fondamental et sa fonction originale, de sorte qu'un partenariat juste et équilibré entre le capital et le travail soit réalisé, et ainsi le résultat de la production est maximisé et les bénéfices sont obtenus pour le compte des deux parties. C'est ce qu'exige l'approche participative sur laquelle repose l'économie islamique et qui constitue une partie prenante de sa fonction de production ; tandis que l'approche de crédit sur laquelle repose le système conventionnel est celle de l'usurier qui s'approprie les intérêts sans se soucier du résultat du processus de production selon une équation à somme nulle par laquelle les risques sont transférés du prêteur à l'emprunteur, ce qui expose l'activité économique à l'instabilité et aux crises. Cette analyse est partagée par l'économiste Minsky[128], qui déclare que « chaque projet basé sur l'autofinancement et une planification rationnelle des investissements ainsi que des bénéfices non distribués conduit à un système financier solide, tandis que les projets basés sur le financement par le crédit exposent le système à l'instabilité »[129].

- Les priorités islamiques dans la politique de production :

Les jurisconsultes ont développé un certain nombre de normes qui régissent la production afin qu'elle atteigne les objectifs assignés et permette d'augmenter l'efficacité et la performance économique selon une échelle hiérarchique qui commence par les besoins de première nécessité (Dharouryat), les besoins de nécessité secondaire (Hajjyat), et les besoins non nécessaires, mais qui ont pour but de rendre la vie agréable ( Tahsinyat), en évitant la production de biens de luxe et tout ce qui touche à la consommation ostentatoire : « mangez et buvez ; et ne commettez pas d'excès, car Il [Allah] n'aime pas ceux qui commettent des excès (Coran : 7 :31) »

L'État doit veiller à prendre en compte cette approche hiérarchique pour assurer le maintien de l'équilibre et de la stabilité sociale, et pour éviter de passer d'un niveau à un autre avant de s'assurer du premier et de sa pérennité. Le non-respect de ces priorités entraîne nécessairement un déséquilibre du système économique et social en général et de la vie des individus en particulier. C'est ce dont souffrent la plupart des sociétés contemporaines, qu'elles soient développées ou en développement.

- Éviter les produits nocifs :

---

[128] Hyman Minsky, (1919 – 1996) , est un économiste américain s'inscrivant dans le courant de pensée post-keynésienne. Il est connu pour ses études portant sur les crises financières et leur lien avec le cycle économique

[129] http://iefpedia.com/arab/wp-content/uploads/2011/12/Makhloufi-Abdessalem.pdf

L'approche islamique de l'économie vise à orienter les ressources matérielles et humaines de la société vers la production des biens et services qualifiés de « pures » (Attayyibet) autrement dit « Halal », et éviter les produits illicites qualifiés d'« impures (Khaba'ith) ». D'une façon générale orienter l'activité productive vers le repoussement des méfaits et la préservation des intérêts, ce qui nécessite de lier la production aux trois niveaux des objectifs de la charia précédemment cités : « leur autorise toute nourriture pure et leur interdit toute nourriture impure » (Coran : 7/157).

**- La justice au niveau de l'échange :**

En économie islamique, l'échange constitue la base des transactions financières et l'essence de l'activité économique qui permet de créer la richesse. Il a un impact important à la fois au niveau microéconomique et macroéconomique. Il constitue une sorte de passerelle entre la production, l'investissement, la consommation et la distribution. Plus la justice prévaut dans l'échange, plus l'utilité est optimale. L'Islam a fait de l'un des devoirs les plus importants de l'État la régulation de l'échange grâce à des règles importantes qui permettent d'empêcher l'injustice, en l'occurrence la règle de « Al Ghounmou Bill Ghourmi » (le gain va de pair avec le risque) et « Al kharajou Biddhaman » (la rémunération va de pair avec la garantie). Ces deux règles signifient que l'échange doit se dérouler sur la base de la justice et le partage des risques et non sur l'injustice et le transfert des risques. Sur cette base les jurisconsultes ont établi des normes - qui ont été exposées précédemment - et restent toujours utiles à rappeler :

- Échange de deux produits ou deux monnaies de même genre, il faut respecter deux conditions : l'équivalence et la rapidité dans l'échange des produits qui se rapprochent, du même genre, mais de nature différente, une seule condition à respecter : la rapidité et l'imminence dans l'échange.

- En cas de différence des produits, la liberté de l'offre et de la demande est la règle du jeu qui devrait conduire au prix équitable du marché en cas d'absence de concurrence déloyale ou imparfaite. Dans cas, il faut juste éviter le report des deux éléments de l'échange (le prix et le produit) en même temps pour ne pas tomber dans une opération d'échange de dette par une dette, illicite selon la Charia.

**- La justice au niveau de la consommation :**

Au niveau de la consommation, l'Islam prône la modération même en situation d'abondance, et rejette les positions extrêmes telles que l'extravagance et la frugalité. L'Islam attache une importance particulière au comportement de consommation individuel et collectif, car tout individu dans la société est considéré comme un consommateur, qu'il soit producteur ou non, et donc la consommation est considérée comme un moteur fondamental de la croissance économique qui nécessite une politique particulière encadrée par des règles particulières pour que ce moteur soit juste, équilibré et bénéfique pour la société.

Cette politique repose sur deux principes interdépendants : rationaliser les consommateurs et discipliner les extravagants. La première nécessité d'identifier l'ensemble des motivations rationnelles et fondées sur des valeurs qui guident la manière, dont les individus consacrent une partie de leur revenu à la dépense en biens et services finaux pour répondre à leurs besoins. C'est ce qu'on appelle le principe de maturité ou rationalité économique, qui conduit à un équilibre de la consommation sans excès ni négligence, c'est-à-dire sans aller vers le niveau maximum de saturation, et sans tomber jusqu'au niveau minimum de privation. Par exemple, la rationalité dans le domaine de l'alimentation exige une position médiane entre la satiété et la faim, et le consommateur rationnel, aux yeux de l'Islam, est celui qui observe cette position : « Nous sommes des gens qui ne mangent que si nous avons faim et si nous mangeons, nous ne nous rassasions pas (avec de la nourriture) » comme le dit la tradition prophétique.

La seconde nécessite un ensemble de législations visant à adapter la structure marchande à la demande réelle de l'économie, en faveur des besoins nécessaires et semi-nécessaires, puis du luxe, et conduit ainsi à la proscription d'une vie de luxe et d'extravagance. Ce qui signifie que les ressources ne sont pas initialement affectées à la production de ces biens.

Dans ce sens, la vision islamique de la consommation est complètement différente de la vision conventionnelle. C'est une position équilibrée et modérée, rejetant la frugalité, l'avarice et l'extravagance. Aussi la sous-consommation et l'austérité sans motif acceptable, malgré l'existence de capacités réelles ou potentielles, sont répréhensibles par l'Islam : « Ne porte pas ta main enchaînée à ton cou [par avarice], et ne l'étends pas non plus trop largement, sinon tu te trouveras blâmé et chagriné » (Coran : 17/29).

Ainsi, la tendance générale de la répartition primaire des revenus et des richesses et la redistribution repose en fait sur la mise en œuvre de deux grands principes : le principe de justice et le principe de consolation (Mouwasset). Le premier concerne les contrats d'échange, tandis que le second concerne les contrats de bienfaisance et de consolation sociale.
Mais l'instauration de la justice sociale en Islam passe principalement par la réalisation de la justice économique, en fournissant des conditions saines pour une répartition équitable sur le plan économique. De même, la justice peut être réalisée par la charité dans le cadre du secteur de solidarité sociale et solidaire, si cela n'est pas possible par une répartition équitable des revenus. Par conséquent, la finalité de justice sociale dans l'économie islamique tourne autour de la réalisation de deux objectifs sous-jacents : assurer un niveau de suffisance des individus et atténuer les disparités au sein de la société.

## Section 6 : La finalité de « Istidama » : Durabilité :

Le concept de durabilité, dans son sens le plus large, fait référence à la manière dont les besoins des générations présentes sont satisfaits tout en préservant les besoins des générations futures. Cette préservation permet de renforcer le lien temporel entre les générations et d'assurer la permanence des ressources, afin qu'elles demeurent capables de répondre à ces besoins. En effet, ces ressources ne sont pas limitées à une seule génération, mais sont plutôt la propriété commune de toutes les générations présentes et futures.

Ce concept a attiré une attention large et croissante de la part de tous les pays du monde depuis les années 80 du siècle dernier, et a suscité plus d'intérêt depuis le début du nouveau siècle, dans la plupart des aspects de la vie et de la part de diverses institutions de développement mondiales. Ainsi, il s'est transformé en une demande humaine internationale appelant à un ensemble de processus indispensables qui fournissent les moyens de vie aux êtres vivants, les permettant de maintenir la succession de leurs générations et à développer leurs moyens de croissance au fil du temps.

Le concept a été particulièrement associé à l'aspect environnemental en mettant l'accent sur la protection des ressources naturelles et la résistance à la pollution qui menace la qualité de vie de tous les êtres vivants, en particulier les humains, mais il est devenu l'expression d'une stratégie multidimensionnelle globale pour les politiques économiques et sociales, se concentrant sur une croissance économique intégrée durable, la gestion de l'environnement et la responsabilité sociale et s'inscrivant dans le cadre de l'espace planétaire et du champ spatial général dans lequel les peuples vivent au fil du temps, considérant que la planète Terre n'est pas la propriété privée des générations actuelles, mais plutôt elles bénéficient de son usufruit sous forme de sorte d'emprunt auprès des générations futures.

Cela a été confirmé par le premier Sommet de la Terre tenu au Brésil en 1992[130], au cours duquel le concept de développement durable a été adopté comme valeur civilisationnelle. La réalisation de ce développement durable est devenue l'une des ambitions et des objectifs majeurs de nombreux pays du monde, en particulier après qu'un grand nombre de ressources et de richesses non renouvelables de la Terre ont été exposées au risque d'épuisement, au point que certaines d'entre elles sont devenues inutilisables ou au bord de l'épuisement.

Bien que le terme est très récent, l'analyse des textes du Coran, de la Sunna et du patrimoine jurisprudentiel et culturel révèle un précédent historique notable et une vision plus complète et plus profonde que le concept contemporain de durabilité, dans la mesure où ces textes et sources législatifs incluent des directives et mécanismes qui garantissent la mise en pratique de ce concept ainsi que la réalisation de justice sociale entre les générations, de l'autosuffisance des populations, de manière intégrée, encadrée par la morale et les valeurs islamiques.

Ces textes juridiques incluent également un certain nombre de significations qui peuvent être incluses dans le concept de durabilité de manière plus large, telle que la durabilité de la dotation et de la charité, la durabilité du système divin et sa validité pour tous les temps et tous les lieux, la durabilité de la vie qui relie ce monde d'ici-bas et l'au-delà, la matière et l'esprit, le souci du présent et le souci du futur, la durabilité du capital social (à travers le maintien des liens de parenté), la durabilité des rapports culturels entre les peuples et des relations humaines, la durabilité de la recherche du savoir et de la science durant toute la vie de l'être humain ( du berceau à la tombe), la durabilité des bonnes actions (les actions les plus aimées de Dieu sont celles qui sont perpétuelles, même si elles sont peu nombreuses), et la durabilité

[130] Le Sommet de Rio ou Sommet de la Terre est un sommet organisé par les Nations Unies à Rio de Janeiro, au Brésil, pour l'environnement et le progrès. C'était du 3 au 14 juin 1992. 172 gouvernements ont participé à la conférence, parmi lesquels 108 pays ont envoyé leur président ou leur Premier ministre. Environ 2 400 représentants d'ONG et 17 000 personnes participent au Forum mondial des ONG.

résultant de la responsabilité sociale des institutions et des pays, et bien d'autres, comme nous le détaillerons plus loin.

Nous aborderons cette finalité en trois sections : la première : sur le concept de durabilité (Istidama) et ses différentes dimensions, la deuxième : sur les idées et les réflexions les plus importantes qui touchent ce concept, et la troisième sur le champ d'application et les principaux domaines vers lesquels cette finalité doit être dirigée.

**A. Le concept de durabilité (Istidama) et ses différentes dimensions :**

- Définitions du concept : Il existe de multiples définitions du concept de durabilité et de développement durable, dont les plus importantes sont :

- « La durabilité est une action continue qui vise à améliorer l'environnement, la société, ainsi que l'économie, et ce au bénéfice à la fois des générations présentes et futures »[131].
- Le concept de durabilité signifie : « ne pas léguer aux générations futures des dettes économiques et sociales qu'elles sont incapables de rembourser, rationaliser l'exploitation des ressources naturelles et modifier les modes de consommation qui conduisent au gaspillage de ces ressources »[132].
- Le développement durable est un processus par lequel des politiques économiques, fiscales, commerciales, énergétiques, agricoles et industrielles sont formulées dans le but d'établir un développement économique, social et écologique durable[133].

---

[131] Une définition émise aux États-Unis par le « President's Council on Sustainable Development (PCSD), qui est un conseil consultatif créé par le président Clinton pendant la période 1993-1999.

[132] Mahbub ul Haq, Concepts de développement humain, Programme des Nations Unies, 1994, p. 22

[133] Définition du P N U D : Programme des Nations Unies pour le développement dans son Rapport mondial sur le développement humain de 1992.

Ces définitions révèlent une signification principale du concept de durabilité, qui est le lien entre la satisfaction des besoins des générations présentes sans compromettre les droits des générations futures. Autrement dit, l'essence du développement durable consiste à penser à l'avenir et au sort des générations futures, et que le facteur temps et l'avenir sont la chose la plus importante qui distingue le développement durable. Ces définitions visent également à harmoniser trois dimensions majeures : économique, environnementale et sociale.

L'évolution du concept de durabilité a connu plusieurs étapes dont les plus importantes sont :

- La première idée est apparue pour la première fois en 1972 dans le rapport du Club de Rome sur « Les limites de la croissance »[134], qui alertait sur les dangers des tendances de croissance basées sur l'épuisement des ressources naturelles épuisables, qui menacent d'atteindre les limites maximales de la croissance.

- L'idée s'est développée ensuite lors de la deuxième conférence des Nations Unies tenue au Brésil en 1992 sous le nom de « Conférence des Nations Unies sur l'environnement et le développement », qui a publié ce que l'on appelle le Rapport Portland sur le développement durable, qui en a établi la définition, les dimensions et les défis auxquels il est confronté.

- La troisième conférence (Sommet mondial sur le développement durable) s'est tenue à Johannesburg, en Afrique du Sud, en 2002, a confirmé l'engagement international en faveur du développement durable en évaluant les progrès réalisés dans la mise en œuvre de l'Agenda 21 (Agenda du siècle) publié par la conférence précédente. La conférence a également souligné la nécessité pour tous les pays de finaliser une stratégie de développement sur des questions fondamentales telles que l'eau, l'énergie, la santé, l'agriculture, la biodiversité, la pauvreté, le

---

[134] https://ar.wikipedia.org/wiki

commerce, le transfert de technologie, l'éducation , l'information et la recherche, estimant ainsi que les efforts déployés à cette époque étaient décevants et considérant comme une régression par rapport à ce qui avait été accompli lors de la conférence précédente, car il est devenu évident qu'il y avait un manque de volonté politique de la part de certains gouvernements, notamment des pays industrialisés, parce que leurs intérêts entraient en conflit avec les ambitions des pauvres et des militants écologistes. Il a été réitéré qu'il était impossible d'éviter une nouvelle dégradation de l'environnement, une augmentation des niveaux d'émissions de gaz à effet de serre, une surexploitation des ressources naturelles et une augmentation des taux de pauvreté.

Grâce à ces évolutions, la durabilité est devenue une école de pensée mondiale qui représente un nouveau modèle de développement caractérisé par la rationalité dans l'utilisation des ressources naturelles dans toutes les activités économiques, et appelle à préserver l'environnement et à considérer que la seule façon d'assurer une vie meilleure pour la population des générations présentes et futures.

**- Le concept de durabilité au sens islamique « Istidama » :**

La durabilité n'est pas une idée récente qui remonte à seulement quelques décennies comme beaucoup le pensent aujourd'hui. Il s'agit plutôt d'une idée islamique authentique, qui tire ses racines sémantiques et intentionnelles de la doctrine du monothéisme, le monothéisme de Dieu, l'adoré d'une façon éternelle (durable), le Créateur, devant qui il n'y a rien et rien après. Cette éternité divine est la source de toute durabilité terrestre liée à l'univers et aux ressources que le Créateur (SWT), a mises à la disposition de toutes les créatures : (et lui assigna ses ressources alimentaires en quatre jours et à égales durées) (Coran : 41/10), ou également lié aux bonnes actions de l'homme qui acquièrent la qualité de durabilité après la vie de ce monde et de durabilité temporelle : (alors que l'au-delà est meilleur et plus durable) (Coran : 87/17). Plusieurs hadiths prophétiques le confirment : (les meilleures actions de Dieu Tout-Puissant sont celles qui sont perpétuelles, même si elles sont peu nombreuses)[135], ce qui indique une signification plus profonde et plus complète que le concept contemporain de durabilité, qui est la préférence pour un travail permanent ou durable plutôt qu'un travail intermittent. Ou également : (si l'Heure (la fin du monde) vient et que l'un de vous a une succulente dans la main, alors s'il est capable de la planter, qu'il le fasse)[136]. Ou aussi le hadith : (quand le fils d'Adam meurt, son œuvre s'arrête sauf dans trois choses : Une aumône continue, une science dont les gens tirent profit ou un enfant pieux qui invoque pour lui)[137]

.

Cela montre que le terme « Istidama » a une signification plus large que la durabilité au sens conventionnel, qui va au-delà de la dimension temporelle du monde pour relier cette vie terrestre à la vie de l'au-delà.

Parmi les significations plus profondes de la durabilité « Istidama » contenues dans les textes et références de la charia qui peuvent être inclus dans le concept de durabilité de manière plus large, complète et précise, figure :

**Premièrement** : la durabilité du système divin et sa validité pour tous les temps et tous les lieux constituent une signification importante si l'on considère les directives divines dans tous les aspects de la vie humaine comme une approche durable qui est valable en toutes circonstances et ne nécessite qu'une diligence dans une interprétation de l'intégrité de la révélation. Il ne fait aucun doute que la durabilité de l'approche et de la démarche contribue au succès de l'application et à la maximisation des intérêts dans tous les domaines économiques, sociaux, politiques et autres : « Quiconque suit mon guide ne s'égarera ni ne sera malheureux. » (Coran : 20 /123) ce qui signifie que suivre

---

135 Muslim : 1311
136 Ahmad :251 :20.
137 Muslim 11 :85

l'approche divine qui porte le caractère durable dans tous les aspects de la vie est le chemin du succès et de la bonne orientation, et l'abandonner sera le chemin de l'égarement et de la misère. Il suffit d'examiner les causes de la crise économique actuelle et les troubles qu'elle a provoqués pour s'en tenir à cette vérité méthodologique qui reflète l'absence de boussole morale due à une déconnexion avec les directives divines.

**Deuxièmement** : Le fait de concevoir la vie humaine composée de deux phases : celle d'ici-bas et celle de l'au-delà sont un deuxième sens qui distingue l'Islam d'autres croyances et doctrines qui ne croient ni au jugement, ni au Jour dernier, ni au principe de récompense et de châtiment. Ainsi, le comportement humain échappe à toute restriction morale et agit selon la logique de l'utilité et de l'intérêt, par laquelle il n'est pas possible de contrôler toutes les actions et tous les comportements. La croyance au Jour dernier est en fait un sens profond de durabilité qui relie le travail dans cette vie à la récompense dans l'au-delà, sans aucune séparation entre les deux vies. « Et recherche à travers ce que Dieu t'a donné, la Demeure dernière. Et n'oublie pas ta part en cette vie » (Coran : 28 /77) et aussi : « Quiconque fait un bien fût-ce du poids d'un atome, le verra, et quiconque fait un mal fût-ce du poids d'un atome, le verra » (Coran : 99 /7-8).

**Troisièmement** : la durabilité des actions charitables telle que les dotations et les donations, qui combinent entre le souci de répondre aux besoins des générations présentes, tout en tenant compte des droits des générations futures. C'est également un autre sens qui complète le sens précédent en termes d'orientation d'une personne vers les bonnes œuvres. Il ne fait aucun doute qu'il est difficile d'imaginer un système qui respecte la finalité de durabilité d'une manière plus solide et plus efficace que celui lié à cette conception.

De nombreux écrivains occidentaux, dans leurs écrits consacrés à la civilisation islamique, ont soulevé la question du secret grâce auquel le monde islamique a pu construire une civilisation qui a duré environ treize siècles tout au long de l'histoire humaine, s'étendant de l'Est à l'Ouest et de l'océan au Golfe, et a réalisé une renaissance globale et un progrès scientifique dont l'humanité en général en ont bénéficié intellectuellement. La réponse se trouve certes dans le système de « Waqf » ou fondation islamique, qui était un système qui englobait différents domaines, secteurs et générations, de sorte qu'il n'y a pratiquement aucun aspect de la vie individuelle et collective dans la société qui ne soit lié de près ou de loin à ce système qui incarne le vrai sens de la durabilité. L'histoire du Waqf islamique montre un aspect multidimensionnel lié à de nombreuses activités économiques visant à développer la société telle que les hôpitaux, les écoles et universités, les bibliothèques, les marchés, les projets agricoles et industriels, etc. …

**Quatrièmement** : La durabilité du capital social (liens de parenté ou Sillât Al Arhâm) : Il s'agit d'un aspect extrêmement important en raison du rôle qu'il joue dans la consolidation de la cohésion sociale, le renforcement des liens familiaux et l'interconnexion des générations. Cela confirme le concept moderne de capital social, indiquant la valeur et l'efficacité des relations sociales et le rôle de la coopération et de la confiance dans la réalisation des objectifs économiques. Si le développement considère les humains comme un but et un moyen, alors le capital social soutient cette approche en mettant l'accent sur les relations entre les humains. Le capital social fait référence à la valeur des réseaux sociaux et à l'étendue de la volonté de leurs membres de se servir les uns les autres.

Ce concept repose sur un ensemble de normes morales qui prévalent dans la société et assurent la survie et la continuité des membres d'une même société entre eux, et sont représentées par la justice, la charité, le don aux proches, la tolérance, la réciprocité, la confiance, la compassion, la solidarité et la coopération, qui sont toutes liées à la durabilité.

En effet, préserver de bons liens de parenté et s'occuper des proches par le temps et l'argent, génère ses effets dans sa vie, et Dieu bénit ses moyens de subsistance et la récompense dans ce monde avant l'au-delà, comme il est mentionné dans le hadith du prophète (saws) dans lequel quelqu'un lui a demandé quel acte il effectuerait pour lui permettre d'entrer au Paradis, le Prophète a mentionné plusieurs actes, en particulier le maintien des liens familiaux (Sillât Al Arhâm). Ces liens de parenté contribuent ainsi à renforcer le capital social, qui constitue un facteur majeur du développement durable au sens contemporain du terme.

**Cinquièmement** : La durabilité de la communication culturelle et de la connaissance humaine. L'Islam considère la connaissance humaine entre les peuples et les sociétés comme une valeur fondamentale pour la durabilité de l'espèce humaine, l'un des objectifs majeurs de la charia islamique et une règle de construction humaine qui permet une communication efficace entre les gens : « Ô gens ! Nous vous avons créés d'un mâle et d'une femelle, et nous avons fait de vous des nations et des tribus, pour que vous vous entre connaissiez » (Coran : 49 /13).

Il s'agit d'un discours adressé à toute l'humanité visant à renforcer les relations humaines, à améliorer ces relations et à échanger des intérêts, car la connaissance mène à l'harmonie, et l'harmonie nécessite une interaction et l'interaction permet la coopération, et la coopération conduit à l'intégration, qui est l'objectif central qui concrétise l'unité dans sa forme la plus complète. La connaissance qu'exige l'Islam est une valeur durable dans le temps et dans l'espace, reliant les générations successives d'une part, et entre les peuples, tribus, races et sociétés d'autre part. C'est également une signification importante de la durabilité dans la conception islamique.

**Sixièmement** : La durabilité du capital humain : L'Islam attache une valeur fondamentale à l'être humain en tant qu'individu et en tant qu'entité sociétale comprenant un groupe d'individus, car il est la finalité du développement durable. Sans investir dans l'être humain par l'éducation, la promotion et la formation, les sociétés ne peuvent pas progresser ni atteindre la civilisation. La signification de la durabilité dans le capital humain se manifeste dans le concept islamique sous deux angles : Le premier consiste à veiller à préserver son humanité, à observer sa dignité, à sanctifier sa liberté et sa sécurité et à lui permettre de disposer de tous les moyens d'une bonne vie humaine : « Et assurément, nous avons honoré les fils d'Adam. Nous les avons transportés sur la terre et sur la mer, et nous leur avons donné des subsistances saines » (Coran : 70/17). L'honneur accordé à l'homme est ce qui le distingue des autres créatures. Ce que l'on entend par dignité, c'est ce sentiment interne inné de fierté et de force psychologique, rejetant l'humiliation, la soumission, la dégradation et la faiblesse.

Le second est lié à sa qualification et sa promotion scientifique et cognitive à travers son éducation, pour qu'il devienne un être humain actif dans son environnement, productif et non dépendant des autres. C'est pourquoi l'Islam a encouragé la recherche du savoir et l'effort pour l'acquérir, et l'a considéré comme une obligation pour chacun, et a appelé à la rechercher durant toute la vie de l'être humain (du berceau à la tombe), ce qui est l'une des significations de la durabilité scientifique des ressources humaines à travers laquelle le développement durable est accompli.

**B. les idées essentielles sur la durabilité (Istidama) :**

Nous retiendrons trois idées essentielles :

- La durabilité développementale ou « développement durable » :

La notion de « développement durable » est considérée comme l'expression la plus utilisée au cours des quatre dernières décennies. Elle indique la nécessité de croiser diverses dimensions économiques, environnementales, sociales et même politiques, afin que le « développement durable » soit plus complet et plus profond que la croissance économique, qui a été le seul critère, pendant de nombreuses décennies, pour exprimer l'ampleur du progrès des économies ou de leur retard. Mais le développement durable nécessite un changement radical dans le contenu de la croissance afin qu'elle devienne moins matérialiste, moins couteuse en énergie et plus équitable dans ses impacts.

Le développement durable est défini comme étant « un nouveau modèle de développement qui répond aux besoins des générations présentes sans compromettre les droits des générations futures »[138]. Il s'agit d'un développement renouvelable qui peut être soutenu et poursuivi, qui vise à préserver le capital environnemental et l'utilisation rationnelle des ressources naturelles. Il est aussi un développement socialement responsable qui cherche à améliorer la répartition des revenus et à réduire les disparités sociales. Il se concentre sur une croissance économique intégrée et durable et nécessite une confrontation des crises économiques.

Sur cette base, le développement durable dans le monde d'aujourd'hui est devenu une nouvelle feuille de route dans le domaine du développement, adoptée par de nombreux pays et reliant simultanément l'économie, la société et l'environnement. L'économie est le principal moteur de la société, la société est ce qui construit et développe l'économie, et l'environnement est le cadre général qui est affecté et influence les activités économiques. L'environnement est également affecté par les comportements des membres de la communauté et affecte leur état de santé et leurs diverses activités.

D'un point de vue islamique, le concept de développement durable signifie un mode de développement qui préserve la qualité de vie des individus et des groupes, sans compromettre l'environnement et sans nuire aux ressources des générations futures, dans le cadre des directives et des normes de la charia. Il combine ainsi le développement économique, social, environnemental et culturel et qui vise à concrétiser le concept coranique de la « bonne vie » : « Quiconque, mâle ou femelle, fait une bonne œuvre tout en étant croyant, nous lui

[138] Définition fournie par la Commission Portland des Nations Unies en Norvège 1987.

ferons vivre une bonne vie » (Coran : 16 /97). C'est donc un concept qui relie le développement spirituel et matériel, le présent et le futur, la matière et l'esprit, l'individu et le groupe, ainsi que l'homme et l'univers. Plusieurs textes du Coran, de la Sunna, et de la jurisprudence islamique en général confirment cette conception :

- L'appel à peupler la terre : « De la terre Il vous a créé, et Il vous l'a fait peupler (et exploiter). » (Coran : 11 / 61) c'est-à-dire il vous demande de la peupler et de la développer d'une façon durable jusqu'à l'Heure de la Résurrection, liant étroitement l'activité économique à l'au-delà : « Si le jour de la Résurrection arrivait alors que l'un d'entre vous tenait un plant à la main, qu'il le plante »[139].

- Interdiction de la corruption sur terre : « Et ne recherche pas la corruption sur Terre. Car Allah n'aime point les corrupteurs » (Coran : 28 /77). Et aussi : « Dieu n'aime pas la corruption » (Coran : 2 /205).

- Interdiction de l'extravagance, et du gaspillage des richesses : « Qui, lorsqu'ils dépensent, ne sont ni prodigues ni avares, mais se tiennent au juste milieu » (Coran : 25/67).

- Rationaliser la consommation, et surtout l'utilisation des ressources naturelles et prévenir leur épuisement, en partant du fait que l'univers entier et les ressources qu'il contient sont la propriété de Dieu et que l'homme n'a que le droit d'en bénéficier. L'usage limité de ces ressources confirme le droit des générations futures d'en bénéficier également : « et ne gaspillez rien. Il n'aime pas les gaspilleurs » (Coran : 6 /141).

- Préserver l'environnement, veiller à le garder propre et ne pas le polluer : l'Islam exige que l'homme traite avec l'environnement

[139] Rapporté par l'Imam Ahmad : 20/251.

en partant du principe qu'il s'agit d'un bien public qui doit être préservé pour que l'existence continue : « Ne corrompez pas la terre après qu'elle ait été faite droite » (Coran : 7 /56). Et aussi : « La corruption est apparue sur la terre et dans la mer à cause de ce que les gens ont accompli de leur propre main » (Coran : 30 /41).

- Prise en compte des droits des générations futures dans la répartition des richesses : En effet, l'Islam a pris en compte les droits des générations futures, en matière des droits de succession. Parmi les critères de base dans le système d'héritage, le fait de tenir compte de la position de la génération héritière parmi les ayants droit. Ce système donne la priorité à la génération plus jeune au détriment de la génération plus âgée dans sa part d'héritage.

Toutes ces recommandations confirment que l'islam est précurseur de l'idée de développement durable et que cette idée sert les cinq finalités suprêmes de la charia à savoir : la préservation de la religion (ad dîn), de la personne (Al nafs), de la raison (al'Aql), de la filiation (Al nasl), et des biens (al amwal). La religion ne peut être préservée dans le temps et dans l'espace qu'en atteignant l'objectif du développement durable, qui constitue un facteur nécessaire pour consolider les valeurs religieuses dans la société, diffuser ses enseignements et étendre son influence. De même, l'âme humaine ne peut être préservée que par l'objectif du développement durable, qui assure une suffisance totale à chaque individu de la société et lui permet une vie bonne « Qu'ils adorent donc le Seigneur de cette Maison [la Ka'ba], qui les a nourris contre la faim et rassurés de la crainte » (Coran : 106 /3-4).

En outre, préserver l'esprit des gens, le développer grâce à la science et aux connaissances ne peut être réalisé qu'avec les outils du développement durable. Grâce à l'objectif du développement durable, l'honneur des individus et de leurs descendants peut être préservé en fondant des familles pour développer la société. Enfin, Il ne fait aucun doute que la préservation et le développement de la richesse ne peuvent être réalisés qu'avec plus d'argent afin de réaliser la croissance économique et de créer de la richesse, et cela est plus facile dans un système de développement durable.

**- La durabilité économique :**

La durabilité économique signifie la capacité de la société à utiliser les ressources économiques de manière optimale et efficace, et à inclure des politiques qui assurent la continuité des activités économiques et sociales qui conduisent au développement, afin qu'elles puissent contribuer à répondre aux besoins actuels et futurs de la société. Cela nécessite un investissement en capital humain à travers la formation et l'éducation, ce qui conduit à soutenir la croissance économique. La durabilité économique signifie également ne pas léguer aux générations futures des dettes économiques et sociales qu'elles ne sont pas en mesure de rembourser, de contrôler l'utilisation des ressources naturelles de manière à préserver les droits des générations suivantes, de modifier le modèle de consommation et de ne pas gaspiller les richesses.

Le Rapport sur le développement humain publié par les Nations Unies montre que la durabilité économique repose sur cinq indicateurs principaux :

- L'épuisement des ressources naturelles, c'est-à-dire la valeur monétaire de l'épuisement des ressources énergétiques, minérales et forestières, calculée en pourcentage du revenu national brut.

- L'épargne nette ajustée, qui équivaut à l'épargne nationale nette plus les dépenses d'éducation moins l'épuisement de l'énergie et des forêts, ainsi que les dommages causés par les émissions de dioxyde de carbone et de particules. L'épargne nationale nette est égale à l'épargne nationale brute moins la consommation de capital fixe.

- Le solde de la dette extérieure, c'est-à-dire le pourcentage de la dette due en devises, ou en biens ou services, par rapport au revenu national brut.

- Les dépenses de recherche et développement, dépenses courantes et en capital (publiques et privées) consacrées à des activités innovantes visant à accroître les connaissances, y compris une connaissance approfondie des questions fondamentales et appliquées de l'humanité, de la culture et de la société, et du développement expérimental.

- L'indice de concentration des exportations, qui mesure la concentration des produits exportés (également appelé indice de Hernfdahl-Hirschman)[140]

Des études récentes liées à la durabilité économique confirment également que celle-ci ne peut être réalisée sur le terrain que par la réussite dans la mise en œuvre des dimensions économiques suivantes :

- L'équité dans l'exploitation des ressources à la fois à l'échelle locale et mondiale : qui se mesure par le taux de consommation par habitant des ressources naturelles. Ces études montrent que le taux de consommation par habitant a connu une disparité marquée au sein des sociétés en développement entre les zones urbaines et les zones rurales. Dans les pays développés, ce taux est nettement beaucoup plus important.
- Limiter le gaspillage des ressources naturelles, qui constituent encore une source fondamentale de richesse, ce qui implique la réduction de la consommation individuelle d'énergie et de ressources naturelles et la prévention de toute sorte d'extravagance et de gaspillage, ainsi que tout ce qui menace l'avenir des générations futures.

---

[140] https://pulpit.alwatanvoice.com/content/print/457141.html

- L'équité dans la répartition des ressources, y compris les opportunités d'obtention de ressources au sein de la société, tout en réduisant la pauvreté parmi les couches sociales et entre les pays et les régions.

- Réduire le taux des dépenses militaires et les réorienter vers le développement : les dernières décennies ont été caractérisées par une hausse vertigineuse du taux des dépenses militaires par rapport au produit brut ou par rapport au budget des pays, selon le cas. Ces dépenses sont devenues un fardeau supplémentaire pour le développement. En fait, de nombreux pays en développement d'Asie, d'Afrique et d'Amérique latine consacrent une grande partie de leur richesse nationale à l'acquisition d'armes, pour des raisons de protection de la sécurité nationale et les menaces internes et externes[141].

Si l'essence de la durabilité économique réside dans la rationalisation des dépenses, et le non-gaspillage des ressources, les prescriptions islamiques vont dans ce sens, ce qui fait que la durabilité économique est une finalité importante de la charia dans le domaine économique. En effet, plusieurs textes du Coran et de la Sunna traitent ce sujet, en recommandant un comportement de consommation disciplinée, l'interdiction du gaspillage et de l'extravagance, le rejet de la corruption, la préservation de l'environnement, ainsi que la prise en compte des droits des générations futures :

- La bonne gouvernance des ressources : « Qui, lorsqu'ils dépensent, ne sont ni prodigues ni avares, mais se tiennent au juste milieu » (Coran : 25/67). Et aussi : « Ne porte pas ta main enchaînée à ton cou [par avarice], et ne l'étends pas non plus trop largement, sinon tu te trouveras blâmé et chagriné » (Coran : 17 :29). Le hadith du prophète confirme le même sens : « Celui

[141] https://www.lebarmy.gov.lb/ar/content/

qui consulte ne sera jamais déçu, celui qui se concerte ne le regrette pas et celui qui fait ses comptes (être responsable dans son comportement économique) ne sera pas pauvre »[142].

- Interdiction de l'extravagance et du gaspillage : « et ne gaspillez rien. Il n'aime pas les gaspilleurs » (6 :141).

- La préservation de l'environnement et la lutte contre la pollution et la corruption : Le concept d'environnement comprend tout ce que l'univers contient sur terre et dans le ciel, y compris les animaux, les plantes, les objets inanimés, l'eau, l'air et diverses ressources naturelles. Dans ce sens large, l'environnement appartient à Dieu, et l'homme est chargé de sa préservation, sans extravagance ou négligence. L'exigence d'honnêteté et de la moralité interdit tout comportement conduisant à une quelconque dégradation de l'environnement, car cela aurait un impact direct sur tous les êtres vivants qu'abrite l'environnement, en particulier l'homme.

Le prophète comparait, dans un hadith, la vie humaine sur terre à un navire qui transporte toute l'humanité ainsi que toutes les autres créatures. Pour que le navire humanitaire puisse maintenir son équilibre et éviter le naufrage, il lui suffit d'empêcher les actions que certains pourraient entreprendre pour nuire aux autres : « Celui qui respecte les limites d'Allah et celui qui les transgresse sont semblables à un groupe de gens qui, sur un bateau, tirent au sort ; certains se retrouvent sur la partie supérieure et les autres dans la partie inférieure. Quand ils puisent de l'eau pour boire, ceux qui se trouvent en dessous passent à côté de ceux qui se trouvent au-dessus et finissent par se dire : si nous faisions un trou dans notre partie, de sorte à ne pas déranger ceux qui sont au-dessus ? Ainsi, si [les gens d'en haut] les laissent faire,

[142] Tabarani :6816.

ils périront tous, tandis que s'ils les en empêchent, tout le monde sera sauvé »[143].

- L'exploitation des ressources selon les principes de justice, d'équité et de rationalisation : « C'est lui qui a créé les jardins, treillagés et non treillagés ; ainsi que les palmiers et la culture aux récoltes diverses ; [de même que] l'olive et la grenade, d'espèces semblables et différentes. Mangez de leurs fruits, quand ils en produisent ; et acquittez-en les droits le jour de la récolte. Et ne gaspillez point, car Il n'aime pas les gaspilleurs » (Coran : 6 /141). Le hadith prophétique stipule également, dans le chapitre, sur les ablutions et la consommation d'eau : « Ne soyez pas extravagant même si vous êtes au bord d'une rivière qui coule. »[144].

- L'encouragement de la dépense tout en tenant compte des droits des générations suivantes à travers le système de dotation et la charité courante: « « Ceux qui dépensent leurs biens nuit et jour, discrètement et ouvertement, auront leur récompense auprès de leur Seigneur ; il n'y aura nulle crainte pour eux, et ils n'auront aucune affliction » (Coran : 2/274). C'est un appel à des dépenses soutenues et ininterrompues, jour et nuit, secrètement et visiblement, de manière à réaliser la communication temporelle et humaine entre les générations. Ou aussi le hadith : (quand le fils d'Adam meurt, son œuvre s'arrête sauf dans trois choses : Une aumône continue, une science dont les gens tirent profit ou un enfant pieux qui invoque pour lui)[145].

**- La durabilité financière :**

Cela fait partie de la durabilité économique. Elle signifie le maintien et l'étendue de la capacité financière d'une entreprise ou d'un pays au fil du temps. Autrement dit, il s'agit de la capacité des autorités financières

---

143 Rapporté par Al-Bûkhârî : 2493.
144 Rapporté par Ibn Maaja : 425.
145 Muslim 11 :85

à fournir des fonds de manière permanente et chronique et de façon à ce que l'État puisse continuer à dépenser pour financer les services publics et remplir ses obligations financières.

La durabilité financière est un terme qui exprime aussi la situation financière dans laquelle l'État est capable de poursuivre ses politiques de dépenses à long terme sans réduire sa solvabilité financière, sans être exposé au risque de faillite ou sans remplir ses obligations financières futures à la lumière de ses revenus financiers courants.

Le concept de durabilité financière est lié à celui de déficit financier, qui représente la différence entre la valeur actuelle de toutes les obligations de l'État et ses revenus futurs. Pour combler ce déficit financier, les pays font recours à l'une des deux options suivantes :

La première option est l'endettement, qui comporte de nombreux risques. La perte de durabilité financière entraîne une baisse de la confiance du marché dans la capacité du pays en question à remplir ses obligations et les créanciers cessent de lui prêter.

La deuxième option consiste à réduire les dépenses publiques et limiter la croissance des coûts des programmes de dépenses actuels, ou à trouver de nouvelles sources de revenus. Les pays font généralement recours à l'augmentation des taux d'imposition pour résoudre le problème du déficit budgétaire afin d'atteindre la viabilité financière.

La problématique de durabilité financière a été abordée par les savants des finalités (Maqasid) puisque la préservation des biens et de l'argent figure parmi les cinq finalités suprêmes développées par la science des Maqasid, et aussi parmi les finalités des transactions financières selon Cheikh Al-Tahar bin Ashour. Cette finalité (préserver les biens) incarne en effet le sens de la durabilité financière à travers l'incitation à sa rotation et sa circulation pour qu'elle ne se limite pas aux mains d'un petit nombre de membres de la société : « afin que cela ne circule pas parmi les seuls riches d'entre vous » (Coran : 59 /7).

Parmi les conditions requises pour préserver les biens figurent également leur clarté, leur stabilité et la justice dans l'échange, et toutes font partie des finalités des transactions financières, comme l'explique Ibn Ashour dans son livre « les finalités de la charia islamique ». Cela signifie la possession de manière réelle, valable et légitime, et le documenter à travers l'un des contrats légitimes « Ô vous qui avez cru, si vous contractez une dette pour une durée déterminée, notez- la » (Coran : 2 /282).

**- Le champ d'application de la durabilité économique :**

La durabilité économique peut être perçue à travers les principaux éléments du cycle économique à savoir la production, l'échange, le financement, la consommation, l'investissement, la distribution et la redistribution.

- La durabilité au niveau de la production :

Elle se traduit par la bonne allocation des ressources et leur gestion de manière à permettre la fourniture continue des biens et services liés à ces ressources et la préservation des opportunités de production à l'avenir. La durabilité inclut les deux facteurs de production à savoir le capital et le travail :

- La durabilité du capital : Cela signifie les situations dans lesquelles le capital est disponible d'une façon durable et l'étendue de son impact sur le cycle de production en termes de développement durable. La composante « capital » est utilisée dans l'économie islamique à travers un ensemble de contrats divisés en deux parties telles que présenté précédemment : Les contrats de financement dont le rendement est prédéterminé, avec le consentement des parties contractantes, tels que les contrats Mourabaha, Salam, Istisn'a et Ijara. Ces contrats se caractérisent par des risques assez faibles par rapport à d'autres contrats, et donc le rendement (qu'il s'agisse de profit ou de loyer) protège le capital et améliore son degré de durabilité, car le rendement est dû une fois le produit livré et conforme aux spécifications stipulées dans le contrat.

La deuxième partie concerne les contrats d'investissement dans lesquels le rendement est exprimé en pourcentage du résultat du projet, et qui sont : les contrats de Moudharaba, Moucharaka, Mouzaraa, Mougharasa et Mousaqat, qui sont exposés à des risques plus élevés et dans lesquels le profit constitue une protection du capital, qui soutient également son niveau de durabilité. En plus de tout cela, les finalités de la charia dans le domaine financier constituent en fait un facteur de durabilité du capital, en termes d'incitation à sa rotation, à sa préservation, sa transparence et son équité, et tout cela joue un rôle central dans la durabilité du capital.

- La durabilité du travail (capital humain) :

Le capital humain est devenu une véritable richesse dans toutes les sociétés qui aspirent à la renaissance et au progrès. Investir dans les ressources humaines est devenu aussi important que d'investir dans d'autres secteurs. L'Islam accorde une attention particulière à l'être humain conformément à sa fonction de lieutenance sur terre, qui porte une grande responsabilité de peuplement de la terre et de réaliser le développement durable de manière efficiente et efficace.

La durabilité du capital humain selon la conception islamique se manifeste à travers la place occupée par le capital humain dans le cycle de production en tant qu'acteur économique de premier ordre lié à sa qualité de producteur, de consommateur, d'épargnant, d'investisseur, et aussi à la fois donneur et bénéficiaire dans le circuit de la redistribution.

Cette durabilité se manifeste aussi à travers la rémunération du facteur travail en échange de l'effort qu'il déploie dans le processus de production durable. Cette récompense n'est pas dépendante seulement de la loi de l'offre et de la demande, comme c'est le cas dans l'économie capitaliste, mais lui assure plutôt un niveau de suffisance au départ (et non un niveau de subsistance) comme minimum garanti. C'est une position de principe qui caractérise l'Islam dans sa vision du travail et des travailleurs afin de préserver la dignité humaine. Une fois ce minimum de suffisance est assuré, la différenciation dans la rémunération du travail est régie par la fameuse règle évoquée par le calife Omar ibn al -Khattab (l'homme et son affliction, l'homme et son besoin) qui signifie que la rémunération du travail est en parfaite en corrélation avec l'effort et le besoin, et ce dans le cadre de la règle fiqhique générale « Al Ghounmou Bill Ghourmi » (le gain va de pair avec le risque).

- La durabilité au niveau de l'échange :

En économie islamique, l'échange est régi par trois règles fondamentales, et leur violation conduit à la perturbation du système de marché et un préjudice pour les commerçants. Ces règles reposent sur un principe de base à savoir la séparation entre les types de biens et de produits qui font l'objet d'un échange, séparation nécessaire qui distingue la monnaie (ou la sphère monétaire) et les biens ou marchandises (sphère réelle), et entre les biens nécessaires à la vie des gens, et le reste des autres biens, de toute sorte. Cette classification a été précisée dans le hadith dit des produits ribatiques (usuraires), qui regroupaient trois règles de l'échange équitable déjà citées et qui portent sur la similitude, la diversité et la différentiation.

L'ensemble de ces règles juridiques qui régulent le processus d'échange sur le marché visent à maximiser les profits (durabilité économique et financière), à éviter les prohibitions telles que le Riba, le Gharar, à écarter l'injuste (durabilité sociale).

- La durabilité au niveau de la consommation :

Elle peut être perçue à travers un comportement rationnel et socialement responsable du consommateur au niveau de l'individu, du groupe ou de la société. Cela nécessite l'adaptation de la structure marchande à la demande réelle de la société, en faveur des besoins de première nécessité d'abord, des besoins de second ordre ensuite, puis des besoins du luxe, avec le moins de consommation possible de ressources et le minimum possible de pollution et de dommages à l'environnement.

La consommation non durable constitue un dilemme économique et social dont se plaignent la plupart des sociétés contemporaines, car la culture de l'extravagance et du gaspillage et l'exploitation irrationnelle des ressources naturelles, en particulier de l'eau, de l'énergie et de la nourriture, sont répandues, ainsi que la consommation de produits à caractère non durable et qui sont nocif pour la santé, la morale ou l'environnement, ce qui a de graves répercussions sur les plans économique et social, outre le gaspillage des ressources, le déséquilibre de la structure de production et le gaspillage des richesses matérielles et humaines.

Pour cette raison, l'Islam accordait la plus haute importance à la consommation, et insistait à rationaliser les consommateurs et à discipliner les extravagants, en considérant l'extravagance comme une forme de corruption et les gaspilleurs comme les frères des diables : « car les gaspilleurs sont les frères des diables ; et le Diable est très ingrat envers son Seigneur » (Coran : 17/27). « Et mangez et buvez ; et ne commettez pas d'excès, car Il [Allah] n'aime pas ceux qui commettent des excès » (Coran : 7 / 31). Le hadith du prophète va aussi dans le même sens : « Mangez, buvez, faites l'aumône et habillez-vous sans extravagance ni arrogance »[146].

A travers les textes charaiques, cinq types de comportement du consommateur peuvent être retenus :

[146] Rapporté par Ibnou Maja : 2920.

- Le comportement de modération et de juste milieu. C'est le comportement que l'Islam recommande écartant ainsi toute sorte d'extravagance, d'excès ou de frugalité.
- Le comportement d'embellissement et de l'ornement, qui consiste à montrer la parure et la beauté et à parler de la bénédiction de Dieu : « Ô enfants d'Adam, portez votre parure dans chaque masdjid. Mangez et buvez, sans commettre d'excès, car Il n'aime pas ceux qui commettent des excès » (Coran : 7 / 31), et dans le hadith : « Mangez, buvez, habillez-vous, donnez l'aumône, mais sans arrogance ni excès, car Allah aime voir son bienfait sur son adorateur »[147].
- Le comportement de piété, qui tend vers l'austérité et l'ascétisme et l'abandon des bonnes choses permises sans tomber dans l'avarice et la frugalité. C'est le comportement des prophètes, des ascètes et des justes. Il s'agit d'un groupe de personnes dans la société d'aujourd'hui qui s'abstiennent de jouir des ornements de la vie et sacrifier ses joies et préfèrent l'au-delà, conformément au texte coranique : « Il [appartient également] à ceux qui, avant eux, se sont installés dans le pays et dans la foi, qui aiment ceux qui émigrent vers eux, et ne ressentent dans leurs cœurs aucune envie pour ce que [ces immigrés] ont reçu, et qui [les] préfèrent à eux-mêmes, même s'il y a pénurie chez eux » (Coran : 59 /9). Et aussi le hadith : « Le fils d'Adam n'a pas rempli un récipient qui soit pire que son ventre ! Il lui suffit pourtant de quelques bouchées pour se maintenir debout. Cependant, s'il lui faut plus que cela, que ce soit un tiers pour sa nourriture, un tiers pour sa boisson et un tiers pour sa respiration. »[148].
- Le comportement d'excès et d'extravagance, qui est aujourd'hui très répandu au point de se transformer en un mode courant de consommation dans les sociétés modernes y compris islamiques, malgré la sévérité de son interdiction dans le Coran et dans la Sunna.
- Enfin, le comportement de frugalité, d'avarice, qui est également désapprouvé voir prohibé, car il nuit à l'âme et la prive de bonnes choses licites: « Quiconque se prémunit contre sa propre avarice, ceux-là sont

---

[147] Rapporté par Ahmad 1/182
[148] Rapporté par Attirmidhi :2380.

ceux qui réussissent » (Coran : 59 /9) Et dans le hadith « Méfiez-vous de l'avarice, car cette dernière a mené à la perte des peuples qui vous ont précédés, elle leur commandait de rompre avec leurs proches et ils l'ont fait, d'être avares et ils l'ont été ainsi que d'être orgueilleux et ils l'ont été »[149] .

Le comportement que l'Islam appelle et incite à suivre est celui de la justesse et du juste milieu, qui ne s'incline ni à droite ni à gauche, ni à l'excès ni à la frugalité. Ancrer ce modèle de comportement de consommation dans la société, le pérenniser et le transformer en un modèle de consommation stable et durable est la seule condition d'atteindre des objectifs de développement durable qui allient efficacité, maturité économique, responsabilité sociale, préservation de l'environnement et maîtrise des droits des générations suivantes.

- La durabilité au niveau de la distribution et de la redistribution :

  Nous avons mentionné précédemment les éléments de la vision islamique en matière de distribution primaire des richesses (distribution primaire et système de propriété), de distribution secondaire (rémunération des facteurs de production), ou de redistribution à travers les mécanismes de Zakat et de Waqf (dotation), le système de seuil de suffisance (Had Al Kifaya) ainsi que le système de succession (Mirath) et le secteur caritatif en général. Nous discutons ici de ces outils, en nous concentrant sur la signification de la durabilité :

  - Le système de propriété :

  L'économie islamique repose sur le système de la double propriété, c'est-à-dire une propriété multiforme : propriété privée, propriété publique et propriété d'État. Chacune de ces trois formes à une fonction sociale de distribution et de

---

[149] Rapprté par Abû Dâwûd : 1449.

redistribution des richesses, de réduction des disparités sociales. Fondé sur le principe de succession, l'Islam a fait de la propriété un moyen de disposer de la richesse et dans l'exercice des droits et des obligations, et à travers cette distinction entre l'origine de la propriété (les biens sont la propriété de Dieu) et le droit d'usage accordé à l'homme, on atteint le sens de durabilité, qui est la continuation de la propriété et sa durabilité pour toutes les générations.

- La rémunération des facteurs de production :

L'objectif de durabilité dans cet aspect se présente sous deux formes principales :
L'interdiction du Riba (Intérêt) qui a un impact se reflétant dans les trois aspects de la durabilité, à savoir l'aspect économique, l'aspect social et l'aspect environnemental. Sur le plan économique, nous l'avons évoqué dans une section précédente que le taux d'intérêt était un outil inefficace d'allocation des ressources, car il favorisait les grands projets au détriment des petits projets et renforçait les tendances monopolistiques, et qu'il était à l'origine de toutes les crises que l'économie mondiale a connues, la plus récente étant celle de 2008.
Sur le plan social, le taux d'intérêt contribue à son tour à perpétuer les disparités sociales et à creuser l'écart entre la composante "capital" et la composante "travail". Enfin, récompenser le capital par de l'intérêt ne contribue pas à privilégier la dimension environnementale par rapport à la dimension économique dans le financement de projets et d'activités productives, et ne tient pas compte des droits des générations futures dans la rémunération des facteurs de production. Par conséquent l'intérêt joue un rôle défavorable à la durabilité et au développement durable.

- Le rôle de la zakat dans la redistribution :

La Zakat joue un rôle important dans la croissance économique, car elle contribue à transformer les pauvres capables de travailler, en producteurs (redevables de la Zakat) et augmente leur pouvoir d'achat en le transférant aux pauvres qui le dépensent pour leurs besoins de première nécessité. Les fonds de la Zakat peuvent également être consacrés au développement économique, à travers le financement du travail indépendant, au sein de foyers pauvres, et en finançant de petits et microprojets, ce qui contribue à son tour à alléger le problème de la pauvreté.

Des études récentes sur le rôle économique et social de la zakat ont prouvé que les revenus de la zakat peuvent varier entre 3,5 % et 7 % du produit brut dans tous les pays islamiques non producteurs de pétrole, ce qui équivaut à peu près au taux de déficit budgétaire de la plupart d'entre eux. Quant aux pays producteurs de pétrole, le pourcentage de la zakat dans le produit brut se situe entre 10% et 14%, ce qui représente un pourcentage très important des ressources de ces pays. Compte tenu des faibles taux de pauvreté dans ces pays, il est permis de dépenser ces revenus de la zakat pour ceux qui y ont droit dans d'autres pays pauvres, ce qui pourrait doubler les revenus de la zakat dans ces pays[150].

L'aspect de durabilité de la Zakat peut être perçu par sa dimension globale et inclusive dans la mesure où elle touche toute sorte de revenus et richesses d'une part et couvre toute sorte de catégories sociales vulnérables d'autre part. En plus du rôle intégrateur qu'il joue en contribuant à la pouvoirisation économique et en introduisant de nombreuses catégories dans le cycle économique et en les transférant du cercle des ayants droit à la zakat au cercle des donateurs après leur avoir permis d'avoir le quorum.

---

[150] Taher, Abdullah : Les recettes de la zakat et le développement sociétal : colloque sur les ressources financières de l'État dans la société moderne du point de vue islamique, Banque islamique de développement, 1ère édition, 1989.

- Le Waqf (dotation) est considéré comme l'une des institutions économiques et sociales les plus importantes qui ont contribué à travers les époques à l'édification de la civilisation humaine et sociale dans les sociétés islamiques. En tant qu'institution de sécurité sociale complète et indépendante, elle peut être classée économiquement dans la catégorie de l'économie sociale, ou considérée comme un système de sécurité sociale totalement indépendant de l'État. Le Waqf a eu un impact significatif, que ce soit sur le système de propriété, le système de production ou le système de distribution. Grâce à lui, les services sociaux se sont étendus pour atteindre des centaines de services, passant des besoins fondamentaux à des besoins précis qui reflètent la sophistication de la société islamique et la croissance de ses besoins sociaux.

En effet, le système du Waqf incarne à la fois les trois dimensions du développement durable : l'économique, le social et l'environnemental. L'Islam exhorte les parents à laisser leurs enfants riches et non pauvres comme le stipule le hadith suivant « Que tu laisses tes héritiers riches vaut mieux de les laisser pauvres et réduits à tendre les mains aux gens. »[151], ou aussi : « Quand le fils d'Adam meurt, son œuvre s'arrête sauf dans trois choses : Une aumône continue, une science dont les gens tirent profit ou un enfant pieux qui invoque pour lui)[152].

Au niveau social, le Waqf a joué un rôle remarquable et a contribué à l'émergence de la société civile, à travers les institutions civiles, qui ont organisé certains aspects de la vie sociale et contribué à gérer les activités communautaires et à réaliser l'intégration sociale, en particulier dans certains domaines importants, comme l'éducation et la santé, dont les

[151] Rapporté par al Boukhari : 2591.
[152] Muslim 11 :85

charges sont entièrement supportées par les institutions du Waqf.

Par ailleurs, le Waqf a apporté une contribution significative à la protection de l'environnement, car les fonds de dotation ont été utilisés pour paver et nettoyer les routes dans les villes, et les fonds de dotation ont été investis dans la création de foyers pour les animaux et dans la fourniture de soins de santé aux oiseaux malades, y compris les oiseaux sauvages, un phénomène qui n'était connu dans l'histoire du monde que lors de la civilisation musulmane.

- Le rôle du système de succession : D'un point de vue économique, l'héritage est considéré comme un moyen de répartition des richesses et un élément essentiel de la rotation de la richesse et du transfert serein de la propriété d'une génération à l'autre, par le partage de la succession entre un grand nombre de proches du défunt. Le système d'héritage inclut tous les types de biens appartenant à l'héritier et vise à fragmenter la propriété afin que la richesse ne s'accumule pas entre les mains d'un petit groupe de personnes ou ne se transforme pas en féodalité.

Parmi les significations de la durabilité dans le système successoral et son rôle dans les processus de distribution et de redistribution :

- La fixation une fois pour toutes des parts des ayants droit parmi les héritiers. En effet, le Coran inclut tous les cas et possibilités avec une extrême précision mathématique et avec tous les détails, étant donné que l'argent fait souvent l'objet de désaccords et de litiges entre les gens, et que son partage n'est pas une affaire facile, surtout lorsqu'il s'agit de la protection des droits des groupes vulnérables de femmes et des orphelins. Cette fixation précise et définitive contribue à son acceptabilité d'une façon durable à travers les époques.

- Le système d’héritage islamique est né entièrement complet, et aucun ajout, modification ou changement n’y est intervenu, contrairement à d’autres systèmes qui ont mis beaucoup de temps à se stabiliser et à s’adapter aux différentes situations, ce qui constitue en effet un aspect important de la durabilité.
- Le système d’héritage islamique est régi aussi par la règle générale « Al Ghounmou Bill Ghourmi » (le gain va de pair avec le risque et que nul profit sans prise de risque). En effet, celui qui est tenu de prendre en charge des personnes en cas d'incapacité de gagner de l'argent doit hériter dans l'ordre requis par le lien de parenté. Ainsi, le parent le plus proche hérite du suivant selon cette règle en retour. Cette règle indique, d'un point de vue juridique, qu'une personne a les mêmes devoirs qu'elle a des droits, ce qui est un autre aspect de la durabilité.

- L'héritage est l'un des mécanismes de redistribution dans l'économie islamique, comme la Zakat, la donation, le testament, le Waqf, les vœux et les expiations. Il contribue à la redistribution des richesses entre les membres de la société, dans une répartition équitable, en élargissant la base de propriété, fractionnant la richesse et réduisant les disparités sociales, à mesure que la richesse est transférée à de nouveaux propriétaires. Le processus de redistribution permet le transfert de propriété entre les générations présentes et suivantes, ce qui constitue l'une des principales significations de la durabilité.

Au terme de cette section, la conclusion que nous pouvons tirer consiste à démontrer l'importance de la notion de durabilité dans la conception islamique au point de la considérer comme étant une finalité charaïque importante dans le domaine économique qui peut enrichir le concept contemporain de la durabilité et l'orienter dans la bonne direction vers la rationalisation du comportement économique, et la réforme des efforts de développement afin qu’il soit plus juste et équitable pour les générations présentes sans négliger les droits des générations futures, ce qui est le sens principal autour duquel s'articule la théorie du développement durable dans l'économie contemporaine.

En effet, considérer la durabilité comme une finalité charaïque importante dans le domaine économique tire sa légitimité des finalités charaiques suprêmes d'une part et des finalités de la science économique moderne d'autre part. Nous avons vu que la mise en pratique des finalités charaiques suprêmes, ne peut être significative que si elle revêt un caractère durable, car sans la durabilité économique, il n'est pas possible de préserver la religion, la vie, la raison, l'honneur et les biens, ni atteindre aussi d'autres nouvelles finalités, telles que la préservation de l'environnement, de l'humanité (l'entité humaine) ainsi que d'autres, qui dépendent toutes de la durabilité.

## Conclusion générale :

Au terme de cette recherche, il conviendrait de rappeler les résultats les plus importants et d'attirer l'attention sur d'autres. Le principal de ces résultats porte sur les six finalités qui ont été mises en relief en extrapolant les textes et principes sur lesquels se fonde l'économie islamique, d'une part, et en rappelant les buts et objectifs majeurs pour lesquels l'économie positive a été créée et régit encore la plupart des systèmes économiques et conduit les politiques du monde d'aujourd'hui. Ces objectifs visent à parvenir à la croissance, au développement, à l'équilibre et à la stabilité, et à répondre à la question de la justice qui demeure un défi capital à la pensée économique.

Cette étude comparative a conduit à la sélection de six finalités globales : L'I'mar (développement durable), le Tamkeen (pouvoirisation), Al Amn (sécurité), Le Tawazun (équilibre), Al Adl (justice) et Al-Istidama (durabilité). Bien que ces objectifs comportent des contenus et des significations plus larges et plus complets que le contenu économique, ces contenus et dimensions généraux et complets sont étroitement liés à la dimension économique et ne peuvent être atteints que par cette dimension. Le développement ne peut avoir lieu que par le travail, la production, la génération de richesses, l'extraction et l'investissement dans les trésors de la nature. Le terme « économique » peut être ajouté à côté de chacune d'elles, sans ignorer l'existence d'autres finalités fondamentales, mais nous avons choisi de nous limiter à celles-ci en raison de leur relation étroite avec les objectifs majeurs de l'économie contemporaine et le besoin général qui en émerge dans la vie quotidienne.

« Al I'mar » signifie développement global et durable qui permet la croissance et la génération de richesses, Le « Tamkeen » (pouvoirisation économique et sociale) est une finalité à laquelle aspirent à la fois les individus, les sociétés et les nations ; « Al - Amn » signifie la sécurité économique et sociale, y compris la sécurité alimentaire, la sécurité de l'eau et la sécurité énergétique, est aussi une finalité sans laquelle le développement et le Tamkeen ne peuvent être achevés ; le « Tawazun » signifie l'équilibre est un souci majeur de la science économique ; « Al Adl »  signifie justice est le fondement de toute civilisation, comme Ibn Khaldoun l'a mentionné, l'injustice détruit toute civilisation ; enfin « l'Istidama » (la durabilité) est une finalité dont dépendent toutes les autres. Ce sont des finalités fondées et enracinées dans les sources de la charia d'une part, et sur la base desquels l'économie est construite et la civilisation est établie d'autre part.

L'objectif de la recherche était d'examiner ces six finalités  globales dans le domaine économique qui convergent avec les objectifs de l'économie contemporaine et constituent un nouvel ajout aux deux domaines : le champ des Maqasid qui nécessitent d'être appliqués et activés dans la réalité économique, et le domaine de l'économie qui a besoin aujourd'hui plus qu'à tout autre moment d'une boussole intellectuelle et un système de valeurs en vue d'y injecter plus de moralisation et  d'humanisation.

Au cours de cette recherche, nous avons démontré le besoin urgent exprimé par les pionniers du système économique moderne de cette injection, afin de sauver et de renouveler la science économique, et de sortir le monde de cette crise étouffante qui l'afflige tant au niveau théorique que pratique.

Nous avons également montré que toutes ces dimensions affichées coïncident avec la thèse de l'économie islamique, qui fait l'objet d'une attention mondiale croissante, et de nombreuses voix s'élèvent pour exiger qu'on s'y intéresse ainsi qu'aux principes fondamentaux sur lesquels elle repose. Peut-être que les progrès remarquables enregistrés par le secteur de la finance islamique, qui fait partie de l'approche économique islamique, sur la scène internationale, en particulier dans de nombreux pays occidentaux, et la grande recevabilité de ces produits dans ces sociétés, constituent un facteur important. Il reste à déterminer laquelle contribution cette économie islamique peut apporter à ce projet économique alternatif auquel aspire l'humanité entière.

Les différentes analyses, liées au phénomène de la finance islamique, sont presque unanimes, sur le fait qu'elle est considérée comme le phénomène mondial le plus marquant qui a caractérisé la scène financière et économique du nouveau XXIe siècle. Si le XXe siècle a été le siècle de la révolution de l'information par excellence; le XXIe siècle pourrait bien être le siècle de l'économie humaine alternative, que l'économie islamique peut contribuer à mettre en place.

Il est temps d'avancer dans l'effort de cristallisation de la théorie économique islamique et de passer ainsi de la phase de la finance islamique à la phase de l'économie islamique, étant donné que ce phénomène ne pourra pas perdurer et résister à l'ensemble des défis auquel il a commencé à faire face sans passer à une nouvelle phase qui lui permette de s'intégrer dans un système global. Cela ne se produira qu'à travers le développement d'autres secteurs qui relèvent de l'économie islamique au premier rang desquels se trouvent le marché monétaire, les marchés des capitaux et le secteur de l'économie sociale.

Cependant la question centrale qui se pose est de savoir comment cette approche économique islamique peut créer une nouvelle dynamique qui conduira à formuler un système économique alternatif ?

## Bibliographie

**1**. Ulrich Schafer, The Collapse of Capitalism: Why the Unfettered Market Economy Failed – (Traduction arabe par Abbas Adnan Ali – Kuwait 2009).
**2**. Michael Albert: Life After Capitalism: The Sharing Economy – Verso London- New York- 2005.
**3**. Ahmad Al-Raissouni : Maqasid al-Maqasid (en arabe) : Les finalités scientifiques et pratiques de Maqasid al-Sharia, première édition, Dar al-Kalima, Maroc- 2014.
**4**. Maurice Allais : Les conditions monétaires d'une économie de marché : des enseignements du passé aux réformes de demain- Revue d'économie politique, vol. 103 n° 3, mai-juin 1993 (51 pages).
**5**. Abou Ishâq As-Shatibi, "Al-Mouwafaqât fi Usûl As-Shari'a" (en arabe) Beyrouth, Dar al Ma'rifa, 1996.
**6**. Imam Al-Juwayni, Al-Burhan fi Usul Al-Fiqh, Dar Al-Kutub Al-Ilmiya (en arabe) Beyrouth, Liban, 1997, 2/604
**7**. Al-Ghazali, Abu Hamid (mort en 505 AH) : Al-Mustasfa Min Ilm Al - Usul (en arabe) - éditions : Maison des Livres Scientifiques - Liban 1993- 383 pages.
**8**. Al-Amidi, Saif Al-Din (L'Imam) : Al-Ahkam fi Usul Al-Ahkam (en arabe) - Dar Al-Sami 'i, Riyad, 1ère édition, 2003.
**9**. L'Imam al-Ezz bin Abd al-Salam : Qawaid Al-Ahkam Fi Masalih Al-Anam (en arabe) - : Nazih Kamal Hammad, 2/ 314, Dar al-Qalam, Damas, 2000
**10**. Ibn Taymiyyah, Shaykh al-Islam Ahmad : Majmoo' al-Fatawa/ Abd al-Rahman al-Najdi (en arabe) - Éditions : Complexe du Roi Fahd pour l'impression du Saint Coran - Médine - Arabie Saoudite. 2004.
**11**. Ibn Taymiyyah, Shaykh al-Islam Ahmad : Minhaj Al-Sunna, (en arabe) : enquête de Muhammad Rachad Salem, Éditions Cordoba Fondation, Liban 1/375.
**12**. Wali Allah Al-Dahlawi: Hujjat Allah Al-Balighah (en arabe) 9/1, Dar Al-Maarifa, Beyrouth, 2e édition, 2004.

**13**. Al-Tahar Ibn Ashour : Maqasid charia al islamya (les objectifs de la charia islamique), (en arabe) révisé par Muhammad Al-Tahar Al-Misawi (Kuala Lumpur : Dar Al-Fajr - Amman et Dar Al-Nafais 1999)
**14**. Allal Al-Fassi : Les buts et les vertus de la charia islamique (en arabe) Dar Al-Gharb Al-Islami, vol. 5, Liban, 1993.
**15**. Ahmed Al-Raissouni : La théorie des Maqasid selon l'Imam Al-Shatibi (en arabe) - La Maison Internationale du Livre islamique - Deuxième édition - 1992 - 383 pages
**16**. Yusuf al-Qaradawi: Une étude dans la jurisprudence des finalités de la Charia entre les finalités universelles et les textes partiels (en arabe) - Dar Al-Shorouk, 2e édition, 2007.
**17**. Abd al-Majid al-Najar, le mode d'application de la charia islamique à partir de la réalité actuelle - (en arabe) - Édition : Al Ain : Université des Émirats arabes unis-1991 - 96 pages
**18**. Taha Abdel-Rahman : Revue des questions islamiques contemporaines, n° 8 (al-Mafāhīm al-Akhlāqiyya bayn al-Iʾtimāniyya Wa-l-ʿIlmāniyya.) (En arabe) - Rabat : Dar al-Amān 2021.
**19**. Sadok Mazigh, Matnu -l-rabina-l-nawawiyya – (en arabe) - quarante hadiths, An-Nawawi (éd. Bilingue), Tunis, Sud Éditions, 1980
**20**. Al-Shatibi : Al-Muwafaqat, 3/3 Dar al-kutub al-'ilmiya, (en arabe) - Beyrouth – liban 1994- 701 pages
**21**. Ibn Qudama : Al-Mughni (en arabe) - Dar Alam Al-Kutub, Riyad, 2010, 7/462.
**22**. Al-Raissouni, Ahmad : Recherche sur les finalités de la charia : son origine, son développement et son avenir : une étude présentée au symposium sur les finalités de la charia, organisé par la Fondation Al-Furqan pour le patrimoine islamique à Londres, du 1er au 5 mars 2005
**23**. Al-Fassi, Allal, Les finalités et les vertus de la charia islamique (en arabe) - Dar Al-Salam, Le Caire, 2011
**24**. Al-Turabi, Hassan, Enjeux du renouveau : vers une approche fondamentaliste, Institut de recherche et d'études sociales (en arabe) - Tunis, 1990.
**25**. Al-Najar, Abd al-Majid, Les finalités de la charia selon de nouvelles dimensions, Dar Al-Gharb Al-Islami (en arabe)- Beyrouth 2006

**26**. Attia, Jamal Al-Din, Pour une activation des finalités de la charia, Institut international de la pensée islamique (en arabe)- Beyrouth 2008
**27**. Ibn al -Qayyim : Al-Qawaid al-Hukamiyyah fi al-Siyasa al-Sharyah (en arabe)- Tahkik Muhammad Jamil Ghazi, édition de Al-Madani Press, Le Caire.
**28**. Abdul Wahhab Khallaf : La politique charaïque ou le système de gouvernance en Islam (en arabe) - 4e édition, Fondation Al-Risala, Beyrouth - 1989
**29**. Maurice Allais : L'Europe en crise : que faire ? Éditions : Clément Juglar 2005
**30**. SEN, Amartia : On Ethics and Economics ; University of California, Berkeley 1988
**31**. Oussama Qadi, Éthique et économie : un divorce non irrévocable : D'Adam Smith à Amartya Sen : https://almultaka.org/site.php?id=595&idC=3&idSC=9
**32**. Paul A. Samuelson, Economics- International Student Edition (MC Graw-Hill kogakusha. Ltd. Tokyo 1976
**33**. Karl Marx : Salaires, prix et profits, Maison du progrès, Éditions le progrès, 1955.
**34**. Chabra, Muhammad Omar : L'avenir de l'économie d'un point de vue islamique, Maison de la pensée contemporaine, Damas 2004
**35**. Adam Smith : Recherches sur la nature et les causes de la richesse des nations : édition W. Strahan and t. Cadell, Londres 1776.
**36**. Muhammad Baqir al-Sadr, Notre économie, Iqtiçâdonâ (traduit de l'arabe et édité par Abbas AHMAD al-Bostani - Publications de la cité du savoir – Montréal 1983.
**37**. John Dalvey, La persistance des inégalités sociales en Amérique, Cambridge, Schenkman Press, 1981
**38**. Powell, Mark Henry, Poverty, Progress and Development, , traduit par Saud Muhammad, Téhéran, 1995
**39**. Anne Salmon: La Tentation éthique du capitalisme (La Découverte, 2007)
**40**. Anne Salmon : Moraliser le capitalisme, Éditions CNRS, Paris 2009 - 262 pages

**41**. André Comte-Sponville: Le Capitalisme est-il moral ?» Éditions : Livre de Poche- Hachette 2006
**42**. Pierre Fortin : Le capitalisme est-il immoral ? L'actualité N° 69, 15/05/2000
**43**. Gabriel Abend: The moral background: an inquiry into the history of business ethics, Princeton University Press, 2014, 399 p
**44**. Jeremy Rifkin: The Zero Marginal Cost Society: The Internet of Things, the Collaborative Commons, and the Eclipse of Capitalism; St. Martin's Press (2014) 368 pages

**45**. Peter Frase : Four Futures: Life After Capitalism - Jacobin 2016- 160 p
**46**. Peter F. Drucker : Post-Capitalist Society Edition : HarperCollins, 1994 - 240 pages
**47**. Muhammad Omar Chabra : L'avenir de l'économie d'un point de vue islamique, Institut international de la pensée islamique, Dar Al-Fikr, Damas, 2004.
**48**. Wolfgang Strick : Buying Time : The deferred Crisis of Democratic Capitalism New York : Verso Books, 2014 –
**49**. Jacques Généreux : Manifeste pour l'économie humaine- Revue Critique économique n° 5 Printemps 2001.
**50**. Kaushik Basu, au-delà du Marché. Vers Une Nouvelle Pensée économique, Éditions de L'Atellier/ AFD, traduit par Yves Coleman, préface de Gaël Giraud, 2010
**51**. Basil Bustani, « L'humanité face au néolibéralisme », Centre d'études sur l'unité arabe - Beyrouth, 2018
**52**. Muhammad Baqir al-Sadr, Notre économie- Publications Dar al-Ta'rif, Beyrouth, 1987,
**53** .Muhammad Shawqi Al-Fangari, Al-Wajeez(l'essentiel) en économie islamique (en arabe) Egypte, Dar Al-Shorouk 1ere édition, 1994
**54**. Muhammad Shawqi Al-Fangari : La doctrine économique en Islam-Autorité générale égyptienne du livre, Le Caire 2006.
**55**. Abdul Rahman Yousri : L'économie islamique entre la méthodologie de recherche et la possibilité d'application, Banque

islamique de développement, Institut islamique de recherche et de formation, Jeddah, 1998.
**56**. Muhammad Omar Shabra, Qu'est-ce que l'économie islamique, Institut islamique de recherche et de formation, BID- Djeddah, 1996
**57**. Rafik Al-Masry : Recherche en économie islamique, Dar Al-Maktabi, Damas 2001.
**58**. Abdul Hamid Al-Ghazali : Bénéfices et intérêts bancaires entre analyse économique et prescriptions de la charia », Institut islamique de recherche et de formation, Banque islamique de développement, Djeddah, 1ère édition, 1994
**59**. Samer Mazhar Qantaqji, « Quel est le plus approprié en matière d'investissement, le critère du profit ou le critère de l'intérêt ? » Jurisprudence des transactions Series, Part 1, Al-Resala Foundation Publishers, Beyrouth, 1ère édition, 2004,
**60**. Keynes, Théorie générale de l'emploi de l'intérêt et de la monnaie, chapitre IV- Payot, 1998
**61**. Mukhtar Muhammed Metwally : Équilibre général et politiques macroéconomiques dans une économie islamique, Journal of Islamic Economics Research, n° 2, volume 2, 1985
**62**. Issa, Musa Adam : Les effets des changements dans la valeur de la monnaie et comment le traiter dans une économie islamique, Série de thèses Salih Kamel en économie islamique, Edition Groupe Dalla Al-Baraka – Djeddah 1993.
**63**. Encyclopédie de la jurisprudence koweïtienne : Publié par : Ministère des Dotations et des Affaires islamiques – Koweït- 2e édition, Dar Al-Salasil - volume 20- 1990,
**64**. Rafiq Younis Al-Masry, Le miracle économique du Coran et de la Sunna dans l'interdiction de l'usure, Centre de recherche sur l'économie islamique, Université du roi Abdul Aziz, Djeddah, 1426 AH.
**65**. Tafsir Ibn Achour (exégèse du Coran) : At-Tahrir wa at-Tanwir (Interprétation de la vérification et de l'illumination) (en arabe) La maison tunisienne d'édition 1970.
**66**. Ali ibn Abî Tâlib : La voie de l'éloquence, traduction en français du texte arabe Nahj al-Balâghah par un groupe de spécialistes musulmans, revue et corrigée par Sayyid Attia Abul Naga, Qum, Ansariyan, [1999].

**67**. Michel Bonner : Journal de la société orientale américaine Vol. 121, n° 3 (juillet-septembre 2001
**68**. Abū 'Ubayd : Kitāb al-amwāl (en arabe) édition Dār al-kutub al-'ilmiya, Beyrouth, 1986.
**69**. Abderrahmane IBN KHALDOUN (1332-1406 AD) : Les prolégomènes (ALmuquaddima)- Traduits en Français et commentés par William MAC GUCKIN, Baron DE SLANE, Manuscrits de la Bibliothèque Nationale publiés par l'Institut de France (1863). Paris : Librairie orientaliste Paul Geuthner, 1936, 494 pages.
**70**. Olivier De la Granville: Théorie de la croissance, Presses Universitaire de France, 1977.
**71**. Shawki Ahmad Dunya : L'islam et le développement économique- (en arabe) Dar Al-Fikr Al-Arabi- Beyrouth 1979.
**72**. William Durant : L'histoire de la civilisation, (en arabe) traduit par Zaki Naguib Mahmoud, Dar Al-Jil, Beyrouth, Organisation arabe pour l'éducation, la culture et la science, Tunis 1988.
**73**. Risler, Jacques : la civilisation arabe ; Payot, Paris 1955
**74**. BID (banque islamique du développement) : Pouvoirisation économique pour les Institutions Financières : Boite à outil pour la conception de la pouvoirisation économique- Djeddah 2023.
**75**. PNUD : Rapport sur le développement humain du Programme des Nations Unies pour le développement, 1994.
**76**. Hussein Al-Asraj, Le rôle de la finance islamique dans la réalisation de la sécurité économique, Revue internationale d'économie islamique,, numéro de janvier 2019,
**77**. Kamal, Hattab : Quelques aspects du miracle économique coranique pour faire face à la crise financière mondiale, International Islamic Economics Journal, N 5 – 2012.
**78**. Musa Adam Issa, Équilibre monétaire et réel dans l'économie islamique (en arabe) thèse de doctorat, Université Umm Al-Qura, Royaume d'Arabie Saoudite, 1989.
**79**. Mukhtar Muhammad Metwally, Équilibre général et politiques macroéconomiques dans une économie islamique, Centre international de recherche en économie islamique, novembre 1981.

**80**. Mahbub Al Haq : Concept de développement humain, Programme des Nations Unies, 1994,

**81**. P N U D (Programme des Nations Unies pour le développement) : Rapport mondial sur le développement humain 1992.

**82**. Abdullah Taher: Les revenus de la zakat et le développement sociétal: colloque sur les ressources financières de l'État dans la société moderne du point de vue islamique, Banque islamique de développement, 1ère édition, Djeddah 1989.

## Références du Web :

1.https://www.isdb.org/sites/default/files/media/documents/2023-05/1-%20BOITE%20A%20OUTIL%20POUR%20LA%20CONCEPTION_1.pdf
2.https://ar.wikipedia.org/wiki
3.https://pulpit.alwatanvoice.com/content/print/457141.html
4.https://www.lebarmy.gov.lb/ar/content/
5.https://drsabrikhalil.wordpress.com/2013
6.http://iefpedia.com/arab/wp-content/uploads/2011/12/Makhloufi-Abdessalem.pdf
7. http://www.alukah.net/library/0/36500/#ixzz43ico9pp5
8.http://monzer.kahf.com/books/arabic/al-iqtisad_al-islami_ilman_wa_nizaman.pdf
9.https://www.aljazeera.net/encyclopedia/econom
10.http://www.kantakji.com/media/165274/.pdf
11.https://fr.wikipedia.org/wiki/Adam_Smith.
12.http://www.irti.org/English/Research/Documents/Conferences/ICIEF/ICIEF_10.pdf
13.https://almultaka.org/site.php?id=595&idC=3&idSC=9
14.https://www.maghress.com/alalam/44824
15.http://qspace.qu.edu.qa/bitstream/handle/10576/4048/1

## Structures éditoriales du groupe L'Harmattan


**L'Harmattan Italie**
Via degli Artisti, 15
10124 Torino
harmattan.italia@gmail.com

**L'Harmattan Hongrie**
Kossuth l. u. 14-16.
1053 Budapest
harmattan@harmattan.hu

**L'Harmattan Sénégal**
10 VDN en face Mermoz
BP 45034 Dakar-Fann
senharmattan@gmail.com

**L'Harmattan Cameroun**
TSINGA/FECAFOOT
BP 11486 Yaoundé
inkoukam@gmail.com

**L'Harmattan Burkina Faso**
Achille Somé – tengnule@hotmail.fr

**L'Harmattan Guinée**
Almamya, rue KA 028 OKB Agency
BP 3470 Conakry
harmattanguinee@yahoo.fr

**L'Harmattan RDC**
185, avenue Nyangwe
Commune de Lingwala – Kinshasa
matangilamusadila@yahoo.fr

**L'Harmattan Congo**
219, avenue Nelson Mandela
BP 2874 Brazzaville
harmattan.congo@yahoo.fr

**L'Harmattan Mali**
ACI 2000 - Immeuble Mgr Jean Marie Cisse
Bureau 10
BP 145 Bamako-Mali
mali@harmattan.fr

**L'Harmattan Togo**
Djidjole – Lomé
Maison Amela
face EPP BATOME
ddamela@aol.com

**L'Harmattan Côte d'Ivoire**
Résidence Karl – Cité des Arts
Abidjan-Cocody
03 BP 1588 Abidjan
espace_harmattan.ci@hotmail.fr


## Nos librairies en France


**Librairie internationale**
16, rue des Écoles
75005 Paris
librairie.internationale@harmattan.fr
01 40 46 79 11
www.librairieharmattan.com

**Librairie des savoirs**
21, rue des Écoles
75005 Paris
librairie.sh@harmattan.fr
01 46 34 13 71
www.librairieharmattansh.com

**Librairie Le Lucernaire**
53, rue Notre-Dame-des-Champs
75006 Paris
librairie@lucernaire.fr
01 42 22 67 13

www.ingramcontent.com/pod-product-compliance
Lightning Source LLC
LaVergne TN
LVHW011311061026
849535LV00005B/1513